Knaur.

Knaur.

Über die Autorinnen:

Susa Bobke brach ein Germanistikstudium ab, um ihrer wahren Berufung zu folgen und sich zur Kfz-Mechanikerin ausbilden zu lassen. Seit 15 Jahren ist sie Gelber Engel aus Leidenschaft und möchte die täglichen Begegnungen mit Autos und deren Angehörigen nicht mehr missen. Susa Bobke lebt und arbeitet im Allgäu.

Shirley Michaela Seul hat zahlreiche Bücher zu verschiedenen Themen veröffentlicht. Zuletzt schrieb sie mit Manuela Kuffner den Bestseller »Mogli«.

Susa Bobke

mit Shirley Michaela Seul

Männer sind anders. Autos auch.

Meine Erlebnisse als Gelber Engel

Knaur Taschenbuch Verlag

Besuchen Sie uns im Internet:
www.knaur.de

Originalausgabe August 2010

Ein Unternehmen der Droemerschen Verlagsanstalt
Th. Knaur Nachf. GmbH & Co. KG, München

Umschlaggestaltung: ZERO Werbeagentur, München
Umschlagabbildung: FinePic®, München
Fotos: S. 1-3 privat / S. 4-7 FinePic, München / S. 8 Miriam Rechel
Satz: Adobe InDesign im Verlag
Druck und Bindung: GGP Media GmbH, Pößneck
Printed in Germany
ISBN 978-3-426-78353-5

2 4 5 3 1

Ich widme dieses Buch allen Schichtarbeiterinnen und Schichtarbeitern sowie deren Familien, insbesondere meinen Kolleginnen und Kollegen beim ADAC.

Inhalt

Vorspiel

»Haben Sie eigentlich eine Ausbildung?«, fragte mich der Mann mit der verklemmten Handbremse.

»Nö. Ich bin die Aushilfe aus dem Büro und habe mich hochgeschlafen«, erwiderte ich, hob den Hammer und schmetterte ihn auf die Bremstrommel.

Der Mief von 1000 Jahren krümelte in einer feinen Staubwolke auf den Asphalt.

»Wo ist Ihr Kollege?«, fragte mich ein anderer Mann und schaute rechts und links an mir vorbei.

Er hat seine Tage, dachte ich und schwieg.

»Sind Sie allein unterwegs?«

»Ja, wo Sie mich jetzt fragen: Ist mir noch gar nicht aufgefallen!«

»Sind Sie jetzt eine Frau oder ein Mann?«

»Wie Sie wollen.«

»Was sagt Ihr Freund dazu?«

»Der spricht nicht.«

»Seit wann gibt es denn Mädchen beim ADAC?«

»Meinen Sie so Mädchen zwischen dreißig und fünfzig?«

»Da können Sie doch bestimmt gut einparken. Sogar als Frau.«

Mein Auto stöhnte gequält auf. Nur ich hörte es.

»Haben Sie keine Angst?«

»Sollte ich denn? Vor Ihnen?«

»Können Sie das überhaupt?«
»Ja, ich kann.«

Fünfzehn Jahre und rund zwanzigtausend Pannen später beginnt diese Auto-Biographie …

Frühlingserwachen: 21. März, Spätschicht

Wenn Männer neben sich stehen

DINGDONG: B12 -> KF, AS UNTERTHINGAU, 100 M DANACH, GOLF BLAU, KE, SNA*

»Ich stehe da vorne«, sagt der Mann neben mir.
Ich nicke. An solche Persönlichkeitsspaltungen bin ich gewöhnt. Man steht auch in der Garage oder da oben im Parkhaus oder da unten in der Tiefgarage, wenn man neben mir steht. Ich bin da nicht anders. Ich sage manchmal: Ich stehe da drüben und stehe in Wirklichkeit hier. So ist das mit den Autos. Die griechische Vorsilbe *auto* bedeutet nun mal *selbst,* und das wird häufig wörtlich genommen. Besonders in einer Notlage geraten manche Menschen durcheinander und wissen nicht mehr, wo das Auto aufhört und sie anfangen. Ich helfe ihnen dabei, sich wieder zu sortieren. Und sage vielleicht »Ich stelle mich da vorne hin«, während ich sitzen bleibe und den Wagen parke.
Dieser Mann hat die Arme hoch in die Luft geworfen und wild gewinkt, als er mich in meinem gelben Engelmobil anbrausen sah. Von weitem erinnerte er mich an einen entlaufenen Fluglotsen. Er trägt eine orangefarbene Weste mit Krawatte über einem anthrazitfarbenen Anzug und wartet nun neben dem blauen Golf, der seit dreißig Minuten als Panne in meinem Display registriert ist.

* B12 Richtung Kaufbeuren, Anschlussstelle Unterthingau, 100 m dahinter, blauer Golf, Kennzeichen beginnt mit »KE«, sna = springt nicht an

Der blaue Golf steht ganz alleine auf dem Seitenstreifen der B12. Niemand hat bislang geholfen, oder der Mann in der orangefarbenen Weste hat vielleicht zu einem der Hilfsbereiten, die angehalten haben, den magischen Satz gesagt: *Der ADAC kommt gleich.* Der ADAC, das bin jetzt ich für ihn. Rettung in der Not. Je nachdem, wie lange die Menschen gewartet haben, werde ich begrüßt. Bis zu vierzig Minuten fällt der Empfang meistens freundlich aus. Wer über eine Stunde gewartet hat, bringt häufig nur noch Kraft für die nötigste Höflichkeit auf. Seit ich nicht mehr in München unterwegs bin, wo es von Pannen und Gelben Engeln nur so wimmelt, sondern im Allgäu, habe ich es öfter mit vom Warten müden Menschen zu tun. Nur wenige verwandeln das Warten in eine schöne Zeit – immerhin schenkt einem eine Panne überraschende, ungeplante Momente. Der Alltag öffnet sich. Irgendwo erscheint ein Riss in der Routine.

Der blaue Golf III am Seitenstreifen gibt noch Lebenszeichen von sich, wenn auch etwas geschwächt: Das Warnblinklicht funkt SOS. Ich funke mit meinem Warnblinker zurück. Da ich auf einer Bundesstraße unterwegs bin und von weitem gesehen werden möchte, drücke ich zudem den gelben Schalter für die Rundumleuchte, den Kasperl, auf dem Autodach meines gelben Engelmobils. Dieser Kasperl hat mir sicherlich schon öfter das Leben gerettet, ohne dass ich es gemerkt habe. Die B12, Ost-West-Tangente zwischen Lindau und Passau, ist zwar keine Autobahn, doch stellenweise gibt es hier nicht mal Seitenstreifen. Insofern hat der Mann Glück gehabt. Das wird er höchstwahrscheinlich nicht erkennen. Er wird auch nichts davon wissen wollen, dass ich relativ schnell bei ihm an der Ausfahrt Unterthingau bin. Er ist meine erste Panne an diesem Donnerstag. Mein Dienst hat um 15.00 Uhr begonnen. Mit einem Fingerdruck auf den Touchscreen melde ich der Pannenzentrale, dass ich mein Ziel erreicht habe. Als mein Engelmobil seine Parkposition erreicht hat, kommt der Mann mit schnellen Schritten auf mich zu. Ich schätze ihn

Mitte fünfzig, er ist schlank und groß und macht einen sehr angespannten Eindruck. Ein warmer Windstoß reißt seine Krawatte in die Luft, kurz steht sie wie der schwarze Balken im Vorfahrtsstraßenschild vor seinem Gesicht, dann legt sie sich über sein rechtes Auge. Wie ein Pirat sieht er jetzt aus. Havaristen werden diejenigen genannt, die einen Engel anfordern. Obwohl kein Wasser in Sicht ist, sind sie schiffbrüchig beziehungsweise gestrandet und autobrüchig.

»Grüß Gott«, sagt er, und er sagt es so schnell, dass fast nur ein Zischen zu hören ist. Nervös wartet er vor meinem geöffneten Fenster, er steht da wie bei einer Porträtaufnahme. Hinter seinem Kopf mit dem braunen Haar, das sich von der Hauptmitte zurückgezogen hat in die Hutkrempenregion, ragt die Zugspitze in die Höhe. Er merkt auch nicht, dass er mir den Ausgang versperrt.

»Grüß Gott«, erwidere ich, während ich sacht meine Tür öffne, die der Mann blockiert. Er springt fast zurück. Ich will ihn fragen, wie ich ihm helfen kann, da schießt es schon aus ihm heraus: »Er ist plötzlich ausgegangen! Er macht gar nichts mehr! Nur die roten Lampen brennen! Ich konnte bloß noch ausrollen. Er macht komische Geräusche, aber er springt nicht an! Es geht gar nichts mehr!«

Ich nicke und übersetze das Gehörte für mich. Selbstverständlich erwarte ich von Laien keine technisch präzisen Beschreibungen. Trotzdem sind ihre Beobachtungen bei der Fehlersuche hilfreich. Die meisten Menschen drücken sich mehrdeutig aus oder liefern mir erstaunliche Diagnosen. Zwischen »komischen Geräuschen« und »es geht gar nichts mehr« besteht für mich ein himmelweiter Unterschied, der über Weiterfahren oder Abschleppen entscheidet. Es ist meine Aufgabe, den tatsächlichen Schaden aus der Umklammerung des gefühlten Schadens zu befreien. Wenn ein Golf III, der schon ein paar Jahre auf der Karosserie hat, beim Starten überhaupt Geräusche von sich gibt, könnte es sein, dass es sich um einen Burnout der Zündspule handelt.

»Ich muss dringend nach München! Können Sie mich abschleppen?«
Solche charmanten Angebote werden mir ständig unterbreitet. Ich habe mich gern daran gewöhnt, dass es sich hierbei lediglich um einen Flirt zwischen zwei Autos handelt. Mein Gegenüber hat nicht gemerkt, was er da gesagt hat. Er hat warme braune Augen, die nicht zu seinen angespannten Zügen passen und in denen ich eine fast verzweifelte Anstrengung lese, die Nerven zu bewahren. Die meisten meiner Havaristen sind sehr tapfer – und so auch dieser hier, was mich wie immer mit großem Respekt erfüllt. Es gibt Menschen, die geraten in fast unerträglichen Stress, wenn ihr Terminplan bröckelt und sie eine Situation nicht mehr unter Kontrolle haben. Und dann gibt es andere, wenn auch seltener, für die eine Panne eine im günstigsten Fall interessante Abwechslung in ihrem Alltag darstellt – besonders wenn sie im Anschluss weiterfahren können. Sobald sie mich verlassen, und zwar auf ihren eigenen vier Rädern, sind die meisten Menschen glücklich. Dieses Erlebnis gönne ich auch dem Mann mit den warmen braunen Augen, bei dem ich sehr deutlich spüre, dass es um mehr geht als eine Störung der Alltagsroutine. Hier steht etwas auf dem Spiel. Seine Wangen sind rosig – trotz der zwei tiefen Falten von der Nase zum Mund –, frisch rasiert, wie ich zuerst vermute und dann rieche. Vielleicht ist er unterwegs zu einem wichtigen Termin?
»Es kann sein, dass Sie Glück haben«, sage ich freundlich.
»Glück?«, fragt er irritiert, dann hellt sich sein Gesicht auf. »Glück kann ich brauchen.«
»Vielleicht bringen wir Ihren Wagen wieder zum Laufen.«
»Das wäre wunderbar!«, ruft er.
»Dann öffnen Sie bitte einmal die Motorhaube.«
Er steigt in seinen Golf, fingert erst unter dem Lenkrad herum, es dauert eine Weile, bis er sich zum Fußraum vorgetastet hat, dann höre ich das dumpfe Geräusch, wenn das Haubenschloss entriegelt wird und die Feder sich entspannt.

Mein tägliches Brot: Gummi und Öl

Ich öffne die Motorhaube und verschaffe mir einen ersten Eindruck. Angenehme Wärme steigt mir entgegen, von einem Motor, der vor einer halben Stunde noch seine Betriebstemperatur hatte. In den Hauch von Rasierwasser mischt sich nun der vertraute Duft eines warmen Motors. Ein bisschen Benzin, warmer Gummi, warmes Öl, eine feine Note Abgase und Staub. Mein tägliches Brot.

»Und? Sehen Sie schon was?«
Einen Motor, der mal dampfgestrahlt werden könnte, denke ich.
»Vielleicht da drüben das Kabel da?« Er weist auf ein nicht angeschlossenes Ende vom Kabelbaum.
»Möchten Sie, dass ich rate, oder soll ich nachschauen?«
»O Verzeihung, ich wollte Sie nicht drängen, es ist nur: Ich habe es so wahnsinnig eilig, natürlich möchte ich, dass Sie nachschauen!«
»Dann starten Sie bitte mal.«
»Ja, selbstverständlich, sofort.«
Mit einem Satz ist er auf dem Fahrersitz. Mit einem Satz bin ich seitlich des Wagens. Wasserballett in der Havarie. Ich gehöre zu den vielen Kollegen und Kolleginnen, die schmerzlich erfahren mussten, wie es sich anfühlt, wenn ein Auto beim Starten mit eingelegtem Gang nach vorne springt. So etwas merkt sich der Körper, und so etwas passiert einem nur einmal.

Das Geräusch beim Starten – ein sattes, gesundes Anlasserdrehen – nährt meine Hoffnung, dass die Zündspule beschlossen hat, den Dienst zu quittieren.
»Danke, das reicht«, sage ich zu dem Mann, den ich eigentlich mit Namen ansprechen sollte, doch ich habe mir seinen Namen auf dem Display nicht eingeprägt, da er schneller bei mir an der Autotür war, als ich bei ihm sein konnte. Der Mann trägt ja kein Namensschild –

im Gegensatz zu mir. »S. Bobke« steht auf meiner linken Brusttasche, doch mit Frau Bobke sprechen mich nur Absolventen von Kommunikationsseminaren, Konsumentinnen von Ratgeberliteratur zum Thema »Karriereplanung und Coaching« sowie Teilnehmer von Führungskräftetrainings an.

Ich ziehe ein Zündkabel ab.

Der Mann steht schon wieder neben mir. »Und?«, fragt er. Die Luft um ihn herum scheint zu flirren.

»Bitte starten Sie kurz noch mal«, verweise ich ihn auf seinen Platz. Vielleicht wird er im Sitzen ruhiger?

»Jetzt?«, vergewissert er sich.

Ich nicke.

»Wissen Sie denn schon was?«

»Einfach noch mal starten, bitte.«

»Okay.«

Bei diesem neuerlichen Startversuch fehlt der zündende Funke. Ein weiteres Argument für die Zündspule.

»Es sieht gut aus.«

»Ja?« Er läuft neben mir her, als ich zu meinem Engelmobil gehe, die Heckklappe öffne und Werkzeug und das vermutete Ersatzteil hole.

»Also kann ich weiterfahren?«

»Die Chancen steigen.«

»Dann schaffe ich es ja vielleicht noch?«

Während er auf meine Antwort wartet, die dauert, weil ich damit beschäftigt bin, eine Schublade zu öffnen und die Ratsche sowie eine Torx-Nuss herauszunehmen, pumpen seine Kiefermuskeln.

»Wohin wollen Sie denn?«, frage ich und beschließe aus Zeitgründen, den Blick auf das Display vorne im Wagen ausfallen zu lassen, wo ich seinen Namen erfahren könnte.

»Nach München.«

»Und wo da?«

»Äh, keine Ahnung. Landsberger Straße. Ist das Westen? Ich hab's im Navi.«
»Das könnte klappen«, sage ich »das ist auch im Feierabendverkehr machbar«, obwohl ich keine Ahnung habe, wann er dort sein möchte, und außerdem ist die Landsberger Straße lang.
Eigentlich habe ich es mir abgewöhnt, den Menschen etwas zu versprechen oder Hoffnung zu machen, bevor ich sicher bin, dass ich den Schaden beheben kann. Doch dieser Mann wirkt auf mich so trostbedürftig, dass ich mich tatsächlich zu einem wenn auch vagen Versprechen hinreißen lasse. Vielleicht liegt es an seinen warmen braunen Augen. Es gibt solche Pannen, die mich besonders anrühren. Normalerweise habe ich keine Zeit, darüber nachzudenken, warum das so ist, ob mich die Augen vielleicht an jemanden erinnern; meine Kundschaft hat es eilig, und manchmal pressiert es sogar – wie jetzt.
»Haben Sie Ihre Mitgliedskarte parat?«, frage ich.
»Augenblick!« Er nestelt an seiner Warnweste, zieht sie schließlich aus, öffnet das Jackett und verstaut die Krawatte, nachdem er mir die Karte überreicht hat, die er in der inneren Sakkotasche aufbewahrte.
»Geben Sie mir fünf Minuten, Herr Thiersch«, bitte ich.
Während ich mich nun der Transplantation der Zündspule widme – Herr Thiersch hat wirklich Glück, denn selbstverständlich kann ich in meinem kleinen Bordlager nicht sämtliche Ersatzteile mitführen, die ich benötige –, zückt er sein Handy. Ich atme auf. Nun kann ich ungestört arbeiten.
»Ja, hallo. Ich bin's noch mal. Also du brauchst doch nicht anzurufen. Sie ist jetzt da. … Doch. Der ADAC. Eine Frau. Doch. Ja, das wusste ich auch nicht. Jedenfalls sagt sie, es sieht gut aus.«
Ich bewege meine Hand, als würde ich einen Schlüssel in der Luft drehen.
Herr Thiersch versteht sofort, sagt: »Du, ich melde mich gleich noch mal …«, und wendet sich mir zu. »Ja?«

»Bitte starten.«

Wie ich gehofft habe – mit der neuen Zündspule springt der Motor sofort an … und Herr Thiersch aus dem Auto.

»Er läuft!« Wir strahlen beide.

Herr Thiersch packt meine Hand, obwohl sie sich mittlerweile der Farbe seines Motorraums angeglichen hat.

»Ja dann!«, ruft Herr Thiersch, entert den Fahrersitz und macht Anstalten wegzufahren. Mit meinem Arm, der die Zündspule hält, die ja nur angesteckt, nicht eingebaut ist, mit offener Motorhaube und ohne bezahlt zu haben.

»Halt!«, bremse ich ihn.

Herr Thiersch kommt wieder zu sich. Es ist ihm ein wenig peinlich.

»Es dauert noch ein bisschen. Wollen Sie die neue Zündspule überhaupt? Sie ist nicht im Service inbegriffen, Ersatzteile müssen bezahlt werden, bar oder per Überweisung …«

»Natürlich will ich die!«

»Und wenn ich hier alles eingebaut habe, brauche ich noch eine Unterschrift auf dem Pannenbericht, und dann können Sie los, okay?«

»Klar, klar«, nickt er.

»Schön.« Ich beuge mich über den Motorraum.

»Brauchen Sie mich noch?«

»Nein.«

»Dann kann ich telefonieren?«

»Ja.«

Ich baue gern Zündspulen ein. Bei Zündspulen dauert die Fehlersuche nur kurz, die Diagnose ist eindeutig und die Reparatur in rund zehn Minuten erledigt, und danach sind alle zufrieden. Kleine Hände sind bei dieser Arbeit wie bei vielen anderen am Auto von Vorteil, da ich durch einen schmalen Spalt in den Wasserkasten greifen muss, um zwei Muttern zu fixieren. Als Wasserkasten wird der circa handbreite Streifen vor der Windschutzscheibe bezeichnet, in dem das herablaufende Regenwasser gesammelt und abgeleitet wird. Die Abdeckungen der Wasserkästen kratzen, und ich muss meine Hand, um zur Zündspule zu gelangen, eng am Wasserkasten entlangführen. Deshalb vergrößere ich den Spalt mit einem aufblasbaren Luftkissen: So schramme ich mir den Handrücken nicht auf. Kleinere Verletzungen gehören in meinem Beruf zum Alltag – aber es gibt manche Hilfsmittel, sie zu vermeiden. Ringe bei der Arbeit wären sehr hinderlich, deshalb trage ich keine. Auch die Nägel lackiere ich mir nicht herkömmlich, von außen. Manchmal wächst ein kleiner Bluterguss von innen unter einen Nagel. Das wirkt dann schlampig lackiert.

Herr Thiersch geht auf und ab, während er telefoniert. Ich bin froh, dass wir hier an der Ausfahrt so viel Platz haben, sonst müsste ich mir Sorgen um ihn machen. An der Autobahn oder auch weiter vorne an der B12 würde ich ihn bitten, im Auto zu warten. Viele Havaristen vergessen, dass sie sich in einem gefährlichen Umfeld befinden, und laufen über Straßen, ohne vorher geschaut zu haben: Was nutzt eine geglückte Reparatur, wenn das Auto letztlich doch abgeschleppt werden muss, weil der Fahrer unter die Räder kam?

»Also, wie gesagt, du brauchst nicht anzurufen, ich schaffe es wahrscheinlich noch. Das Navi hat mir eine Stunde zwanzig ausgerechnet, und ich bin ja rechtzeitig losgefahren, das müsste reichen.« Und dann sagt Herr Thiersch eine Weile gar nichts, und schließlich sagt er mehrmals *ja,* und seine Stimme hat sich verändert. Klang sie zuerst genervt, als würde er vielleicht mit seiner Mutter telefonieren, wird sie nun geduldig, dann sehr weich und weicher und schließlich fast zärtlich und froh, und in all diesen Jas tun sich Höhen und Tiefen auf, und ich erkenne, wie wichtig dieser Termin sein muss, zu dem er nun gleich weiterfahren wird, denn ich habe inzwischen die neue Zünd-

spule erfolgreich angeschlossen. Ein Termin, zu dem er sich vielleicht Zuspruch geholt hat, eine Aufmunterung, Kraft. Ich drehe noch einmal einen imaginären Schlüssel in der Luft.
»Du, ich ruf gleich wieder an.«
Herr Thiersch startet, der Motor springt an.
»Jetzt nur noch die Bürokratie«, erinnere ich ihn.
Er lächelt. Lockerer schaut er aus. Und zuversichtlich. Ich fühle mich in einem Team mit seinem Gesprächspartner, den ich für eine Gesprächspartnerin halte.
Unter der Heckklappe meines eigenen Autos fülle ich den Pannenbericht aus.
»Ich habe nämlich ein Vorstellungsgespräch«, vertraut mir Herr Thiersch nun an und fügt hinzu: »Entschuldigen Sie meine Aufregung von vorhin.«
»Das ist völlig okay«, sage ich, ohne aufzusehen, denn natürlich ist er noch immer in Eile, und ich will ihn nicht aufhalten.
Herr Thiersch räuspert sich. »Das erste seit einem halben Jahr, und es sieht richtig gut aus für mich.«
»Das freut mich für Sie.« Ich zeige ihm, wo er unterschreiben soll, und reiche ihm einen Durchschlag und die Quittung für das bezahlte Ersatzteil.
Er verabschiedet sich mit einem herzlichen Händedruck, und ich wünsche ihm alles Gute und rufe ihm dann noch nach, dass heute ganz bestimmt sein Glückstag sei. Herr Thiersch winkt aus dem Fahrerfenster und braust davon.

Plauderei aus dem Werkzeugkistchen

Bedächtig packe ich meine Utensilien ein. Die Ratsche und die Nuss verstaue ich in der mittleren Schublade. Ich mag meine Schubladen. Das Geräusch, wie sie auf und zu rollen. Ich mag die Ordnung in meinen Schubladen, und ich mag es, dass nur ich sie bediene. Wer mich ärgern möchte, mischt sich in meine Ordnung ein. Besonders mein Ratschenkasten liegt mir am Herzen. Das Beste an ihm ist seine Schaumstoffeinlage, in die Löcher für die jeweiligen Nüsse und die Ratsche ausgeschnitten sind. Alles hat seinen Platz. Man sieht sofort, ob etwas fehlt. Das ist sehr beruhigend. Einem Freund, der kurz vorm Nervenzusammenbruch stand, weil zeitgleich mehrere Elektrogeräte, sein Auto und seine Beziehung kaputtgingen, habe ich einmal geraten, einfach seine Besteckschublade zu öffnen und sich zu vergewissern: Alles Wichtige ist doch da. Er hat mich nicht verstanden, musste aber trotzdem sehr lachen. Manchmal erreicht man sein Ziel über einen Umweg. Einen so phantastischen Überblick wie bei meinem Ratschenkasten habe ich in anderen Schubladen aus Platzmangel leider nicht. Zudem beherbergt diese Schublade weitere schöne Gegenstände, die ich vor allem benötige, wenn ich meiner Diagnose bereits sicher bin und anfangen kann zu schrauben.

In Bayern heißt die Ratsche Ratsche. Als ich das zum ersten Mal hörte, fand ich es lustig und später, als ich mit dem Bayerischen vertraut war, auch sinnig – denn eine Ratsche ratscht, erzählt gern Geschichten. Ich habe eine Freundin mit einer beeindruckend sortierten Besteckschublade, die würde man hier als Ratschkaddl bezeichnen. In Norddeutschland, wo es Plappertaschen gibt und wo meine Ratschkaddl beheimatet ist, nennt man die Ratsche Knarre. Ja nu – das hört sich gleich viel ernster an. Mein Lieblingswerkzeug ist die Ratsche übrigens nicht. Der Seitenschneider gefällt mir besser. Er liegt gut in der Hand, und man macht klare Schnitte mit ihm, ohne sich selbst zu verletzen. Schläuche und Kabel werden einen Kopf kürzer gemacht, und er sprengt Fesseln – zum Beispiel von Kabelbindern und Schlauchschellen. Seinem Einsatz geht immer eine beherzte Entscheidung voraus, denn es gibt danach kein Zurück, und er fragt einen nicht: Möchten Sie die Verbindung wirklich trennen, wie es mein höflicher, unter »decision disease« leidender, also entscheidungsgehemmter Computer zu tun pflegt. Neidische, zumindest begehrliche Blicke weckt übrigens immer wieder mein todschicker Wagenheber, ein Männertraum in Silber und Blau, schlappe siebzehn Kilogramm leicht. Ich selbst bin ein wenig enttäuscht von ihm, genieße aber die Aufmerksamkeit, die er auf sich zieht. Er hat in dem einen Jahr, in dem ich ihn gegen seinen fünfundzwanzig Kilo schweren Vorgänger ausgetauscht habe, erheblich mehr ausgesprochene Anträge von Männern bekommen als ich in sechzehn Jahren auf der Straße.

Das Aufräumen nach einer Panne hat für mich etwas Rituelles. Am schönsten ist es, wenn es ein Happyend gegeben hat, wie in diesem Fall. Wobei das Happyend eigentlich sehr bescheiden ist, es bedeutet ja nur, dass jemand in sein normales Leben zurückkehren kann. Das Glück, das im Alltag liegt, erkennt man meistens erst, wenn der Alltag in eine Schräglage geraten ist, wenn man zum Havaristen wird, ob auf der Straße oder im eigenen Leben. Dann sehnt man sich oft nach einer Normalität, die, wenn sie ausgebreitet vor einem liegt, zuweilen langweilig oder öde erscheint. Doch der Verlust dieser Normalität zeigt meistens ganz schnell, dass sie doch nicht so öd und langweilig war. Umso schöner, wenn dieser Verlust nur ein kleiner Ausflug ist, der vielleicht schon beim Abendessen als Anekdote glänzt: *Heute habe ich was erlebt!* Aus dem Happyend heraus rückblickend betrachtet, sind Krisen häufig spannend und interessant, und ich gebe mein Bestes, so viele Happyends wie möglich zu schaffen in meinen Schichten. Ein Problem liegt auf der Straße, und sobald ich mich darum kümmere, wird es zu meinem Problem. Es ist mir lieber, wenn ich selbst es lösen kann, anstatt einem anderen dieses Problem aufzuladen – zum Beispiel einem Abschleppwagen.

Hilferuf eines misshandelten Autos

DINGDONG: KE, PPL BHF., OPEL ASTRA, SILBER, N, KOFFERRAUM*

Dingdong tönt es aus meinem Display. Mein nächster Einsatz. Dieser Tag fängt gut an. Wie meistens ist das Pannenaufkommen so hoch, dass ich, während ich noch an einer Panne arbeite, schon die nächste auf dem Display habe, auch wenn seitens der Zentrale versucht wird, das zu vermeiden. Als ich in München unterwegs war, hatte ich manchmal mehrere Pannen auf dem Display. Je nach Tagesform führte das zu einem straffen Zeitmanagement, was auch Spaß machen kann, oder zu Stress.

Meine nächste Panne ist ein Opel Astra, silberfarben, Nürnberger Kennzeichen, am Bahnhof in Kempten.

Ich freue mich, weil ich nur eine kurze Anfahrt habe. Seitdem ich im Allgäu unterwegs bin, kann es schon mal passieren, dass zwei Pannen hundert Kilometer voneinander entfernt liegen. Je nach Wetterverhältnissen führt das zu langen Wartezeiten, was mich wiederum häufig zu suboptimal gelaunten Havaristen führt.

Aber heute scheint die Sonne, endlich, endlich, nach diesem langen Winter, der im Allgäu immer XXL ausfällt und im April gerne mit einem kräftigen Nachschlag aufwartet. Seit einer Woche schon hat es nicht mehr geschneit, unaufhaltsam rückt der Frühling näher, und die kribbelnd warmen Märzensonnenstrahlen haben bereits einige Löcher in die vielerorts noch geschlossene Schneedecke gebrannt und Hoffnung gesät. Hier im Unterland sind die Wiesen

* Kempten, Parkplatz Bahnhof, silberner Astra, Nürnberger Kennzeichen, Kofferraum-Problem

zuweilen gelb gefleckt. Das vergilbte Gras vom vergangenen Jahr lugt hervor, und zuweilen glaube ich schon, neues frisches Grün sprießen zu sehen, und wenn ich mir die drei bis fünf Halme einbilden sollte, ist es mir auch egal. In Pfützen, groß wie Teichen, spiegelt sich der blaue Himmel. An den südseitigen Waldrändern spitzen erste Schlüsselblumen heraus. Auch Krokusse bilden vereinzelt fröhlich stimmende Farbkleckse. Ja! Die karge Zeit ist vorbei! Bald schon werden Märzenbecher, Schneeglöckchen und Bärlauch die Landschaft erobern. Die Stunde des Huflattichs hat begonnen. Der heißt übrigens *Tussilago farfara.* Was für ein Name! Eindeutig ein Frauengewächs. Er klingt so schön wie ein perfekter Frühlingstag.

Als ich in Kempten ankomme, ist ländliche Rushhour, das heißt: An jeder Ampel stauen sich mehrere Autos, an manchen bis zu acht Stück, Stoßstange an Stoßstange. Ich biege ab, hinunter zur Illerbrücke. Vor mir der Grünten. Bald schon wird die Iller das Schmelzwasser von den schneebedeckten Alpengipfeln führen. Allein die Vorstellung macht mir noch bessere Laune. Heute ist Föhn. Dieser warme Fallwind, von dem ich immer annahm, er komme aus Italien, hat mir in den ersten Jahren im Süden ganz schön Kopfzerbrechen bereitet. Nun sind wir längst Freunde geworden, und ich kann ihn einfach genießen. Als ich am Morgen des 21. Februar 2004 meinen Dienst begann, färbte sich der Himmel über Ottobeuren rot. Die Sonne war bereits aufgegangen, so dass ich andächtig stehen blieb. Das war's dann wohl, dachte ich, und wenn dies das Ende der Welt sein sollte, so war es zumindest ein sehr schöner Anblick. Es war aber nicht das Ende der Welt. Es war der Föhn, der mit 150 km/h Wüstensand aus Nordafrika nach Bayern brachte. Goldgelb rieselte er herab wie ein Geschenk aus Tausendundeiner Nacht.

Am Forum, einem großen Einkaufszentrum, stehen Stühle auf dem Trottoir. Kempten wirkt fast ein wenig italienisch heute. Ich beobachte Menschen, in deren Gesichtern die Vorfreude auf den Feierabend leuchtet, sie gehen schwungvoll und lächeln gern; ich sehe Miniröcke und kurzärmelige T-Shirts und schwitze in meinem Overall. Ich beschließe mitzuspielen und ziehe beim Warten an einer Ampel den Pullover aus – ich trage immer mehrere Schichten übereinander, das hat sich im Lauf der Jahre bewährt. Meine Dienstkleidung besteht aus einem Overall, mehreren T-Shirts, mindestens einem Wollpullover und festen Schuhen ohne Stöckel hinten, dafür mit Stahlkappe vorne.

Am Bahnhof strömen Menschen über den Platz. Gerade ist ein Zug angekommen. Auch viele Urlauber mit Rollkoffern, Rucksäcken und Wanderstöcken und hin und wieder einem Paar Ski, die vielleicht ein verlängertes Wochenende in der Region genießen möchten. Ich sehe noch, wie der Alex, der Allgäuexpress, aus dem Bahnhof rollt. In Immenstadt wird sich der Zug teilen. Die eine Hälfte wird weiterfahren nach Lindau, die andere nach Oberstdorf, und wahrscheinlich werden wieder Menschen im falschen Zugteil sitzen, weil eine nicht einheimische Zugbegleiterin ob des hektischen Nachfragens, welcher Zugteil denn jetzt wohin fahre, Oberstdorf mit Oberstaufen verwechselt.

Seit einigen Jahren sind wir Engel dazu angehalten, unser Erscheinen kurzfristig per Handy anzukündigen. Gelegentlich vergesse ich das. Obwohl ich schon Blickkontakt zum silberfarbenen Astra habe, rufe ich an.
Während bei Herrn Thiersch das Telefon dauerbesetzt war, meldet sich Frau Baumann, noch ehe es in meinem Handy geklingelt hat.
Laut Arbeitsanweisung sollte ich mich folgendermaßen melden: »Grüß Gott, hier ist Frau Bobke vom ADAC. Ich bin gleich bei Ihnen.«
Da ich jedoch nicht mehr als Frau Bock angesprochen werden möchte, verzichte ich bei einem Erstkontakt auf meinen Namen und ver-

schmelze lieber kurzfristig mit meinem Arbeitgeber. »Grüß Gott, ADAC. Ich bin gleich bei Ihnen.« Mir ist bewusst, dass hier der Pluralis majestatis angebracht wäre, ich bleibe jedoch bei »ich« statt »wir«, um meine ohnehin schon angeschlagene Kundschaft nicht mit der Aussicht auf eine Chefarztvisite zu erschrecken. Vor einigen Jahren meldete ich mich eine Zeitlang mit *wir*, unterließ es dann aber wegen der enttäuschten Frage: Wo haben Sie denn Ihren Kollegen gelassen?

Frau Baumann wartet vor ihrem Astra und sieht trotz ihres Rentenalters aus wie ein kleines Mädchen, das irgendjemand am Bahnhof vergessen hat. Hinter ihrem Astra stehen zwei junge Männer, die hilfsbereit und unverdrossen die Heckklappe ohrfeigen. Immer wieder schlagen sie zu. Obwohl Gewalt gegen Autos manchmal nötig ist, sehe ich schon von weitem, dass diese Gewalt zwecklos ist. Frau Baumann zuckt bei jedem Schlagen zusammen, beißt sich auf die hellorangefarbenen Lippen, von denen nur noch ein schmaler Strich übrig ist, und umklammert ihre Handtasche, als wäre sie das nächste Opfer, wobei sie den beiden jungen Männern immer wieder mal hilflos zulächelt. Auch der Astra ist völlig hilflos. Ich vermute, ihm ist schon ganz übel.

Mit einem Hieb auf das Display melde ich der Pannenzentrale in Landsberg am Lech, dass ich mein Ziel erreicht habe, und steige aus. Die beiden durchschlagend hilfsbereiten jungen Männer Anfang zwanzig, beide in Jeans und Calvin-Klein-Unterhosen sowie einem Käppi mit nach hinten geschobenem Schirm, einmal rot, einmal schwarz, entdecken mich zuerst. Sofort stellen sie ihre Bemühungen ein. Der mit der roten Kappe begrüßt mich noch vor Frau Baumann und erklärt mir den Sachverhalt: »Die Klappe geht nicht mehr zu. Das Schloss ist ausgeschlagen.« Dann stellt er sich abwartend neben seinen Freund und grätscht die Beine. Beide verschränken die Arme vor der Brust.

»Ach guud, dass Sie da sin!«, seufzt Frau Baumann. »Wo's doch des

Audo von meina Dochda is. Und etzatla is' kabutt, und morgen soll ich's ihr wieda zrückbringa, sie braucht's doch fürn Kindagardn, aber ma ko doch ned mit annar offan Heckglabbn fahrn. Bidde helfn S' ma!«

»Da schauen wir doch einfach mal«, sage ich.

»Wie gesagt«, murmelt nun der mit der schwarzen Kappe, »der Rahmen ist total verzogen.«

»Mmh«, mache ich.

Frau Baumanns Augen glänzen feucht. Mühsam ringt sie um Fassung.

»Sie sind ADAC-Mitglied?«, frage ich, obwohl ich das weiß, mein Display hat es mir gemeldet. Erfahrungsgemäß helfen solche sachlichen Fragen manchmal.

»Na freilich. Scho imma. Scho mit meim Mo no. Aba mia ham ja nie was braucht.« Fast ein wenig schüchtern lächelt sie mich an. Wahrscheinlich ist ihre Dauerwelle ziemlich frisch. Ein Besuch im Allgäu? Eine Schwester, eine Freundin? Oft sind es gerade Kleinigkeiten, die mir Geschichten erzählen. Eine Dauerwelle hatte ich im Übrigen auch mal. Leider teilte niemand meine Meinung, sie würde mir gut stehen.

Ich knie nieder vor der geschundenen Heckklappe des Opel Astra und erkenne auf den zweiten Blick, warum sich der Kofferraum nicht schließen lässt. Ich kann nur hoffen, dass die beiden Männer – anscheinend Mitarbeiter einer Baufirma auf Montage, wie ich ihrem Gespräch entnehme – nicht allzu fest zugeschlagen haben. Denn bei dieser tatkräftigen Unterstützung ist nicht auszuschließen, dass sie etwas verbogen haben, wie sie ja bereits eingangs selbst erwähnten, wenn auch fahrlässig in ihrer Analyse der Täterschaft, als sie mich auf das ausgeschlagene Schloss hinwiesen. Jedenfalls, so stelle ich fest, ist das Kofferraumschloss des Astra aus einem nicht nachvollziehbaren Grund geschlossen.

»Bitte geben Sie mir den Zündschlüssel«, sage ich zu Frau Baumann.
Sie fingert ihn zittrig aus ihrer braunen Handtasche, in der bequem ein Wagenheber verstaut werden könnte. Eine Zeitschrift lugt heraus. *Der goldene Schuss* oder so ähnlich. Frau Baumann überreicht mir den Schlüssel mit einer Geste, als würde sie mir den Wagen ihrer Tochter auf Gedeih und Verderb ausliefern. Ich sperre das Schloss auf, drücke darauf. Der Verriegelungshaken springt auf. Jetzt lässt sich die Klappe problemlos schließen.
»Allmächt!«, ruft Frau Baumann.
Die beiden jungen Männer haben sich in Luft aufgelöst.

Kurzurlaub auf der Tankstelle

Ich nutze die Gelegenheit, um in gepflegtem Ambiente endlich meine Hände zu waschen. Die Toilette im Bahnhofscafé in Kempten kann ich uneingeschränkt empfehlen. Ich könnte einen Damentoilettenführer verfassen. Bei Tankstellen sind mir die neuen von Aral am liebsten – nein, ich werde leider nicht gesponsert – doch hier kann sich niemand verlaufen, da sich die Toiletten frei zugänglich an einem ohne Navi aufzuspürenden Ort befinden und man sich auch nicht an der Kassenschlange anstellen muss, um den Schlüssel zu erhalten. So etwas erdulde ich nur bei Agip-Tankstellen, dort ist der Kaffee am besten, und anstatt eines Kekses als Beilage gibt es die beglückende Illusion, in Italien zu sein. Und dorthin fährt man ja nicht wegen der Toiletten. Was Kaffee betrifft, würde ich immer Agip anfahren – auch dort werde ich leider nicht gesponsert – oder: den Schachtelwirt. Ich esse nur unfreiwillig beim Amerikaner, denn es macht mich eher traurig als satt, aber ich trinke gern einen Flat white im McCafé – als Schichtarbeiterin habe ich meine speziellen Wildwechsel. Wer nachts in der Provinz Hunger und Durst hat, braucht ein liebevoll geschnürtes Brotzeitpaket oder eben einschlägige Adressen. Leider sind inzwischen viele semihygienische Anlaufstellen wie stimmungsvolle Frittenbuden am Wegesrand der nahezu ambientefreien amerikanischen Systemgastronomie gewichen. Ich bedaure das außerordentlich. In München trafen sich die Taxifahrer, Gelben Engel, die Trambahn- und U-Bahn-Fahrer oft in der Kantine des Depots an der Westendstraße. Da gab es ein Paar Wiener Würstel für eine Mark. Um fünf Uhr morgens mit viel Löwensenf den Arbeitstag ausbrennen oder sich auf den beginnenden einstimmen.

In einer Bäckerei kaufe ich mir eine Bergspitze, eine saftige Kalorienbombe, vermutlich bestehend aus Kuchenabfällen der letzten Tage, mit Kirschen aus dem nicht verkauften Quarkkuchen versetzt, sozusagen recyceltes und nachhaltiges Gebäck, das ich mit gutem Gewissen essen kann, und das eine Weile vorhält. Auf dem Dach des Bahnhofs schnattert es aufgeregt – welche Freude: Die Stare sind zurück! In meiner Abwesenheit hat es auch geschnattert, und zwar per Dingdong. Nächster Halt: Oy/Mittelberg.

Im Glas der Bahnhofsuhr, sie zeigt 23.00 Uhr, spiegelt sich das schwierige Verhältnis der Deutschen Bahn zu Raum und Zeit. Mit einem Blick auf die Schweizer Bahnhofsuhr in Miniatur an meinem Handgelenk komme ich zurück in die Gegenwart und überbrücke die fünfeinhalb Stunden mit einem Gedanken an Herrn Thiersch. Ob er in München einen Parkplatz gefunden hat? Ob sein Vorstellungsgespräch wohl gerade beginnt? Es ist bestimmt nicht einfach, in diesem Alter einen Job zu bekommen. Es ist überhaupt nicht mehr einfach, einen Job zu bekommen. Ich bin mir dessen bewusst, dass es ein Privileg ist, einen Arbeitsplatz zu haben, der sicher ist und so viel Freude macht, dass ich mich eigentlich fast immer ohne Murren zum Dienst melde.

Engel gesucht: m/w mit Berufserfahrung

Mein letztes Vorstellungsgespräch liegt rund siebzehn Jahre zurück – so lange, dass ich mich kaum mehr daran erinnere. Doch ich weiß, dass ich zuversichtlich und optimistisch vorsprach. Ich spielte nicht mal mit dem Gedanken, dass ich keine Stelle finden würde. Ich war die einzige Bewerberin, ich wurde in kein Assessmentcenter bestellt. Ich war jung, attraktiv, gut ausgebildet und bestimmt auch stolz, denn ich hatte den Meisterbrief ofenwarm in meiner Jackentasche. Sicher würden sich die Arbeitgeber nur so um mich reißen. Obwohl es überhaupt keine Anzeichen dafür und auch keine offenen Stellen in München gab, war ich überzeugt, dass man mich unbedingt haben wollte. »Bewirb dich doch beim ADAC«, riet mir meine Freundin Oster im Café Seitensprung.

»Beim ADAC? Ich will doch nicht ins Büro!«

»Das wollte ich eigentlich auch nicht«, erinnerte sie mich. Es war einfach ein gut bezahlter Job, und einige meiner Freunde und Freundinnen arbeiteten aushilfsweise in der Zentrale am Westpark. Nach der Wende gab es dort großen Bedarf, schließlich gehört die Mitgliedschaft beim ADAC zum Besten am Westen, und viele wollten sofort dazugehören.

»Da fahren doch diese gelben Autos rum«, sagte Oster. »Irgendjemand muss sich doch um die kümmern.«

»Da haben die bestimmt schon Leute dafür.«

Oster schmunzelte und zeigte mit dem Finger auf mich.

»Okay, dann bring das mal in Erfahrung«, beauftragte ich sie.

»Das machst du mal schön selber. Du kannst doch viel besser telefonieren als ich.«

Eins zu null für Oster. Wie immer brachte sie es auf den Punkt. Ich hasse Telefonieren und verstehe selbst nicht, warum bei mir so oft besetzt ist.

»Was soll ich denn beim ADAC?«

»Na, arbeiten.«
»Aber doch nicht beim ADAC!«
»Und warum nicht?«
»Weil da nur so alte Onkels drin sind mit Häkelklorolle und Wackeldackel im Auto. Das ist nichts für mich.«
»Ich wusste gar nicht«, sagte Oster trocken, »dass ein Fünftel der deutschen Bevölkerung aus alten Onkels besteht.«
»Wie?«
»Ungefähr so viele Mitglieder hat der ADAC. Ich wusste nicht, dass die Überalterung bereits so weit fortgeschritten ist.«
»Und ich wusste nicht, dass du dich schon so mit deinem Arbeitgeber identifizierst!«
Oster lehnte sich zurück. Grinste breit. Und erinnerte mich schließlich an eine äußerst unangenehme und leider nicht von der Hand zu weisende Tatsache: »Du bist doch selber so ein alter Onkel beim ADAC!«
»Iiiich?«, tat ich empört.
Osters Grinsen erreichte ihre Ohren, an denen zwei kleine Hasen wie Wackeldackel nickten.
»Das hab ich nur gemacht, damit du die Prämie kassieren kannst!«, verteidigte ich mich. »Du warst doch total scharf auf diese blöden Reisetaschen! Und jetzt fällst du mir mit denen in den Rücken!«
»So eine Mitgliedschaft kann nicht schaden! Du hast ein Auto, ein Motorrad und bist viel unterwegs. Lass da mal was sein.«
»Ich kann mir selbst helfen!«
»Und was ist, wenn du deinen Fuhrpark verliehen hast? Das machst du ja ständig.«
»Ja, an dich.«
Oster hob die Hände wie ein Priester beim Segen.
Ich seufzte. »Hast du diese Taschen, die du unbedingt haben wolltest und zu denen du mich perfide genötigt hast, eigentlich schon mal benutzt?«

»Wir fahren demnächst damit nach England«, sagte Oster.
»Na, hoffentlich kriegst du vorher noch deine goldene ADAC-Ehrennadel verliehen«, stichelte ich.
Unser bestelltes Essen kam. »Übrigens Thomas«, lächelte Oster charmant meinem wuschelköpfigen Extaxikollegen zu, der hier manchmal jobbte, »Susa fängt jetzt auch beim ADAC an.«
»Is nich wahr? Und als was?«
»Sie kocht Kaffee und kopiert«, sagte Oster, während ich das Wort »Präsidentin« über den Tisch schleuderte.

Es vergingen nur wenige Tage zwischen meiner Blindbewerbung beim ADAC und dem Termin zum Vorstellungsgespräch. Leider bot man mir keine Stelle als Präsidentin an.
»Wollen Sie Engel werden, Frau Bobke?«, wurde ich stattdessen gefragt und erfuhr, dass gerade ein Straßenwachtfahrer gesucht wurde, der im Stadtzentrum München wohnte – ich lebte damals zentral im Glockenbachviertel.
»Wenn ich am Leben bleiben darf, werde ich gerne Engel.«
»Können Sie sich denn vorstellen, täglich so lange Auto zu fahren?«
»Kein Problem. Ich bin doch auch Taxi gefahren«, erwiderte ich verwundert über die Frage. Später sollte ich erfahren, dass keiner meiner männlichen Kollegen dies gefragt wurde. Von ihnen wollte der ADAC als Arbeitgeber wissen, ob sie ein Alkoholproblem hätten.

Ich wurde zu einem Eignungstest eingeladen, bei dem ich nicht nur einfache technische Fragen zu beantworten hatte, sondern auch knifflige psychologische, um meine Einfühlsamkeit unter Beweis zu stellen, die ich sinngemäß folgendermaßen in Erinnerung habe: Würde ich einen lästigen Kunden in seine Schranken verweisen, indem ich ihn a) anschreie, b) bitte, sich zu gedulden, bis er an der

Reihe ist, c) ihm freundlich eine leichte Ohrfeige verpasse, d) versichere, dass ich mich sofort um sein Anliegen kümmern werde. Da eine der Fragen, die ich bei der Abschlussprüfung an der Meisterschule beantwortet hatte, lautete, ob es rechtens sei, dass der Meister seinen Lehrling ohrfeige, fühlte ich mich bestens vorbereitet. Mein Gefühl trog mich nicht. Ich bestand den Eignungstest und konnte nach einem Lehrgang meinen Dienst beginnen. Bereits beim ersten Gespräch mit meinen zukünftigen Vorgesetzten verwiesen sie mich nachdrücklich auf die Unbilden der Schichtarbeit. Sie wussten, wovon sie sprachen, sie hatten selbst rund dreißig Jahre Schichtdienst hinter sich – eine Strecke, von der ich bislang ungefähr die Hälfte zurückgelegt habe.

»Sie müssen sich darüber bewusst sein, Frau Bobke, dass Schichtdienst einige Einschränkungen mit sich bringt.«

»Ach, damit komme ich schon zurecht.«

»Sie werden nur ein freies Wochenende im Monat zur Verfügung haben.«

»Das macht mir nichts aus«, sagte ich wahrheitsgemäß. Ich war noch keine dreißig und hatte keine Lust auf normale Wochenenden. Was konnte mir Besseres passieren, als sonntags zu arbeiten? Sonntage habe ich schon immer gehasst oder sogar gefürchtet, weil da die Zeit stillzustehen schien. Viele meiner Freundinnen und Freunde von der Uni fuhren übers Wochenende nach Hause in die nähere Umgebung. Mein Zuhause liegt von München ungefähr eintausend Kilometer entfernt, einmal Nord–Süd, die Achse des Guten. Ich stellte es mir toll vor, an Sonn- und Feiertagen unterwegs zu sein, und am allerbesten war die Aussicht, nicht dauernd um sechs oder sieben Uhr morgens aufstehen zu müssen.

Nachdrücklich warnten mich meine zukünftigen Vorgesetzten: »Überlegen Sie sich Ihre Entscheidung gut, Frau Bobke, denn sie wird sich auf Ihr Privatleben auswirken. An vielen Unternehmungen, die für berufstätige Menschen mit herkömmlichen Arbeitszeiten völlig normal sind, können Sie als Schichtdienstlerin nicht teilnehmen. Dazu zählen zum Beispiel Vereinstätigkeiten oder alle regelmäßigen Termine. Das Kegeln am Mittwoch, der Stammtisch am Freitag.«

Ich musste mir ein Grinsen verkneifen. Klar, das war mir wichtig. Kegeln und Stammtisch.

»Oder die Familie.«

»Machen Sie sich darum keine Sorgen«, sagte ich salopp. Meine Ursprungsfamilie lebt am Deich, eine eigene Familie hatte ich noch nicht gegründet, und es gab derzeit auch keine Planung dafür. Ich war jung, ich war neugierig, und ich stellte mir den Schichtdienst wie ein Land vor, in dem Milch und Honig fließen.

Heute gibt es Wochenenden, an denen die Milch sauer, der Honig zäh geworden ist, denn meine ehemaligen Studienkollegen und -kolleginnen und auch die anderen Freundinnen und Freunde sind mittlerweile alle berufstätig – und als solche haben die meisten am Wochenende frei. Sie treffen sich und feiern Geburtstage, die Partys beginnen um zwanzig Uhr, man fährt gemeinsam übers Wochenende weg oder beschließt spontan, abends zu grillen, ins Kino zu gehen. Wenn man, so wie ich, öfter in eine neue Gegend umzieht, wäre es zur Kontaktaufnahme hilfreich, an immer wiederkehrenden Terminen teilzunehmen – wenn auch noch immer nicht beim Kegeln. Den Stammtisch als solchen habe ich mittlerweile schätzen gelernt, tja, man wird älter. Ich hätte mich gern öfter dazugesetzt an den Frauenmotorradstammtisch, als es mir wegen meines Dienstplans möglich ist. Inzwischen wäre ich vielleicht sogar Mitglied der Freiwilligen Feuerwehr in meiner Gemeinde oder bei der Lawinenstaffel. Zeiten, in denen ich mal mehr hadere, wechseln ab mit Zeiten, in denen ich ganz gut damit zurechtkomme, drei Wochenenden im Monat Schichten zu fahren. Doch über die Jahre hinweg geht es mir wie vielen meiner Kollegen auch: Zwei Wochenenden arbeiten und zwei frei wäre eine große Erleichterung für uns und unsere Familien. Auch Väter möchten am Wochenende am Leben ihrer Kinder teilhaben, und gerade diejenigen, die getrennt von ihnen leben, sind umso mehr auf Wochenenden angewiesen, an denen sie ihre Kinder sehen dürfen und können.

Mein Freund kommt gleich

DINGDONG: OY-MITTELBERG, HONDA CIVIC, SCHWARZ, L, WASSER-VERLUST

Der schwarze Honda Civic steht in Oy-Mittelberg in einer Wohnstraße mit Tiefgaragen und neuen zwei- und dreistöckigen Häusern im Landhausstil, Miet-, Ferienwohnungen oder Appartements für innerdeutsche Gastarbeiter. Überall fast meterhohe Schneeberge am Straßenrand. Im Allgäu arbeiten viele Menschen aus den neuen Bundesländern im Hotel- und Gaststättengewerbe.

Dazu gehört, wie ich schon bei der Begrüßung merke, auch Frau Markquard. Sie ist Anfang zwanzig, blond und blass, und an ihrer Schläfe schlängelt sich wie ein klitzekleiner Bach eine feine blaue Ader unter der makellos glatten Haut. Frau Markquard reicht mir ihre schmale Hand. Eigentlich sieht sie aus, als dürfte sie noch gar nicht Auto fahren. Solche Fehleinschätzungen passieren mir in der letzten Zeit öfter. Je älter ich werde, desto jünger kommen mir junge Menschen vor.

»Grüß Gott, Bobke vom ADAC, wobei kann ich helfen?«

»Schön, dass Sie da sind. Mein Freund kommt gleich.«

Ich ahnte nicht, dass ich ihr mit einem Freund helfen soll. Nicht, dass ich mich dazu nicht in der Lage fühle. Jahrelang hörte ich in der Spätschicht am Sonntagabend Brigitte Lämmles Nachtgespräche auf Bayern 2 Radio, und da lernte man, wie das geht. Bedauerlicherweise wurde Frau Lämmle inzwischen vom Programmdirektor aus dem öffentlich-rechtlichen Verkehr gezogen.

Ich deute auf den Honda mit Leipziger Kennzeichen, über dessen schwarzer Motorhaube graue Tapser verlaufen. »Der da?«

»Ja. Wie gesagt, mein Freund kommt gleich.«

»Wir können ja schon mal schauen.«

»Okay«, erwidert Frau Markquard zögernd und wirft sehnsüchtige Blicke zum Haus.

»Ist es Ihr Auto?«

»Ja.«

»Was ist denn los?«, erkundige ich mich.

»Da läuft irgendwas raus.« Wieder schaut sie zum Haus. Doch so intensiv sie auch starrt, es verwandelt sich nicht in ihren Freund.

»Machen Sie bitte mal die Haube auf.«

»Ich?«

»Ja bitte.«

»Jetzt?«

»Ja, das wäre toll.«

Frau Markquard sperrt zögernd den Honda auf, geht langsam vor der geöffneten Fahrertür in die Hocke und fingert im Fußraum herum.

Ich helfe ihr: »Da ist ein Hebel zum Ziehen unter dem Lenkrad, wahrscheinlich mit einem Autosymbol drauf.«

Es dauert einen Moment, dann höre ich das vertraute Plopp der sich öffnenden Motorhaube.

»Cindy, hast du den Fahrzeugschein mit runter genommen?«

Kaum ist die Stimme des Mannes erklungen, entspannt Cindy sich merklich. Auch ihre Stimme klingt heller »Klar, hab ich Lars.«

Lars ist genauso blass wie Cindy, aber nicht blond, sondern brünett.

Sein Haar ist dicht und gegelt, und am Haaransatz thront eine verspiegelte Sonnenbrille. Er begrüßt mich mit Handschlag und meldet: »Flüssigkeitsaustritt. Wahrscheinlich Kühlwasser.«
Ich führe eine Sichtprüfung im Motorraum durch und entdecke eine zerfetzte Stelle in der Wattierung an der Motorhaube.
»Da war wohl ein Marder im Auto«, staunt Lars.
»Ein Marder!«, echot Cindy und lässt sich auf den Fahrersitz fallen.
»Herrenbesuch«, präzisiere ich.
Im Motorraum entdecke ich nun auch Spuren einer grünlichen Flüssigkeit – Kühlwasser – kann aber nicht erkennen, woher sie stammt, und beschließe deshalb, das Kühlsystem aufzupumpen und abzudrücken. Mit einer Luftpumpe, die ich am Kühlsystem anschließe, presse ich Luft hinein. Nach ein paar Pumpstößen verharre ich, spitze die Ohren und höre ein leises Zischen. Und jetzt sehe ich auch, woher der Verlust rührt. Ein dünner, sehr feiner Strahl spritzt aus einem der Kühlerschläuche. Der Zahnabdruck des Marders ist zu erkennen. Ich deute auf die Stelle. Lars nickt.
»Was ist?«, fragt Cindy, die im Wagen sitzend CDs sortiert.
»Der Marder hat es sich im Motorraum gemütlich gemacht«, erklärt Lars.
»So was gibt es bei uns nicht«, behauptet Cindy mit einer Betonung auf *bei uns*.
»Doch bestimmt«, erwidert Lars.
»Und jetzt?«, fragt Cindy.
»Können Sie das reparieren?«, will Lars von mir wissen.
Ich nicke. »Provisorisch. Sie sollten den Schlauch demnächst austauschen.«
»Hält der noch eine Weile?«
»Wie lang ist eine Weile?«, frage ich.
»Bis wir wieder nach Hause … also Mittwoch in zwei Wochen würden wir nach Leipzig fahren.«

»Das würde ich nicht empfehlen – aber möglicherweise hält der Verband so lange. Beobachten Sie die Stelle.«
»Wo ist denn hier in der Nähe eine Werkstatt?«, fragt Lars mich zögernd.
»Wir sind erst seit Montag hier«, erläutert Cindy.
»Ich schreibe Ihnen später eine Adresse auf. Nach der Reparatur«, sage ich und denke, dass die Werkstätten in Leipzig vielleicht billiger sind oder es in Leipzig einen Papa gibt, der den Schaden repariert.
»Super«, bedanken sich die beiden wie aus einem Mund.
Ich desinfiziere die Wunde und verpasse dem Schlauch im verletzten Bereich einen Verband aus grauem Klebeband. Lars und Cindy sehen mir dabei manchmal zu und sich selbst oft in die Augen. Ich fülle etwas Wasser auf und bitte Cindy zu starten. Sie schaut Lars an. Er setzt sich in den Honda und übernimmt das. Während der Motor warm läuft und Cindy und Lars besprechen, welche CDs sie mal wieder hören könnten, räume ich mein Werkzeug auf. Ich schiebe den kleinen schwarzen Koffer mit dem Kühlerabdrückgerät an seinen Platz. Die Ratschenschublade bleibt geschlossen.

Der Verband hält. Immerhin ein provisorisches Happyend. Ein gutes Gefühl.
Cindy händigt mir ihre ADAC-Mitgliedskarte, den Fahrzeugschein und ihren Führerschein aus. Letzteren brauche ich nicht für den Pannenbericht. Ich erhasche dennoch einen Blick auf Cindys Geburtsdatum. Sie ist 1987 geboren. Solche Geburtsdaten verwirren mich manchmal. 1987! Da hat man das Abitur doch schon ein paar Jahre in der Tasche und die dritte Ausbildung angefangen!
»Die Adresse stimmt nicht«, sagt Lars und weist auf Cindys Kfz-Schein.
»Wir sind gerade erst hergezogen«, erläutert sie erneut. »Wir hatten drei Tage Dienst, morgen wollen wir uns anmelden.«

»Und wie gefällt es Ihnen hier?«, erkundige ich mich.
»Super«, sagen die beiden erneut wie aus einem Mund.
»Zuerst hatte sie Arbeit«, führt Lars aus. »Sie ist im Hotelfach. Da befürchteten wir, eine Weile pendeln zu müssen. Aber dann hat ein Koch dort aufgehört. Tja – und Koch, das bin ich.«
»So eine glückliche Fügung!«, staune ich. Die beiden sehen viel zu jung zum Arbeiten aus. Eigentlich müsste ihnen jemand Brote schmieren.
Cindy nickt. »Wir finden es echt super hier. Die Wohnung ist auch toll. Mit Balkon!«
»Und die Berge«, fügt Lars hinzu.
»Ja, die Berge«, sagt Cindy, und sie klingen flacher als bei Lars.
Er legt seinen Arm um sie.
»Schöne Berge«, lässt sie sie ein Stück wachsen, und sie schauen sich so lange an, dass ich genug Zeit habe, den Pannenbericht auszufüllen und eine Adresse aufzuschreiben. Arm in Arm gehen sie ins Haus, in ihr neues Leben, und ich schicke ihnen meine guten Wünsche hinterher.

Schmutznägel und lockere Schrauben

Auch ich war einmal blutjung und bin von weit her gekommen, aber ich hatte kein Zimmer in München, bloß einen Studienplatz und lernte meine neue Heimat vom Englischen Garten aus kennen, wo ich einige Nächte vielleicht notgedrungen und einsam, vielleicht aber auch glücklich unter dem angestrahlten Sternenhimmel der Stadt übernachtete. Man vergisst so viel im Lauf der Zeit. Im Zweifel gehe ich in solchen Fällen immer von der besseren Variante aus: Also fand ich es abenteuerlich und wildromantisch, mich der fremden großen Stadt von der Parkside her zu nähern.
Was ich aber sicher weiß, ist, dass ich mich in einer solchen Rollen-

aufteilung, wie Cindy und Lars sie zelebrieren, niemals wohlfühlen würde. Weder als Lars noch als Cindy. Ich finde, die herkömmlichen Rollenspiele in Beziehungen beschneiden die Entwicklungsmöglichkeiten der Persönlichkeit. Trotzdem richten sich die Menschen immer wieder so ein. Ich mache gern so viel wie möglich selbst, außer natürlich im Haushalt. Das gibt mir ein gutes Gefühl. Männer können mich meinetwegen bewundern. Mein Kühlsystem brauchen sie nicht aufzupumpen. Ich weiß natürlich, dass ich mit meiner Lebensart eine Minderheit vertrete. Rollenbilder schenken Sicherheit – oder gaukeln sie vor. Leider fruchten meine Erziehungsversuche meistens nicht. Als ich aufhörte, das Auto meiner besten Freundin Hob zu reparieren, weil ich sie motivieren wollte, endlich einmal einen meiner Pannenkurse zu besuchen, verliebte sie sich in einen handwerklichen Allrounder. Sie sagt, sie habe keine Lust auf schmutzige Hände. Ich sage manchmal, ich bin im Kfz-Gewerbe gelandet, um eine Legitimation für meine schmutzigen Hände zu haben.

Hob hat einen begnadeten Handwerker zum Vater. Mein Vater war Tierarzt und interessierte sich nicht für Basteleien und Werkzeuge, außer sie betrafen die Psychoanalyse, vor allem nach C.G. Jung. Doch die Schrauben, die dort vielleicht locker sein mochten, konnte man nicht anfassen. Meine beiden Brüder interessierten sich für Mädchen und Schallplatten. Meine Schwester interessierte sich für Winnetou und irische Folklore. Meine Mutter interessierte sich für die Familie, die Organisation des Haushalts und koordinierte zuerst mit ihrem sechsten Sinn und später mit einem Funkgerät die Einsätze meines Vaters: die erste Leitstelle meines Lebens. Der Job des Handwerkers war frei, und ich riss ihn mir unter den Schmutznagel. Das mag auch daran liegen, dass ich mich sehr gern auf den benachbarten Bauernhöfen herumtrieb – zuerst wegen der Tiere, doch dort wurde auch ständig etwas repariert: Traktoren, Maschinen, Werkzeuge, Zäune und manchmal sogar Autos.

Die Gummiorgie

DINGDONG: GOLDHASEN, OPEL CORSA, GRÜN, OAL, SNA

Das nächste Dingdong führt mich in die Nähe von Goldhasen, es liegt zwischen Kempten und Füssen am Schwaltenweiher. In einem quietschgrünen Opel Corsa hat eine Gummiorgie stattgefunden. Ein hoch erregtes Mardermännchen hat augenscheinlich versucht, sämtliche Zündkabel auszubauen und zu verschleppen oder im Motorraum neu zu installieren. Ein Zündkabelrest liegt auf dem Getriebe, ein anderer im Schaltgestänge, ein dritter ist appetitlich um die Einspritzanlage drapiert. Offensichtlich war hier jemand mit dem Innendesign des Corsa nicht einverstanden und hat sein eigenes ästhetisches Empfinden mit großer gestalterischer Kraft in Szene gesetzt, wie ich verblüfft bemerke.

Ich beruhige zuerst den Havaristen, der sinnigerweise Herr Fuchs heißt und nur noch »o mein Gott« stammelt, als er des Schadens ansichtig wird. Sobald er sich mit der Vernissage abgefunden hat, bestaunen wir gemeinsam die Installation. »Und Sie sind ganz sicher«, fragt Herr Fuchs mich mehrmals, »ein Marder?«
Ich bestätige »Ganz sicher«, rate ihm zu einem Satz neuer Zündkabel und mache mich dann an die Arbeit, die Reste zusammenzuflicken, damit das Auto eine reelle Chance hat, es bis zur nächsten Werkstatt zu schaffen.

»Und was mache ich, damit mir so was nicht noch mal passiert?«, möchte Herr Fuchs von mir wissen, als ich die Panne abgeschlossen und mein Werkzeug verstaut habe.
»Am besten wäre ein Garagenplatz.«

»Den hab ich leider nicht.«
»Man kann auch Hasendraht unter den Motorraum legen. Das hält die Marder davon ab, ins Auto hineinzuklettern.«
»Hasendraht?«
»Maschendraht.«
»Und Elektroschocks? Das habe ich mal im Fernsehen gesehen.«
»Ja, so was gibt es im Zubehörhandel. Man kann unter Strom stehende Metallplatten im Motorraum verbauen. Aber versuchen Sie es doch zuerst einmal mit dem Hasendraht, oder parken Sie das Auto ein Stück weiter vorne oder hinten.«
»Wieso denn das?«, will Herr Fuchs neugierig wissen.
»Mardermännchen tragen ihre Revierkämpfe mit Vorliebe in und auf Autos aus – das scheint für sie eine Art Anschlag auf das schwarze Brett zu sein. Hier markieren sie ihr Revier, indem sie Schläuche und Kabel zerbeißen. Es kann sein, dass ein Auto genau auf einer Reviergrenze parkt. Deshalb hilft es manchmal, es ein Stück weiter weg zu fahren.«
»Hm«, macht Herr Fuchs beeindruckt.
»An Ihrer Stelle würde ich den Motor auch dampfstrahlen, um die Markierungen zu entfernen. Denn sobald ein Marder ein Auto markiert hat, provoziert er ja damit andere, es ihm gleichzutun und dieses Auto als Ort seiner Selbstdarstellung zu missbrauchen.«
»Es ist also so ähnlich wie bei Hunden?«, fragt Herr Fuchs.
»Ja. Allerdings heben die Hunde zum Markieren nur das Bein. Die Marder zerbeißen den Schlauch. Derzeit ist Ranzzeit, da fühlen sich die Männchen leicht provoziert. Und noch ein gutes Mittel fällt mir ein: Im Motor befestigte Hundehaare halten Marder häufig auf Distanz.«
»Ach, das ist eine gute Idee. Da kann ich mal bei Frau Schröder nachfragen.« Herrn Fuchs Augen funkeln. »Das ist eine Kollegin. Aus der vierten Etage. Sie ist noch gar nicht lange bei uns. Aber ich

glaube, sie hat einen Hund. So was Langhaariges. Der muss bestimmt oft gebürstet werden. Da fällt vielleicht was für mich ab.«

Bavarian Sunset

Das nächste Dingdong verkündet mir keine Panne, sondern einen Pausenvorschlag. Nach vier bis sechs Stunden Arbeit steht mir eine halbe Stunde Pause zu, die mir das Dispositionssystem selbständig anbietet. Manchmal vergisst mich das System und ich mich auch. Wenn viel Arbeit anfällt, geschieht das öfter.

Ich akzeptiere den Pausenvorschlag durch Tastendruck. Die Dämmerung ist schon fortgeschritten. Mir fällt auf, dass ich jetzt immer öfter bis zur Pause ohne Taschenlampe bei der Arbeit auskomme. Ich nehme meine Brotzeit aus dem Rucksack und setze mich mit meinem Campingstuhl am Schwaltenweiher an den Straßenrand. Von der feuchten Wiese zieht eine ungemütliche Kälte herauf. Es riecht nach Bärlauch – Alpenpanorama nach dem Bavarian Sunset. Der Salat in meiner Plastikschüssel ist zwar zusammengefallen, aber ich freue mich, dass ich vor der Schicht die Zeit gefunden habe, ihn zuzubereiten; heute mit frischem Scharbockskraut, dem ersten Vitamin C, das die Natur im Frühjahr anbietet. Es schmeckt mir nicht besonders, aber ich bin dankbar dafür und denke an unsere Vorfahren, die mit diesen kleinen Blättern Skorbut behandelt haben. Leider bleibt mein Salat oft ein Vorsatz, und dann lande ich bei den Fritten beziehungsweise sie bei mir.

Die Sonne ist bereits untergegangen, und es wird empfindlich kalt. Ich setze meine Pudelmütze auf. Am Waldrand erkenne ich zwei Hasen. Es ist ein wunderbarer Moment, sie von hier aus beobachten zu dürfen. Ich schaue ihnen bei meiner Brotzeit bei ihrer Brotzeit zu. Wenn ich den Blick hebe, sehe ich die Berge als dunkle Silhouette. Eine zarte Vorfreude auf das Wandern breitet sich in mir aus. Sobald der Schnee geschmolzen ist, werde ich wieder losziehen, und so möchte ich jetzt einerseits nirgendwo anders sein als am Schwaltenweiher und andererseits in den Bergen. Und dann bin ich doch wieder ganz da, wo ich bin. Still ist es. Mein Handy liegt neben mir. Es hat kein Netz. Das ist mir sehr recht, hier brauche ich kein Netz, das Netz ist da, ist überall. Ich atme ruhig und schaue einfach nur, es gibt eigentlich nichts mehr zu sehen. Es ist jetzt ganz dunkel, die Berge sind verschwunden, und ich genieße diese Momente der Kontemplation – vor allem, wenn ich finde, sie verdient zu haben, so wie mit den letzten Pannen. Bislang habe ich heute nur Happyends produziert, und das macht die Pause besonders entspannend. Alles ist gut so, wie es ist. Vielleicht geht es ja genauso gut weiter. Das ist das Spannende an meinem Beruf: Ich weiß nie, was als Nächstes auf mich zukommt. Als ich das Pausen-Ende-Symbol auf dem Display drücke, erfahre ich mit einem Dingdong die Rahmenbedingungen.

Frau Bobke, Sie sind der Fachmann

DINGDONG: FÜ, MERCEDES C, SILBERN, S, GARAGE

Zwanzig Minuten später werde ich unwirsch empfangen.
»Ich habe schon dreimal angerufen«, begrüßt mich Herr Kriechle.
»Grüß Gott«, sage ich.
»Dauert das immer so lang bei Ihnen?«
»Sollen wir mal Ihren kaputten Wagen anschauen?«, schlage ich vor.
»Na, deswegen sind Sie doch hier, oder?«
»Wo steht er denn?«
»In der Garage.«

»Und was fehlt dem Auto?«
»Das habe ich doch alles schon am Tel-le-fon erzählt! Mehrfach! Hat man Ihnen das nicht gesagt?«
Er spricht nicht, er schießt die Worte und scheint einen enormen Druck in seinem drahtigen Körper aufgebaut zu haben. Seine Lippen sind schmal und aufeinandergepresst wie ein straff gezogenes Gummiband.
Die Einzelgarage neben einem Einfamilienhaus, das wie ein grauer Klotz in der Dunkelheit steht, ist so eng, dass der silberne Mercedes knapp hineinpasst. Ich erkenne, dass es ein ausgeklügeltes System gibt, wie das Fahrzeug in die Garage gefahren werden muss, um die Spiegel nicht umzuklappen und dem Fahrer das Aussteigen gerade noch zu ermöglichen. An der Decke ist eine Schnur mit einem Holzstöckchen befestigt; so erkennt der Fahrer, wann der Wagen sich in Parkposition befindet: Sobald das Stöckchen die Windschutzscheibe berührt. Eine solche Vorrichtung habe ich schon öfter gesehen. Ich vermute, sie wurde einst unter Tipps und Tricks in der ADAC *Motorwelt* veröffentlicht. Das Problem ist bekannt: Die neuen Autos passen nicht mehr in die alten Garagen, sie sind viel zu lang und vor allem zu breit. In den 1950er und 1960er Jahren fehlte anscheinend das Vorstellungsvermögen für eine Freizeitgesellschaft, die große Garagen für mehrere Autos und Vergnügungsequipment benötigt. Surfbretter, Motorräder, Schlitten, Fahrräder, Kanus, Quads, Skier … und was man sonst eben noch unbedingt alles braucht. Mit einem Fiat Uno würde sich Herr Kriechle leichter tun.
Ich drücke mich links am Mercedes vorbei in die Garage. Herr Kriechle folgt mir.
»Am besten ist es«, sage ich, »wir schieben das Auto raus.«
Herr Kriechle steht dicht hinter mir in dem schmalen Spalt zwischen Fahrertür und Garagenwand. Er weicht keinen Zentimeter zurück. Bleibt einfach stehen. Ich bleibe auch stehen. Herr Kriechle will nicht zurück. Er will nach vorne.

»Bitte steigen Sie jetzt in Ihr Fahrzeug, schalten die Zündung ein und lösen die Handbremse ...«, beginne ich.
»Ich ziehe doch beim Parken keine Handbremse an!«
»Dann schiebe ich Sie mit dem Wagen aus der Garage.«
»Ich schiebe mit!« Sein Tatendrang treibt ihn stur nach vorne. Reden hilft nicht. Ich deute mit meinem Oberkörper eine Bewegung in seine Richtung an. Nun weicht er einen Schritt zurück.
»Es ist besser, wenn Sie einsteigen und lenken und bremsen, damit der Wagen nicht gegen die Hauswand rollt.«
»Steigen Sie ein, ich schiebe!«, verlangt er im Befehlston.
»Nein, das ist Ihr Wagen«, erinnere ich ihn und mich an die Herren Dr. Klöbner und Müller-Lüdenscheid in der Badewanne. »Sie kennen Ihre enge Garage besser als ich.«
Widerwillig geht Herr Kriechle einen Schritt zurück, öffnet die Fahrertür und steigt dann fast geschmeidig ein. Die gebannte Gefahr, dass ich sein Fahrzeug verkratzen könnte, scheint ihn zu beflügeln.
Ich warte einen Moment, bis er sich in seinem Fahrzeug eingerichtet hat. Er schnallt sich nicht an; täte er es, wäre das nichts Ungewöhnliches. Manche Menschen schnallen sich gewohnheitsmäßig an, sobald sie auf dem Fahrersitz Platz genommen haben, auch wenn sie nur eine Starthilfe bekommen. Ich quetsche mich zwischen Auto und Wand und versuche zu schieben. Der Wagen bewegt sich nicht.
Herr Kriechle will wieder aussteigen. In seinem Gesicht lese ich die selbstzufriedene Genugtuung, dass ich zu schwach für seinen Mercedes bin.
»Stellen Sie den Automatikhebel bitte auf ›N‹«, bitte ich ihn.
»Geht nicht«, raunzt er.
»Sie müssen die Zündung einschalten.«
Nun rollt der Wagen aus der Garage.

Normalerweise bessert sich das Verhältnis nach solch einer gemeinsam gemeisterten Aktion. Nicht mit Herrn Kriechle. Er springt aus dem Wagen. Ich setze mich hinein und möchte einen Startversuch unternehmen, da mir Herr Kriechle nicht verraten will, was er meinen Kollegen am Telefon verraten hat. Leider fehlt auch der Schlüssel. Herr Kriechle hat ihn abgezogen.

»Bitte geben Sie mir den Schlüssel.«

Zögernd reicht er ihn mir. Ich schalte die Zündung ein und kontrolliere mit einem Blick die Tankanzeige. Eine häufige Ursache für meinen Einsatz ist ein leerer Tank. Meine Menschenkenntnis hält mich davon ab, Herrn Kriechle eine solch provokante Frage zu stellen. Auch die anderen Leuchten am Armaturenbrett melden nichts Auffälliges. Ich starte und höre ein kräftiges, gesundes Anlassergeräusch, wie ich es heute Nachmittag schon einmal von Herrn Thierschs Golf vernommen habe.

Ich wende mich an Herrn Kriechle. »Das ist das Problem, oder?«

»Sie sind der Fachmann.«

»Er springt also nicht an«, stelle ich fest.

Herr Kriechle verdreht die Augen und kreuzt die Arme vor der Brust.

Ich lasse mich davon nicht beirren. »Wann sind Sie denn das letzte Mal gefahren?«

»Heute Mittag.«

Ich steige aus, hole eine Sprühdose mit Starthilfespray aus meinem Engelmobil sowie einen Schraubenzieher. Nachdem ich den Ansaugtrakt am Motor geöffnet habe, sprühe ich das Spray hinein und bitte Hern Kriechle, erneut zu starten.

Der Motor springt kurz an und geht wieder aus.

Herr Kriechle ist genauso hin- und hergerissen wie sein Mercedes. Darf er hoffen? Ist die Tante vom ADAC doch kompetent? Oder hätte er sich gleich auf seine Menschen-, sprich Frauenkenntnis verlassen sollen und sie wegschicken, nachdem er schon viel zu lang auf sie gewartet hat.

Auch ich fühlte mich hin- und hergerissen. Ich habe die Fährte aufgenommen und bin ziemlich sicher, dass ich den Fehler kenne. Das bedeutet, dass es kein Happyend geben wird, sondern eine Trennung auf Zeit mittels Abschleppwagen. Da der Motor aber einmal kurz angesprungen ist, habe ich eine Hoffnung geschürt, die ich eigentlich weiterverfolgen soll. Also setze ich meine Fehlersuche fort. Vielleicht ist ja die Sicherung der Benzinpumpe kaputt.

»Können Sie bitte den Kofferraum öffnen?«, frage ich.

Herr Kriechle starrt mich an. Er sagt keinen Ton, doch ich sehe, wie es in ihm arbeitet. Den Kofferraum! Was soll denn das! Will sie mich demütigen?

Ich befürchte das Schlimmste. Ich möchte nicht wissen, was er da hinten spazieren fährt. Ruhig erkläre ich Herrn Kriechle, warum er den Kofferraum öffnen soll, und bitte ihn dann, mir seinen Fahrzeugschein auszuhändigen. Mit den entsprechenden Daten möchte ich in meinem Computer – ich nenne ihn in Anlehnung an seinen großen Bruder liebevoll *Deep Thought* – den Schaltplan des Mercedes-Modells aufrufen, um meine Vermutung zu bestätigen, dass die Benzinpumpe kaputt ist.

»Aber heute Mittag ging er noch«, widerspricht Herr Kriechle, »und jetzt gerade ist er doch auch angesprungen.«

»Weil ich Kraftstoff direkt in den Motor eingespritzt habe.«

»Dann machen Sie das doch noch mal«, bellt er und reicht mir den zwischen Zeige- und Mittelfinger eingeklemmten Fahrzeugschein.

Im Kofferraum befindet sich zum Glück nur eine kleine blaue Plastikkiste mit einem Handbesen, einem Starthilfekabel, Scheibenenteiser und einem Paar Arbeitshandschuhe.

Ich schalte den Computer in meinem Auto ein. Während er hochfährt, hole ich mein Messgerät und prüfe die Kraftstoffpumpensicherung im Kofferraum. Herr Kriechle verfolgt jede meiner Bewegungen misstrauisch. Sobald ich in seine Richtung schaue, dreht er sein linkes Handgelenk ruckartig nach innen und starrt auf seine Uhr, ein massives multifunktionales Herrenarmband. Der Ärger um jede verstreichende Minute lässt seinen inneren Druck ansteigen, was er augenscheinlich genießt.

»Bitte starten Sie noch mal.«

Der Wagen springt nicht an. Ich gehe zurück zu meinem Engelmobil und kontrolliere am Schaltplan im Computer, ob ich die richtige Sicherung überprüft habe und ob sie vor oder nach dem Relais geschaltet ist. Bis auf eine Aktion habe ich somit eine umfassende Fehlersuche durchgeführt. Eine einzige Möglichkeit gibt es noch: Ich könnte mich vor Herrn Kriechle auf den Rücken werfen, unter das Auto robben, die Abdeckung der Benzinpumpe abschrauben und mich vergewissern, ob die Anschlüsse der Kabel abgefault sind. Da der Garagenwagen von Herrn Kriechle scheckheftgepflegt und unser Verhältnis angespannt ist, ziehe ich es vor, die Fehlersuche abzuschließen.

»Die Benzinpumpe ist kaputt. Der Wagen muss in die Werkstatt. Es handelt sich dabei um eine kleine Reparatur, die nicht viel Zeit benötigt.«

Herr Kriechle sagt nichts und schaut rechts an mir vorbei auf das Nachbarhaus.

In Füssen gibt es eine Mercedes-Werkstatt. Ich könnte den Wagen mit meinem Engelmobil dort hinschleppen, hätte dann aber auch Herrn Kriechle im Schlepptau, der bremsen und lenken müsste, und ich vermute, unser Vertrauensverhältnis ist nicht so beschaffen, dass er sich in diese Abhängigkeit begeben würde, in der ich ihn auch nicht wissen möchte.

»Soll ich Sie in die Werkstatt schleppen oder einen Abschleppwagen rufen?«, frage ich.

»Da ist ja niemand mehr in der Werkstatt«, findet er zurück zu seiner alten Form.
»Wir können das auch morgen früh machen, ich kann einen Termin für Sie vereinbaren.«
»Und dafür habe ich nun drei Stunden Zeit verbraucht, damit Sie einen Termin vereinbaren«, stellt er höhnisch fest.
»Je nachdem, wie Sie sich entscheiden, sollten wir den Wagen zurück in die Garage bringen«, erwidere ich.

Noch eine halbe Stunde nachdem ich Herrn Kriechle verlassen habe, fühle ich mich erschöpft und ausgelaugt. In Gedanken gehe ich den Ablauf der Panne mehrfach durch. Das Verhältnis zu meinem Havaristen war von jenem Moment an zum Scheitern verurteilt, als er mich anstatt mit einer Begrüßung mit einem Vorwurf empfing. Im Nachhinein ärgert mich das. Es gehört auch zu meinem Beruf, Havaristen mit einem guten Gefühl zurückzulassen. Ich hatte sozusagen eine Panne bei der Panne. Gründlich prüfe ich in Gedanken mehrmals den technischen Ablauf. Ich finde keine Einwände gegen mein Vorgehen und bin sicher, dass der Mercedes mit einer neuen Benzinpumpe problemlos anspringen wird. Aber was nutzt das, wenn Herr Kriechle trotzdem nicht zufrieden ist! Ich versuche, diese Panne abzuschütteln und mich auf das zu konzentrieren, was vor mir liegt.
Dingdong – zur Kristalltherme Füssen soll ich, ein roter Toyota Corolla wartet dort. Der Schlüssel liegt im Fahrzeug. Herr Kriechle holt mich noch mal ein. Ich schimpfe ein wenig mit mir und rede mir gut zu, dass ich seit Jahren doch schon viel souveräner mit unangenehmen Situationen umgehe. In meiner Anfangszeit auf der Straße haben mich manche Pannen tagelang beschäftigt. Heute dauert es höchstens bis zum Schichtende, selten darüber hinaus. Nach manchen Pannen bedaure ich es, dass ich immer allein unterwegs bin. Natürlich könnte ich einen Kollegen anrufen. Das mache ich selten.

Ich werde auch selten angerufen von Kollegen. Wir sind es gewohnt, das mit uns selbst auszumachen. Wir Engel sind Einzelkämpfer. Und quatschen nach Dienstschluss unsere Lieben voll.
Würde ich in einer Werkstatt arbeiten, hätte ich jederzeit eine Möglichkeit zum Austausch. … Aber hätte ich dort auch den richtigen Kollegen? Einen wie Reinhard? Eine plötzliche Sehnsucht nach ihm erfasst mich. Er würde mir jetzt wahrscheinlich einen Riegel Kinderschokolade verpassen, und dann wäre alles wieder gut.

Lehrjahre sind keine Damenjahre

Reinhard war *OdumeinMeister* in meiner Ausbildungswerkstatt, der AWS, Autowerkstatt Schönstraße, in München. Ich bekam diesen Ausbildungsplatz, nachdem ich mich längst von meinem großen Traum, eine Ausbildung im Kfz-Handwerk machen zu dürfen, verabschiedet hatte. Schon als Kind interessierte ich mich für das Innenleben von Autos. Wenn irgendwo eine Motorhaube offen stand, verbeugte ich mich davor. Sobald unser Auto kaputt war und in die Werkstatt musste, wollte ich unbedingt mit. Wenn mein Vater sich dann mit dem Meister besprach, wuselte ich durch die Halle, guckte mal hier, mal dort und löcherte die Mechaniker mit Fragen.
Ab meinem fünfzehnten Lebensjahr bewarb ich mich bei verschiedenen Werkstätten in meiner Heimat am Deich. Liebend gern hätte ich die Schule abgebrochen, sobald ich eine Lehrstelle ergattert hätte. Doch außer Polizei und Bundeswehr, die mir beide nicht geheuer waren, wollte mich niemand. Das wurde entweder mit fehlenden sanitären Räumen für Frauen begründet, oder man sprach gleich Tacheles: Mädchen sind zu schwach für diesen harten Männerberuf. Seinerzeit hatte man außerdem gerade erst damit begonnen, ausländische Jungen einzustellen – und von denen gab es genug; Jungs, für die Kfz-Mechaniker ein ebensolcher Traumberuf war wie für mich.

Allerdings unterschieden wir uns in unseren Motiven. Viele der Jungs, die ich später an der Berufsschule kennenlernte, hegten eine fast zärtliche Liebe zu Autos und fühlten sich wohl in den Autorudeln, die sie mit anderen bildeten. Sie bastelten sich ihr Statussymbol in einer kameradschaftlich geprägten Mischung aus Konkurrenz und Solidarität. Automechaniker war im Freundeskreis ein sehr angesehener Beruf. Ich selbst wusste nicht genau, was mich an diesem Beruf faszinierte. Die Liebe zu Autos war es jedenfalls nicht. Ich beneidete die Jungen. Sie wurden zu Vorstellungsgesprächen eingeladen. Sie brauchten keine Extratoiletten und hatten genug Kraft für diese harte Arbeit, weil sie Jungs waren. Ich fand das empörend ungerecht. Ich war auch stark. Ich konnte bei der Heuernte mit der Heugabel die Ballen hoch auf den Heuwagen stemmen. Ich weiß nicht, wie viel ein Ballen wog, aber ich weiß, dass die Bauern mich dafür sehr achteten, denn ich verrichtete als fünfzehnjähriges Mädchen schwere Männerarbeit. Ich liebte die Heuernte. Sobald es losging, hielt mich nichts mehr zu Hause. Ich musste raus aufs Feld, und abends musste ich mich dann noch um Julante, mein Pferd, kümmern und den Stall ausmisten, beim Schmied störrische Pferde beschlagen helfen – und nebenbei auch noch das Gymnasium wuppen. Doch niemand interessierte sich für die Beweise meiner Kraft. Ich wurde zu keinem einzigen Vorstellungsgespräch eingeladen.

Meine Eltern waren erleichtert, dass mich die Werkstätten ablehnten. Sie wollten mir nicht in meine Berufswahl hineinreden, doch sie wollten, dass ich das Abitur mache, weil mir damit die Welt offenstünde und ich Wahlfreiheit hätte. Eine Freiheit, die sie als Kriegskinder nicht genießen durften. Als kleines Mädchen spielte ich mit dem Gedanken, es meinem Papa gleichzutun. Tierärztin wollte ich werden. Das war der zweite Beruf, der meinen Eltern nicht behagte. »Lass das lieber bleiben, Susa«, sagte mein Vater. »Tierarzt ist ein undankbarer Beruf. Die Bauern akzeptieren keine Frauen. Die Arbeit ist auch zu hart.« Sicher widersprach ich. Doch wenn der Papasegen fehlt, ist erst mal die Luft raus. Außerdem hatte er natürlich auch recht; so war das damals als Landtierärztin. Heute gibt es überall Kleintierpraxen und viele Tierärztinnen, die das Berufsbild sehr verändert haben.

Manchmal frage ich mich, was mein Vater wohl zu mir als Gelbem Engel sagen würde. Traurigerweise hat er meine Berufswahl nicht mehr erlebt. Wenn es nach ihm gegangen wäre, hätte ich Psychoanalytikerin werden sollen. Dass man das auch für Autos sein kann, davon hatten wir beide damals keine Ahnung.

Ein verhängnisvolles Grillfest

Zum Abitur 1983 schenkten mir meine Eltern mein erstes Auto: Henning, einen R4, den ich mit meiner Freundin Kalinka kunterbunt bemalte. Henning war mein engster Vertrauter während meiner ersten Zeit in München. Aus mehreren angebotenen Studienorten in ganz Deutschland, für die ich mich beworben hatte und aus denen ich schließlich wählen konnte, entschied ich mich für Bayerns Hauptstadt. Ich begann mit Rechtswissenschaften und wechselte später zu deutscher Literatur und Portugiesisch.

1987 kam ich auf einem Grillfest ins Gespräch mit einem Kfz-Gesellen, der auf der Abendschule sein Abitur nachholte. Er erzählte mir von einer Autowerkstatt in München, die – vom Arbeitsamt gefördert – schwer vermittelbare Jugendliche ausbildete: Die AWS war eine kleine freie Werkstatt mit fünf Hebebühnen in der Schönstraße nah der Isar. Hier lernten Flüchtlinge, Ausbildungsabbrecher, ehemalige Drogenabhängige, Vorbestrafte – als Frau mit einem ungewöhnlichen Berufswunsch gehörte ich zur Zielgruppe. Dennoch war ich unsicher.

Meine Freundin Hob sprach mir Mut zu. »Das klingt großartig! Manchmal muss man eine Weile warten, bis sich Träume erfüllen!«
»Die nehmen mich bestimmt nicht«, behauptete ich.
»Doch! Das ist deine Stelle. Was glaubst du, warum wir sonst auf diesem komischen Fest mit diesen seltsamen Leuten waren?«
Ich seufzte. Bei Hob hat immer alles einen Grund. Außerdem hatte ihr das Fest doch eigentlich gut gefallen. Sie war sogar begeistert gewesen, endlich mal neue Leute kennenzulernen.
»Ich finde, das klang total super, was der Chris da erzählt hat!«, ließ sie nicht locker und schüttete mir eimerweise Enthusiasmus über den Kopf. Hob ist und war immer begeistert. Von allem. Das ist manchmal sehr anstrengend für mich, weil ich selbst nie begeistert bin. Ich bin eine Friesin. Hob ist eine Bayerin. Sie und ihre herzliche Familie haben meine zarten Sternwurzeln gedüngt, die ich begonnen hatte, im Münchner Boden – und vor allem im Umland – sprießen zu lassen. An die Begeisterungsausbrüche, mit denen sie und ihre Mutter sich in einem ständigen Wettkampf duellieren, habe ich mich bis heute nicht gewöhnt. Begeisterung turnt mich ab. Ich kann damit nicht umgehen. Ich finde das affig und übertrieben. Und heute wie damals muss ich dann bremsen.
»Jetzt bin ich doch viel zu alt, und wer will schon eine Germanistikstudentin in einer Autowerkstatt?«
»Du kannst den ausländischen Jugendlichen Deutsch beibringen!«
»So ein Quatsch!«
»Du kannst auch als Frauenbeauftragte dort anfangen.«
»Wie?«
»Indem du zeigst, dass Frauen alle Berufe meistern können, wenn sie das wollen.«
»Ich möchte keine Zusatzaufgaben übernehmen. Ich möchte einfach nur eine Lehre machen.«
»Hört, hört!«, rief Hob strahlend. »Also doch! Du willst die Stelle.«

»Welche Stelle?«
»Na, die dir angeboten wurde.«
»Verzeihung, aber mir wurde keine Stelle angeboten. Ich habe zufällig von einer Werkstatt gehört, die Problemfälle ausbildet.«
»Ja eben.«
»Was eben?«
»Das bist du doch: ein Problemfall!«
»Ja. Seit ich dich kenne.«
Hob grinste. Wir tranken ein paar Liter Milchkaffee und rauchten ein paar Zigaretten, so gehörte sich das damals. Pow Wow. Schließlich musste man ja irgendwas tun, wenn man in Kneipen und Cafés rumhockte.
Natürlich ließ Hob nicht locker. Nachdem ihr Bruder sich unglücklich in mich verliebt hatte, war ich gegen meinen Willen von ihr adoptiert worden. Insgeheim fühlte ich mich recht wohl dabei.
»Du musst da anrufen! Wenn du nicht anrufst, wirst du das bereuen!«
Ich lehnte mich zurück. »Weißt du, dass du manchmal wie meine Mutter klingst?«, fragte ich.
»Was steckt dahinter?«, blieb Hob unerbittlich.
»Wie?«, fragte ich, obwohl ich natürlich wusste, worauf sie hinauswollte, und sie hatte recht damit. Ich fürchtete mich ein bisschen. Ich wusste nicht, ob ich den Anforderungen gewachsen sein würde.
»Ich bin doch gar keine Handwerkerin«, sagte ich schließlich.
»Deshalb machst du die Lehre. Es wird niemand von dir verlangen, dass du am ersten Tag schon alles kannst.«
»Aber Jungs haben immer Väter, die mit ihnen basteln. Mein Papa hat mir beigebracht, wie man einen Kaiserschnitt an einer Kuh durchführt oder Klauen amputiert. Das kann ich da nicht brauchen.«
»Hm«, machte Hob unerträglich lösungsorientiert: »Vielleicht ist eine Kuh nichts anderes als ein Auto.«

»Du spinnst doch komplett, Stadtgöre!«
Hob zündete sich die nächste Zigarette an und stieß den Rauch mit einer Entschlossenheit aus, die mich einen neuerlichen Enthusiasmusschub befürchten ließ. »Also der Kaiserschnitt, der steht praktisch für eine Motorinstandsetzung, und die Klauen sind die Reifen, ist doch logisch.« Ihr unkundiger und schiefer Vergleich tat mir in den Ohren weh wie ein quietschender Keilriemen.
»So wie es sich anhört, willst du Automechanikerin werden«, brachte ich sie aus dem Konzept.
»Iiiiich? Igitt! Niemals!«, rief Hob empört, als hätte ich einen Eimer über sie geschüttet. Mit Kuhdung. Und natürlich verlangte sie sofort eine Wiedergutmachung:
»Also rufst du an!«
»Vielleicht.«
»Das reicht mir nicht.«
»Warum hängst du dich da so rein?«
»Weil ich sehe, wie aufgeregt du bist. Weil ich spüre, dass du wahnsinnig gerne ja sagen würdest. Weil ich glaube, dass du es wenigstens versuchen sollst. Wenn es dir nicht gefällt, kannst du weiterstudieren.«
Als Hob das sagte, spürte ich, dass ich nie wieder studieren wollte. Denn eigentlich machte mir das studienbegleitende Taxifahren viel mehr Spaß. Mit Germanistik hatte ich angefangen, weil ich mich für Literatur interessierte, und im Portugiesisch-Seminar hatte ich ein paar interessante Leute kennengelernt – zum Beispiel einen Richter, der unter seiner Robe eine rosa Latzhose trug. Aber mein Studieren hatte kein Ziel, kein klares Streben. Außerdem las ich für ein Literaturstudium zu langsam. Auch wenn es damals keine Regelstudienzeit gab, war mir klar, dass ich es vor dem Klimakterium wohl kaum schaffen würde, die unvergleichlich spritzig geschriebene Sekundärliteratur zu bewältigen. Seit ich von dieser kleinen Werkstatt an der Isar gehört hatte, gab es ein Ziel. Die Kraft, mit der ich mir wünschte, eine Chance zu bekommen, überraschte mich

selbst. Hob, die für sich in Anspruch nahm, mich besser zu kennen als ich, bemerkte das natürlich und legte ihre Hand auf meine: »Versprich mir, dass du diese Werkstatt anrufst!«
»Meinetwegen, nein deinetwegen«, sagte ich widerwillig und war es eigentlich gar nicht, sondern wahnsinnig aufgeregt, vielleicht sogar eine homöopathische Dosis begeistert.
Einige Tage später war es mir eine große Genugtuung, Hob ganz nebenbei davon in Kenntnis zu setzen, dass sich die Werkstatt bei mir gemeldet hatte. Chris hatte dort angerufen, und sie wollten mich kennenlernen.

Schnupperstimmung

Mit den beiden Chefs der Autowerkstatt, Otmar, einem Sozialpädagogen der besonderen Art, der lieber arbeitete, als ständig Sitzungen einzuberufen, und Christian, dem charmanten Werkstattmeister, vereinbarte ich ein dreitägiges Probearbeiten. Ich hatte nur ein Problem: dieses frühe Aufstehen. Meine Vorlesungen hatte ich mir alle auf den späteren Vormittag gelegt. Nun sollte ich um halb acht Uhr morgens erscheinen. Also mitten in der Nacht. Doch diese Befürchtung stellte sich als überflüssig heraus, da ich in der Nacht davor sowieso kein Auge zutat.

Reinhard, der für die Lehrlinge zuständige Meister, begrüßte mich. Er war um die dreißig und hatte freundliche Augen mit einem nicht zu verbergenden Schalk.
»Also du bist mein Turboazubi, der hier in drei Tagen die Ausbildung durchrauscht.«
»Nur zur Probe«, bremste ich ihn runter.
»Na dann wollen wir mal sehen – hast du was zum Anziehen dabei?«

»… Nein? Sollte ich?«

Er maß mich mit einem Blick. Wir waren ungefähr gleich groß.

»Du kriegst ’nen Overall von mir. Und ich würde an deiner Stelle eine Mütze aufsetzen wegen der langen Haare. Kann ich dir auch leihen. Oder du bindest die Haare zusammen.«

»Ich hab ein Haarband dabei«, sagte ich, froh, nicht mit ganz leeren Händen dazustehen.

Reinhard wies auf meine Finger »Schmuck muss auch ab.«

Ich steckte meine goldenen Ringe in die Hosentasche.

»Rest passt«, grinste Reinhard und winkte mir, ihm zu folgen. Auf dem Weg in die Umkleidekabine, wo er mir einen Overall überreichte, zeigte er mir den Eimer mit der karamellfarbenen, grobkörnigen Handwaschpaste für Abwaschen von Schmutz nach der Arbeit und die Tube mit dem unsichtbaren Handschuh, einer dünnflüssigen weißen Emulsion zur Vorbeugung gegen Schmutz vor der Arbeit.

In der Handhabung dieser Cremes unterscheiden sich die Mechaniker, die saubere Hände haben, von denen wie mir, denen es egal ist, die den unsichtbaren Handschuh meistens vergessen und deren Hände deshalb so aussehen, wie man landläufig glaubt, dass Hände von Automechanikern aussehen würden.

Als ich mich im blauen Overall bei Reinhard zum Dienst meldete, lächelte er mich herzlich an. »Du, Susa, ich freue mich sehr, dass ich jetzt mal eine Frau ausbilden darf.«

»Ich bin doch nur zur Probe hier«, sagte ich ein wenig schüchtern. Ich sagte das nicht, weil ich nur mal schnuppern wollte. Ich hatte es schon beim Betreten der Werkstatt gemerkt. Der Geruch von Öl, Benzin, scharfem Reinigungsmittel und Zigarettenqualm mischte sich zu einem Parfüm, in dem ich mich sofort wohlfühlte. Hier gefiel es mir. Das war viel lebendiger und spannender als die Hörsäle und Bibliotheken an der Uni mit den geschlossenen Fenstern, dem

Geruch von versagendem Deo, Kohlendioxyd und zu wenig Bewegung.
»Nein, du bist nicht zur Probe hier«, behauptete Reinhard. »Du ziehst das durch.«
Nach drei Tagen Schnupperkurs wusste ich: Hier bin ich genau am richtigen Platz. Hier versäume ich nichts. Hier gehöre ich hin.

Wie sag ich's meiner Mutter?

Ich rief meine Mutter an. »Mama, ich muss dir was sagen.«
»Ja, meine liebe Tochter.«
Ich schluckte. So nannte sie mich immer. »Meine liebe Tochter.« Es tat mir leid, dass das, was ich ihr gleich sagen würde, wahrscheinlich nicht das war, was sie gern gehört hätte, doch es musste sein. Ich schob das Gespräch schon viel zu lang vor mir her.
»Susa?«, fragte sie.
»Ich höre auf zu studieren und mache eine Kfz-Lehre.« Jetzt war es heraus.
Es war lange still.
»Ich nehme an, du hast dir das gut überlegt?«, fragte sie dann mit einem zweispurigen Tonfall aus Vorsicht und Drohung.
»Ja.«
Wieder war es eine Weile still. »Ich erinnere mich«, sagte meine Mutter schließlich, »diesen Spleen hattest du früher schon einmal. Ich hoffte, das sei eine Phase.«
»Sie ist mir geblieben, seit ich acht Jahre alt bin.«
Meine Mutter seufzte. »Wenn du dir was in den Kopf gesetzt hast, bist du ja sowieso nicht davon abzuhalten.«
»Mama, ich hab schon einen Vertrag. Es ist eine ganz tolle Werkstatt. Sozialer Anspruch und so. Es gibt auch Studierte dort. Und viele Jugendliche mit problematischem Hintergrund.«

»Um Gottes willen«, seufzte meine Mutter.
»Mama, es geht mir sehr gut mit dieser Entscheidung. Ich möchte das wirklich gerne machen.«
»Viel verdienen wirst du ja nicht in diesem Beruf.«
»Ja, sicher, Mama, aber als Germanistin fahre ich auch nur Taxi.«
»Das ist nicht gesund für den Rücken und viel zu gefährlich.«
»Die Leute in der Werkstatt sind sehr nett, Mama.«
»Ja, aber es ist ein harter Beruf, das kannst du nicht bis zur Rente machen.«
»Doch! Da kann ich wenigstens mal richtig zupacken.«
»Du musst aber auch ganz schön früh aufstehen.«
»Ja, das ist der große Nachteil«, stimmte ich unumwunden zu.
»Da kannst du nicht mehr nächtelang mit deinen Freunden in der Kneipe hocken.«
»Ich schlafe am Wochenende aus.«
»Auch dein Freundeskreis wird sich verändern.«
»Wieso denn das?«, fragte ich.
»Ihr werdet andere Interessen haben, einen anderen Lebensrhythmus, und eines Tages wirst du doch früher ins Bett gehen, weil du morgens ausgeschlafen sein möchtest.«
»Ach, Mama, woher weißt du das denn jetzt schon wieder alles?«
»Weil du meine liebe Tochter bist.«
Und dann war es wieder still, und nach einer Weile sagte sie. »Hauptsache, es geht dir gut, ich möchte ja nur, dass du glücklich bist.«

Meine Mutter hatte natürlich nicht recht. Und sie hatte doch recht. Ich arbeite härter und verdiene weniger, als sie es sich für mich gewünscht hätte. Ich stehe noch immer ungern früh auf und fahre deshalb am liebsten die Spätschichten. Und mein Freundeskreis hat sich verändert. Das lag aber nicht daran, dass ich statt Lesungen und Vernissagen Autosalons, Autorennen und Automessen besuchte, sondern daran, dass ich aus meiner Studenten-WG auszog und später auch München verließ und dass die Freunde von früher mit ihrem Leben von heute beschäftigt sind: Karriere, Umzüge, Kinder, Eigenheim … man verliert sich aus den Augen und findet sich vielleicht Jahre später wieder. So etwas ist mir in letzter Zeit häufiger passiert, und es hat mich jedes Mal sehr gefreut, wenn auch die Verbindungen nicht mehr so eng sind wie damals. Wenn man älter wird, schätzt man seine Gewohnheiten – und wer im Schichtdienst arbeitet, hat zur falschen Zeit Zeit für Freundschaften.

Schlüsselkarma

DINGDONG: SCHWANGAU, PPL KRISTALLTHERME, TOYOTA COROLLA, ROT, OA, FZ ÖFFNEN

Es stehen nur noch wenige Autos auf dem Parkplatz der königlichen Kristalltherme in Schwangau, die sich damit rühmt, fünfzehn Tonnen Edelsteine im Wellnessbereich verbaut zu haben. Weniger wäre mehr gewesen, finde ich, aber das ist natürlich Geschmackssache, und das Barocke bleibt der Friesin fremd, zumindest im FKK-Bereich.

Als ich bei dem roten Toyota Corolla ankomme, winkt Steffi Behrend mir freundlich zu. Ich atme auf. Das lässt sich doch schon mal gut an – und es geht auch gut weiter, denn die Frau in meinem Alter, die ein wenig aufgeweicht wie zu lang heiß gebadet aussieht, begrüßt mich. »Ach, eine Frau! Das ist ja toll! Hallo! Prima, dass Sie so schnell kommen! Ich habe meinen Schlüssel im Auto liegen lassen und die Heckklappe zugeknallt.«

Doch zu heiß gebadet, konstatiere ich.

Frau Behrend wirkt trotz der misslichen Lage fröhlich. Vielleicht sollten gewisse Menschen vor der Panne heiß baden, schmunzle ich in mich hinein und freue mich über die leichte Aufgabe, die vor mir liegt.

»Das ist mir schon dreimal passiert«, gesteht Frau Pfleghaar. »Jedes Mal kam ein netter Kollege von Ihnen. Ich wusste gar nicht, dass es beim ADAC auch Frauen gibt!«

»Ja, ein paar«, sage ich und schiebe einen langen Draht zwischen Türspalt und Rahmen des Toyota. Hierbei leistet mir das Luftkissen gute Dienste. Mit der Taschenlampe leuchte ich in den Innenraum des Wagens. Auf dem Rücksitz liegt ein Gebüsch.

»Wie viele Frauen seid ihr denn?«, möchte Frau Pfleghaar wissen.

»Zurzeit wohl fünf, genau weiß ich es nicht.«

»Und wie viele Männer?«

»An die 1700.«

»Also ich finde das prima«, strahlt sie mich an und erzählt mir von ihren Schlüsselerlebnissen der Vergangenheit. »Beim ersten Mal habe ich mir den Ersatzschlüssel von meinem Mann bringen lassen. Der war auf Montage und musste frei nehmen. Dann hat mir jemand den Tipp mit dem ADAC gegeben. Ich bin froh, dass es Sie gibt!«

Ich bewege den Verriegelungshebel. Die Tür ist offen.

»Prima!«, strahlt Frau Pfleghaar und erweist sich gleich darauf als Profi: »Und jetzt brauchen Sie meine Mitgliedskarte, und wir machen den Pannenbericht?«

»Genau«, nicke ich. Im Augenwinkel sehe ich, wie das Gebüsch auf meinen Beifahrersitz wandert. »Heute ist nämlich Frühlingsanfang«, sagt sie.

Als ich noch in der Münchner Innenstadt unterwegs war, hatte ich einige Stammkunden. Im Allgäu ist es eher selten, dass ich zwei- oder dreimal auf dieselben Havaristen treffe. Ich mag Wiederholungstäter, weil sie in meinem Loneley-Cowgirl-Leben ein Stück Vertrautheit bedeuten. In meinem Beruf ist ja ständig alles neu. Obwohl die Pannen sich wiederholen, ist jede Situation auch fremd. Bei den Schlüsselpannen gibt es verschiedene Varianten. Es gibt Menschen, die ihren Schlüssel bei persönlichem Stress ins Fahrzeug sperren – sie spielen Mensch-ärgere-dich-nicht mit sich selbst. Dann gibt es diejenigen, bei denen das Schlüsselinhaftieren fast zum Alltag gehört; ich vermute, sie verlieren oder verlegen auch ihre Wohnungsschlüssel. Vielleicht ist das ein Ausdruck von Lebensfreude oder eine weitverbreitete Schusseligkeit. Vielleicht üben sie sich dadurch auch in Gelassenheit – denn Warten ist eine schwere Prüfung. ErleuchtungsanwärterInnen regen sich über eine Stunde verlorene Zeit gar nicht auf, die ja nicht verloren ist. Dann gibt es noch den abgeklemmten Schlüsselreiz. Hierzu gehören für mich jene Menschen, die noch nie einen Schlüssel verloren, verlegt, vergessen oder im Auto eingesperrt haben. Sie schwören auch Stein und Bein, dass sie niemals einen Schlüssel verlieren, verlegen, vergessen oder im Auto einsperren werden. Das Erschütternde ist: Sie haben recht. Im Dienst lerne ich solche Menschen nie kennen. Ich selbst versuche auch manchmal, das Leben tot zu kontrollieren, aber gelegentliches Suchen nach scheinbar Verlegtem gehört bei mir zum Alltag. Und dann gibt es noch diejenigen, die einen größeren Zusammenhang sehen. »Ich habe nämlich ein Schlüsselkarma«, vertraute mir einmal eine Frau an, »deshalb brauche ich ständig rettende Engel.«

Im falschen Film

DINGDONG: MM, PPL, HIHOF, UNBEK. FZ, SNA

Eigentlich wäre ich gern noch zum Schloss vom Märchenkönig gefahren, um in dieser ersten Frühlingsnacht am See eine Zigarette zu rauchen. Hin und wieder gönne ich mir das. Der pure Genuss sozusagen.

Mein Handy klingelt. »Susannnnne!«, tiriliert es aus der Freisprechanlage. So nennen mich nur ein paar erlesene Disponenten und Disponentinnen aus der Pannenzentrale, und inzwischen mag ich es, weil ich dann, egal, wo ich mich vorher gedanklich aufgehalten habe, wieder weiß, wo ich bin: in der Arbeit.

»Hallo«, grüße ich.

»Ich habe da eine Starthilfe in Memmingen. Schaffst du das noch vor Dienstende, oder soll ich den Auftrag weggeben?«

Weggeben bedeutet, dass jemand anderes dorthin fährt, und um diese Uhrzeit heißt das wiederum, eine Abschleppfirma bekommt den Auftrag. Das kann bedeuten, dass jemand, der in den letzten Nächten vielleicht mehrmals ausrücken musste, nun schon wieder sein kuscheliges Bett verlassen muss. Erfahrungsgemäß ist die letzte Panne oft die schlimmste, aber die schlimmste hatte ich heute schon, und um das zwischenmenschliche Scheitern mit Herrn Kriechle noch ein Stück weiter in die Vergangenheit zu drängen, bin ich bereit für eine letzte Panne.

»Gib her«, sage ich entschlossen und entscheide damit gleichzeitig, dass ich möglicherweise erst gegen Mitternacht nach Hause kommen werde, denn tanken muss ich auch noch. In den Spätschichten ist es mir oft egal, ob ich um elf oder um zwölf Feierabend habe.

Das Navi meldet fünfzig Minuten Anfahrt. Ein Dachs läuft über die Straße. Schubidu. »Bist du gerade Vater geworden, Grimbart?«, freue ich mich, ihn nicht überfahren zu haben, und weg ist er. Ich schalte das Radio ein. DRS 1. Kein Empfang. Schade. Ich hätte jetzt Lust auf Schnabelweid, eine Sendung über Begriffe der Schweizer Mundart. Wenn dort ein alter Mensch in seinem ureigenen Idiom eine Geschichte aus vergangenen Zeiten erzählt, bin ich konzentriert und aufmerksam wie ein Kind und stolz, wenn ich den melodischen

Lauten der fremden Sprache einen Inhalt entlocken kann. Deutschlandfunk gibt es im Allgäu leider nicht, also probiere ich Bayern 2 … das muss Jonas sein, der letzte Detektiv, die Serie von Michael Koser. Ich habe den Anfang verpasst und werde wohl auch den Schluss verpassen; hoffentlich nimmt Hob das Hörspiel auf. Jonas ist nicht gerade das, was man sich unter einer vielschichtigen Persönlichkeit vorstellt, aber er ist allein unterwegs in Babylon. Das macht uns zu Verbündeten, auch wenn Babylon nicht Bayern ist, sondern eine Stadt in der Zukunft. Jonas hat einen Freund, den sprechenden Computer Sam, der nicht *bitte anschnallen* oder *bei der nächsten Gelegenheit wenden* leiert. So einen Pumuckl mit Superhirn wünschte ich mir als Beifahrer. Stattdessen habe ich einen stillen *Deep Thought* am Ladekabel. Und während ich so denke und versonnen die rechte Hand ausstrecke, spüre ich da etwas Puschliges mit Fell. Huch, Sam, bist du das? Nein, Frühlingsgrüße von einem Weidenkätzchen!

Als ich in Memmingen ankomme, ist dichter Nebel aufgezogen. Ich wähle die im Display notierte Handynummer mit ausländischer Vorwahl meines nächsten Havaristen.

»Kommen Sie, wir warten«, tönt eine rauhe Stimme mit vielleicht osteuropäischem Akzent aus der Freisprechanlage.

Das Navi führt mich in ein Gewerbegebiet. Am Ende einer Industriestraße parkt ein schwarzer BMW mit eingeschaltetem Licht. Aus dem Fond des Wagens steigt ein Mann und kommt zu mir. Er trägt einen dunklen Anzug und begrüßt mich mit seinem leichten Akzent. Dann stellt er fest: »Wir fahren voraus.«

In meinem Engelmobil folge ich dem BMW auf ein Gelände mit leer stehenden Hallen. Ich sehe eingeschlagene Fensterscheiben und Graffiti – nirgends entdecke ich Firmenschilder. Vor einer der verschlossenen Hallen mit stellenweise rostigen Toren steht eine amerikanische Limousine, deren Marke ich nicht kenne. Dafür erkenne ich, dass in dem BMW drei Gestalten sitzen, die ich jedoch nicht

genauer sehen kann. Mein Kontaktmann steigt aus und öffnet die Haube der Limousine. »Springt nicht«, sagt er zu mir und »Batterie.«
Normalerweise würde ich jetzt fragen: *Wie lange steht das Auto, wann sind Sie zuletzt gefahren, sind Sie ADAC-Mitglied,* und würde um den Fahrzeugschein bitten. Obwohl ich selten fernsehe, habe ich vielleicht doch zu viel ferngesehen und entscheide mich spontan, möglichst keine Fragen zu stellen.
Ich messe kurz die Spannung der Batterie des Fahrzeugs unbekannter Herkunft und schließe aus dem niedrigen Ergebnis, dass hier wohl Unstimmigkeiten herrschten und zu lange im Fahrzeug verhandelt wurde. Ich möchte auf keinen Fall eine Sicherung im Kofferraum überprüfen müssen und klemme mein Starthilfekabel an. Mein Kontaktmann lässt mich nicht aus den Augen. Ich bitte ihn zu starten.

In dem BMW sehe ich eine Zigarette aufglimmen. Ich fühle mich von allen Seiten beobachtet und schicke ein Stoßgebet an die obere Engelinstanz. Meine Sehnsucht nach daheim wächst. Mit dem leicht blechernen Röhren amerikanischer Big-Block-Motoren startet der Motor und schwingt sich ein auf ein sattes, zufriedenes Achtzylinderbrummen. Ich messe noch schnell die Ladespannung und melde meinem Kontaktmann: »Lichtmaschine okay.«
»Batterie?«
»Auch okay.«
Ich klemme meine Kabel ab und räume sie auf. Dann bitte ich um die ADAC-Mitgliedskarte.
Mein Kontaktmann greift in sein Jackett. Vielleicht sehe ich ein Holster. Vielleicht bin ich aber auch im falschen Film.
Er reicht mir die Mitgliedskarte. Ich nehme die Daten auf. Eigentlich müsste ich jetzt um Aushändigung des Fahrzeugscheins bitten und ein Werbegespräch führen. *Wollen Sie nicht lieber zur ADAC-*

Plus-Mitgliedschaft wechseln? Da wäre auch Ihre ganze Familie mitversichert. Auch im Ausland. Ich kann das jetzt gleich für Sie veranlassen.
Ich beschließe, darauf zu verzichten. Ich kenne mich in dieser Szene nicht aus, hege allerdings einen vagen Verdacht, dass diese Familie auch im Ausland ohne ADAC gut zurechtkommt. Um mein Gesicht zu wahren und nicht in die Abteilung Warmduscherin, weicher Eierstock, Turnbeutelvergesserin etc. abzurutschen, frage ich ihn nach dem Fahrzeugtyp und Baujahr.
»Nicht mein Auto.«
»Natürlich«, stammle ich. Und denke: blöder Anfängerfehler. Es ist frisch geklaut. Das sieht man doch.
Ich schiebe den ausgefüllten Pannenbericht auf der hinteren Ablage meines Engelmobils Richtung Vladimir und reiche ihm einen Kugelschreiber. Er greift in seine Jackeninnentasche und zieht seinen Kugelschreiber hervor. Ich lerne schnell und vermute: wegen der Fingerabdrücke. Die Unterschrift ist natürlich nicht zu entziffern.
»Danke«, sagt Vladimir.
»Keine Ursache«, erwidere ich und gebe dem Engelmobil die Sporen.

Neumond

Auf dem Weg nach Hause werde ich noch tanken, um nicht selbst zur Havaristin zu werden. Wenn alles glattgeht, werde ich um kurz nach dreiundzwanzig Uhr dort sein; gut so, denn morgen beginnt meine Schicht schon um zehn Uhr. Ein Kollege bat mich vor ein paar Tagen, mit ihm zu tauschen. Ich war froh, ihm auch einmal einen Gefallen tun zu können. Normalerweise bin ich es, die andere bittet, Schichten zu tauschen, denn ich lebe in einer Schichtbeziehung, und manchmal verhindern unsere Dienstpläne es tage- oder wochenlang, dass wir gemeinsam frei haben.

Ich werde nach Hause kommen, und oberhalb der Nebelgrenze wird alles dunkel sein. Bis Sonntag bin ich noch allein. Ich werde mit einem Glas Wein auf der schneebedeckten Terrasse unter dem Sternenhimmel sitzen und vielleicht die am Märchenschloss nicht gerauchte Zigarette genießen. Eine halbe Stunde werde ich der Stille lauschen und ins Dunkle schauen, bis das Rauschen in meinen Ohren von den vielen Autobahnkilometern aufgehört haben wird und nur noch der Waldkauz ruft: *Huhu*. Dann bin ich daheim.

Walpurgis: 30. April, Tagschicht

Mutti macht schon

DINGDONG: A96 -> LI, KM 8,5, FORD TRANSIT, WEISS, REIFEN DEF

Eigentlich mag ich Reifenpannen, wenn auch nicht gerade beim Ford Transit und auf dem Seitenstreifen der Autobahn. Als ich ankomme, staune ich. Ich hatte mit einem Lieferwagen und einem Parkettleger gerechnet – manchmal habe ich vorab eine Vorstellung von einer Panne –, stattdessen erwarten mich vier junge Männer zwischen achtzehn und zwanzig. Es sind Surfer, wie ich unschwer am Gepäck auf dem Dach und auch an ihrer Kleidung erkenne. Sie tragen Sonnenbrillen, Label-T-Shirts, Shorts und Schlappen. Ich beneide sie um die Beinfreiheit. Heute ist ein wunderbarer Frühlingstag. Schon morgens zeigte das Thermometer über zwanzig Grad. Die Jungs sind bestimmt auf dem Weg nach Süden, vielleicht an den Gardasee – und vor mir liegt ein arbeitsreiches Wochenende.

Ich stelle mein Engelmobil circa dreißig Meter hinter den Transit auf den Seitenstreifen und sichere die Panne ab, indem ich meine orangeweißen Hütchen noch einmal fünfzig Meter weiter nach hinten trage. Diese unvorteilhaft quergestreiften Kameraden – unten dick, oben dünn – heißen Pilonen und sollen mir das Leben retten. Ich habe sie im Laufe der Jahre richtig liebgewonnen. Wie tapfere kleine Soldaten stehen sie auf der Straße und zwingen uneinsichtige oder unaufmerksame Verkehrsteilnehmer aus meiner Spur. Jetzt, da sich der geplatzte Reifen auf der linken, also der Fahrbahn zugewandten Seite befindet, bitte ich einen der Surfer, sich an den Straßenrand zu stellen und den Verkehr zu beobachten, um mir bei Gefahr Bescheid zu sagen – was heißt hier Bescheid sagen: schreien, rennen, springen. Über die Leitplanke. In die Böschung. Nur schnell weg. Gefahr bedeutet, dass ein übermüdeter Lkw-Fahrer in Sekundenschlaf fällt und nach rechts driftet. Wenn ein Vierzigtonner auf dem Standstreifen daherkommt, walzt er alles nieder. Zuerst die Pilonen, dann das Engelmobil und zum Schluss das Pannenauto. So etwas geschieht leider immer wieder und hat mehrere meiner Kollegen, aber auch Helfer von Abschleppdiensten und Autobahnmeistereien, von Polizei und Feuerwehr schwer verletzt oder getötet. Davor habe ich Angst – nicht vor Vladimir und seiner Familie. Nicht allein nachts im Dunkeln, sondern am Nachmittag auf der Autobahn, wenn Trucker ihrem Biorhythmus erliegen. Aber jetzt ist es erst elf Uhr vormittags, und das Risiko erscheint mir kalkulierbar, auch wenn es das nie wirklich ist. Das Ersatzrad befindet sich beim Transit unter dem Fahrzeug.

»Ich brauche das Bordwerkzeug«, sage ich zu dem jungen Mann mit dem knallgelben T-Shirt.

Er zuckt mit den Schultern. »Da ist keins. Wir haben schon geschaut.«

Ich gehe zur Beifahrertür und öffne sie.

»Echt nicht«, bekräftigt er.

Ich hole das Bordwerkzeug unter dem Beifahrersitz hervor. Auf der Autobahn wird nicht lange diskutiert.

»Wow!«, staunt der junge Mann anerkennend und ruft die Entdeckung seinen Kumpels zu. »Hey, Leute, wir haben das Zeug doch dabei.«

Ich löse die Halterung des Ersatzrades und lege mich unter den Wagen, um das Rad herauszuziehen. Ich beeile mich, weil es einer

Todsünde gleichkommt, sich auf der Autobahn unter ein Auto zu legen. Auch Engel brauchen einen Schutzengel, und den möchte ich nicht überstrapazieren. Ein Lkw donnert hupend vorbei. Ich sehe ihn von unten. Die Erde bebt. Es geht gut dieses Mal. Das Rad lässt sich verhältnismäßig leicht befreien. Ich bocke das Fahrzeug mit meinem wind- und wasserdichten Gore-Tex-Wagenheber auf, löse die Schrauben des defekten Rades und montiere das Ersatzrad. Diese Arbeit benötigt Kraft. Ein großes Rad und eine kleine Frau. Es ist warm, und ich schwitze.

Die durchtrainierten Surfer schwitzen auch, stehen in einem Grüppchen beieinander und unterhalten sich über die Unfälle, die sie in letzter Zeit hatten. Der eine hat sich beim Freeclimbing am Rücken verletzt, der andere laboriert noch immer an seinem Sturz beim Mountainbiken, der Dritte hat den Mast auf die Schulter bekommen – kaum hat einer was ausgespielt, nicken die anderen gequält. Ein Krankentransport also. Ein Einziger scheint gesund zu sein. Nachdem er mit den Händen in seinen Shorts eine Weile neben mir gestanden hat, stammelt er verlegen: »Äh, kann ich irgendwie helfen oder so?«

Der Freeclimber mischt sich ein. »Eh, Mann, eh, lehn dich nich so weit ausm Fenster mit deim Knie.«

Der Angesprochene dreht sich um und fragt begriffsstutzig: »Äh, wie?«

Ich verbeiße mir mein Lachen. Ich mag solche, die manchmal auf der Leitung stehen, und beschließe zu helfen: »Na, Sie haben doch diese Verletzung am Knie vom Helicopter Skiing.«

Er grinst. »Klar, Mann. Hab ich glatt vergessen. Geht mir auch schon viel besser.«

Seine Kumpels versuchen, ernst zu bleiben.

»Also mein Angebot steht«, gibt er nicht auf. »Ich kann was halten oder was eben zu machen ist. Das mach ich gern.«

»Ich bin fertig«, sage ich und ziehe die Schrauben mit dem Drehmomentschlüssel fest, »außer ihr wollt das kaputte Rad jetzt wieder unter dem Auto befestigen.«

»Aber wir müssen es doch flicken lassen, oder?«

»Müssen nicht, aber besser wäre es.«

»Hey, Snoopy, können wir das Rad einladen? Ist noch Platz?«, fragt das Knie.

»Schau doch selber«, erwidert die Schulter.

»Das passt schon, wenn du deine Klotür endlich mal vernünftig unterbringst …«

»Sag bloß nichts gegen …«

Während sie debattieren und lyrisch klingende Worte fallen, die ich nie zuvor gehört habe – aufriggen, gleitgeil, kacheln, powerhalsen –, robbe ich unter das Auto und befestige das Rad. Mutti macht schon. Beim Abschied wünsche ich ihnen: »Gute Besserung!«. Da können sie nicht mehr an sich halten. Ich wusste nicht, dass Jungen genauso albern Lachkrämpfe kriegen können wie Mädchen.

Der Archetypus Rad ab

Ich staune immer wieder, wie viele Menschen, Männer und Frauen, finden, dass Männer Reifen wechseln können müssen und Frauen nicht. Als ich meine Schichten in der Münchner Innenstadt fuhr, war meine Quote an Reifenpannen verhältnismäßig hoch. Ich hegte den Verdacht, die Münchnerinnen und Münchner seien besonders ungeschickte Autofahrer, weil ich jeden Tag rechte Vorderreifen wechselte. Es dauerte ein paar Jahre, bis mir auffiel, dass ich möglicherweise öfter gezielt zu Reifenpannen geschickt wurde als meine männlichen Kollegen. Gelegentlich wurde ich sogar gefragt, wie denn bei dieser oder jener Panne auf mein Erscheinen reagiert worden sei. Ich konnte mir darauf keinen Reim machen, stelle allerdings fest, dass es eine Art emanzipatorisches Reizthema zu sein scheint.

Bei Reifenpannen fehlt häufig nicht der Wille, sondern das passende Werkzeug, das Radkreuz, der Wagenheber. Das Ersatzrad oder die Radmuttern sitzen fest und lassen sich mit dem vorhandenen Bordwerkzeug nicht lösen. Also komme ich ins Spiel – daran muss eigentlich nichts peinlich oder lustig sein, obwohl es mich natürlich freut, wenn ich für gute Laune sorge. Außerdem gibt es Autos, bei denen das Ersatzrad unter dem Fahrzeugboden verstaut ist, und man wissen muss, wie es ausgebaut wird. Oder man muss lesen können: in der Bedienungsanleitung. Aber das ist ein Thema für sich. Auf jeden Fall muss man sich dafür in den Dreck legen und sieht danach anders aus als vorher. Viele Männer können sich das nicht leisten – wenn sie zum Beispiel im großen Schwarzen unterwegs zu einem Geschäftstermin sind. Da wollen sie es nicht riskieren, mit Flecken auf der weißen Weste zu glänzen. Hier stellt sich nicht die Frage, ob ein echter Mann einen Reifen wechseln kann, sondern, ob er ein funktionierendes Fahrzeug hat – wie der Herr, so sein Gscherr, heißt es in Bayern – und gepflegt zu seinem Termin erscheint.

Dennoch sind die Rollen vertauscht. Der Mann macht sich schmutzig, die Frau sitzt im Wagen und feilt Nägel. Hier mache ich mich schmutzig, während der Mann auf seinen PDA einsticht. Früher war der Overall im Kofferraum gang und gäbe. Man war auf eine Panne vorbereitet. Das ist völlig aus der Mode gekommen – nicht zuletzt, weil der Gelbe Engel den Overall im Kofferraum und das Hilf-dir-selbst durch sechsmal die Zwei ersetzt. Außerdem hat sich das Image der Männer verändert. Mann muss nicht mehr alles selbst können. Mann hat jetzt eine Freundin, die alles selbst kann – oder genügend Geld, um zu delegieren.

Girlsday

DINGDONG: RV, PPL SCHULE, RENAULT KANGOO, BLAU, SNA

Eigentlich bin ich des vielen Fahrens müde und mag lieber kurze Entfernungen zwischen meinen Pannen. Doch heute macht mir die dreiviertel Stunde Fahrt nach Ravensburg überhaupt nichts aus. Am blauen Himmel hängen vereinzelt dunkelblaue, fast schwarze Wolken, ein Versprechen auf ein schönes Gewitter am frühen Abend. Und dieser wunderbare Ausblick auf fortschreitenden Frühling und Sommer. Eine unbändige Freude überkommt mich. Nur noch eine einzige Nacht trennt uns vom Mai. Walpurgis! Ursprünglich war dies ein Fest der Lebensfreude, Lust und Sinnlichkeit, bei dem der Frühling mit allen Geistern eingeladen wurde. Und es war vor allem ein Fest der Frauen, an dem nach dem Frühjahrsputz alles verbrannt wurde, was Krankheiten und Seuchen hätte verursachen können. Reinigende Rituale haben ja oft – neben dem spirituellen Aspekt – einen praktischen Ursprung. Im finsteren Abschnitt des späten Mittelalters war dann Schluss mit lustig. Das Fest wurde von Funktionären der Christen, die vermutlich etwas eng im Schritt waren, als teuflisches Hexenfest verboten. Geblieben ist uns heute der Tag der Arbeit. Sitzen, Bier trinken, lamentieren. Was für eine Transformation!

Richtung Ravensburg wird die Landschaft immer lieblicher und üppiger. Hecken blühen an den Waldrändern. Bald darauf ein Meer von Apfelbäumen. Die zartweiße, fast durchsichtige Birnbaumblüte hat ihren Zenit bereits überschritten. Nun platzen die Apfelbäume auf mit ihrer strahlend weißen Blütenpracht. Süßlich und verlockend duftet der warme Fahrtwind in mein Engelmobil. In den

Gärten der Ortschaften blühen noch vereinzelt Narzissen und Osterglocken. Tulpen und die blaue Akelei, die ich besonders gerne mag, künden ihr Erscheinen an. Im Radio freue ich mich an Erika Stucky als Jimi Hendrix. Von mir aus könnte ich ewig so weiterfahren, denn es ist eine Fahrt in die Zukunft. Als ich am Morgen des 15. April den Kuckuck das erst Mal rufen hörte und voller Freude aus dem Fenster schaute, sah ich in eine verschneite Landschaft. Was ich hörte und was ich sah, musste in den nächsten Wochen erst noch synchronisiert werden. Jetzt ist der Schnee bei mir im Allgäu gerade mal geschmolzen, mindestens drei Wochen hinkt der Frühling hinterher; diese ganze leuchtende Pracht steht mir noch bevor, das macht die Ausflüge ins Unterland und an den Bodensee in dieser Jahreszeit besonders reizvoll.

Mein Blick bleibt an dem blauen Kangoo hängen, der offensichtlich auf dem Schulparkplatz in Ravensburg bleiben möchte.
»Er springt nicht an!«, erfahre ich nach der Begrüßung von Frau Fesser. Sie ist Mitte vierzig, und auch wenn sie mir nicht auf einem Schulparkplatz begegnet wäre, würde ich sie für eine Lehrerin halten. Alles an ihr wirkt auf mich didaktisch. Dabei hat sie noch gar nicht viel gesagt. Sie ist sehr attraktiv und so gekleidet, wie ich mich vielleicht kleiden würde, wenn ich auf Kleidung Wert legte. Ich ertappe mich dabei, mich für meine Einschätzung zu tadeln, vergebe mir aber sogleich, weil man mir meinen Beruf ja auch ansieht. Auf dem Beifahrersitz des Kangoo liegt *DIE ZEIT,* eine Orgie des Kleingedruckten. Diese Buchstabenflut würde mich hinwegspülen, wenn ich mich ihr auslieferte. Aber auf den Beifahrersitz muss ich ja nicht.

Frau Fesser vergisst ihren Beruf auch in dieser Notlage nicht. Ich habe den Kangoo kaum berührt, da lädt sie mich schon als Anschauungsobjekt in ihren Unterricht ein.

»Das wäre einfach großartig! Es ist ja so wichtig für die Mädchen, weibliche Vorbilder auch in männertypischen Berufen kennenzulernen. Leider ist die Entwicklung rückläufig. Die meisten Mädchen streben wieder die typischen Frauenberufe an. Und angeblich sind dann auch noch die emanzipierten Lehrerinnen und Mütter schuld, denn natürlich müssen die Kinder es anders machen als ihre Eltern …«

»Nein, meist nur die Töchter anders als die Mütter«, widerspreche oder ergänze ich.

»Seit wann sind Sie denn schon in diesem Beruf?«, will Frau Fesser von mir wissen und beantwortet die Frage gleich selbst, vielleicht ist sie an mundfaule Schülerinnen gewöhnt. »Wahrscheinlich schon länger. Haben Ihre Eltern eine Kfz-Werkstatt? So geht es ja oft. Was haben Ihre Eltern zu Ihrer Berufswahl gesagt? Werden Sie von Kollegen diskriminiert? Wie reagieren Männer auf Ihr Erscheinen? Gibt es viele weibliche Gelbe Engel in Deutschland, Ost und West?«

»Sozialkunde?«, frage ich, »oder Werken und Erdkunde? Oder wollten Sie auch mal ins Kfz-Handwerk?«

Frau Fesser lacht. »Nein, niemals! Ich wollte immer Lehrerin werden, schon als kleines Mädchen. Das hat bei mir gar nichts damit zu tun, dass es ein Frauenberuf ist. Aber heute, wo uns Frauen die Welt offensteht, wo wir endlich selbst entscheiden können, wie wir unser Leben gestalten möchten – da finde ich es sehr wichtig, dass wir auch die Alternativen kennen. Ich ärgere mich, wenn Mädchen sich auf die üblichen Jobs reduzieren. Und deshalb fände ich es toll, wenn Sie mal zu mir in den Unterricht kommen könnten.«

»Wollen wir vielleicht zuerst mal nach Ihrem Auto schauen?«

Frau Fesser reagiert nicht auf mein Angebot. »Sie haben bestimmt schon einiges mit Männern erlebt, oder? Die schauen doch sicher blöd, wenn sie einen Mann erwarten und plötzlich eine Frau auftaucht?«

»Seit der Wende kommt das nicht mehr so oft vor«, erkläre ich wahrheitsgemäß.

»Die Wende?«

»Nach der Wende haben wohl viele geglaubt, ich würde aus dem Osten stammen und …«

»Aber das hört man doch gleich, dass Sie nicht aus den neuen Bundesländern sind!«, unterbricht mich Frau Fesser.

»Ich rede nicht mit allen meinen Kunden so viel wie mit Ihnen. Mein Eindruck ist es, dass Männer im Allgemeinen lockerer als früher mit meinem Erscheinen umgehen. Es wird ja auch nicht mehr von ihnen erwartet, dass sie sich mit Autos auskennen. Früher dachte man, die Autoaffinität der Männer sei genetisch bedingt. Heute weiß man, es liegt am Testosteron im Fruchtwasser.«

»Ha! Nicht nur das. Alles, dachte man, wäre genetisch veranlagt, komplett alles. Man glaubte, Männer könnten alles und Frauen nichts! Frauen sollten weder studieren noch turnen, weder denken noch Kunst produzieren oder Fahrrad fahren«, outet Frau Fesser sich als *Emma*-Leserin.

»Also Ihr Wagen springt nicht an?«, erinnere ich sie schwesterlich an den Grund unserer Zusammenkunft.

Frau Fesser macht eine wegwerfende Handbewegung, mit der sie ihren Kangoo in die Wüste schickt. »Ja, ja«, sagt sie ungeduldig, besinnt sich. »Vorhin hat mich das wahnsinnig geärgert. Ich musste deswegen länger in der Schule bleiben. Die Kollegen sind schon alle weg. Morgen ist doch frei. Jetzt freue ich mich über die Autopanne. Wie es so schön heißt: Alles hat zwei Seiten.«

»Jawohl. Und ich würde jetzt gerne mal die innere Seite Ihres Autos sehen. Bitte machen Sie die Motorhaube auf.«

Natürlich weiß Frau Fesser, wie die Haube des kleinen Franzosen zu öffnen ist. Während ich mich über den Motor des Kangoo beuge und den Stecker des Induktivgebers suche, stimmt Frau Fesser mir zu. »Sie haben absolut recht. Männer reden mehr über Computer und Fahrräder. Ab Mitte vierzig fangen sie bei uns im Kollegium in der Regel mit dem Rennradfahren an und verwandeln sich in futuristische Ameisen. Über Autos wird so gut wie nie gesprochen. Höchstens aus wirtschaftlichen Gründen wie beispielsweise wegen der Abwrackprämie. Wenn ich mich an meine Kindheit erinnere, waren Autos immer ein Männerthema.«

Ich ziehe den Stecker des Induktivgebers ab, der für den Zündfunken verantwortlich ist, reinige ihn und stecke ihn wieder zurück.

»Bitte starten Sie«, sage ich zu Frau Fesser.

Der Kangoo springt sofort an.

»Hoi!«, freut sich Frau Fesser nun doch. »Wo lag der Fehler?«

»Der zündende Funke fehlte.«

»Na ja, dafür sind Sie ja gekommen – und wie sieht es nun aus? Lassen Sie den Funken überspringen, besuchen Sie meine Klasse?«

»Ach, ich weiß nicht«, versuche ich davonzukommen. »Ich habe gelegentlich bei Girlsday-Veranstaltungen in München mitgewirkt. Die Kfz-Innung lud mich dazu ein. Einmal hatte ich einen Stand im Foyer des Arbeitsamtes, ein anderes Mal gab ich einen praktischen Kurs in einer Autowerkstatt.«

»War der gut besucht?«, möchte Frau Fesser wissen.

Ich überlege kurz. »Es waren wohl zehn Hauptschülerinnen anwesend. Einen Vormittag lang haben wir an Autos herumgebastelt. Im Vordergrund stand das sinnliche Erlebnis.«

»Das sinnliche Erlebnis?«, wiederholt Frau Fesser. In ihrem Gesicht wächst ein Fragezeichen.

»Wie fühlt sich Metall an, kann es ein schönes Gefühl sein, schmutzige Gegenstände anzufassen, der Gebrauch von Handwaschpaste ...«, erkläre ich. »Aber das alles kam nicht so gut an. Am besten hat den Schülerinnen der Schlagschrauber gefallen.«

»Was ist das?«

»Ein pressluftbetriebener schwerer Revolver, nicht einfach zu greifen für Mädchenhände, mit dem man zum Beispiel Radschrauben löst und anzieht. Er macht beim Schraubenlösen ein lautes, unangenehmes Geräusch – wie ein riesiger Zahnarztbohrer – und beim Festziehen hört er sich an wie ein Maschinengewehr. Davon konnten sie gar nicht genug bekommen.«

»Ach, das ist ja interessant!«

»Außerdem waren die Mädchen begeistert davon, in die Hosen von Männern zu schlüpfen. Die Mechaniker aus der Werkstatt, in der dieser Kurs stattfand, hatten freundlicherweise ihre Arbeitskleidung zur Verfügung gestellt. Das wurde ziemlich lang begackert.«

»Das kann man auch im übertragenen Sinne sehen«, meldet sich die Idealistin. »Sie wollen eben gern in eine andere Rolle schlüpfen. Die Hosen anhaben.«

Ich grinse.

»Also, kommen Sie nach den Ferien mal in den Unterricht?«

»Lassen Sie uns einfach telefonieren«, bitte ich Frau Fesser.

»Aber Sie bezeichnen sich schon als Emanze?«

»Ja. Ich bin die mit der Beißzange«, sage ich und reiche ihr meine Karte.

Schulmädchenreport

Ich wollte nicht Kfz-Meisterin werden, weil ich damit meine Schulzeit auf ewig verlängern könnte oder in die Zeitung komme oder Bücher schreibe, sondern weil es mein Wunschberuf ist. Das andere ergab sich einfach, und es war mir oft eher unangenehm, als dass ich mich darüber gefreut hätte. Allerdings sah ich bei meinen ersten Kontakten mit den Medien eine Chance, andere junge Frauen zu motivieren, sich nicht zu schnell abspeisen zu lassen, wenn es mal wieder hieß: Wir würden ja gerne, aber bei uns fehlen die Waschräume. Ich wünsche mir, dass sich alle Berufe für Frauen öffnen. Dass ich selbst als etwas Besonderes angesehen wurde, war mir gar nicht richtig bewusst. Stolz waren andere auf mich. Zum Beispiel Hob, die ständig von ihrer tollen Freundin erzählte, die eine Lehre zur Kfz-Mechanikerin macht. Ich selbst fand mich, wie gesagt, gar nicht so toll. Ich war schließlich nicht die erste Frau in diesem Beruf. Vor mir gab es andere, die dieses Handwerk erlernt hatten. Das waren die wirklichen Pionierinnen. Sie ebneten auch den Weg für mich, denn sie zeigten außerordentliche Leistung, wie so viele Frauen in Männerberufen, und erkämpften sich Respekt. Für mich sind das Heldinnen, und ich habe ihnen viel zu verdanken. Von ihrem Kampfgeist profitierte ich, denn als ich meine Laufbahn begann, nahm man an, Frauen, die einen »frauenfernen« Beruf ausüben, müssten überdurchschnittlich gut sein. So wurde mir eine Achtung entgegengebracht, die ich als Azubi noch lange nicht verdient hatte.

Im September 1987 begann ich meine Lehre zur Kfz-Mechanikerin. Diese Ausbildung galt damals für alle motorisierten Fahrzeuge: Autos, Motorräder, Lkw. Heute sind das verschiedene Ausbildungsgänge. Durch die Zunahme der elektronischen Komponenten hat sich der Beruf zudem Richtung Mechatroniker entwickelt. Aufgrund meines Alters und meiner Bildungsvorbelastung konnte ich direkt ins zweite Lehrjahr einsteigen. Im Nachhinein bedaure ich diese Entscheidung, weil ich dadurch viele handwerkliche Fähigkeiten wie Arbeiten an der Drehmaschine, Feilen – ebendie Fertigkeiten, die man sich unter Mechanikerhandwerk vorstellt und die heute als Mechatroniker nicht mehr gebraucht werden – nie wirklich gelernt beziehungsweise später auf der Meisterschule nur noch peripher gestreift habe.

Direkt neben meiner Lehrwerkstatt befand sich die Firma Osram. Viele Mitarbeiter brachten morgens ihre Autos und holten sie abends wieder ab. Dieser solide Kundenstamm beruhigte auch meine Mutter, die nun ebenfalls ein wenig stolz auf mich war, wie ich beim

Telefonieren an ihrer Stimme hörte. Einmal in der Woche ging ich in die Berufsschule für Kfz-Mechaniker am Elisabethplatz in München. Dort fühlte ich mich nicht wohl, denn sie erinnerte mich an meine Grundschulzeit. Alte Mauern, Linoleumböden, Neonlicht, schwere Türen, zu hohe Fenstersimse. Es gab nur eine Damentoilette, für die ich den Schlüssel im Sekretariat holen musste. Ich war umgeben von pubertierenden Jungs vieler Nationalitäten; sie waren in einem Alter, dem ich entwachsen war. Ich war 23, sie 16 bis 18. In den ersten eineinhalb Jahren besuchte ich eine Leistungsklasse mit durchweg sympathischen Realschülern und Abiturienten, die wie ich die Lehrzeit verkürzten, allerdings zum Ende der Lehrzeit, während ich ja gleich ins zweite Lehrjahr einstieg.
Dort lernte ich auch Kai kennen, einen immer gut gelaunten Kumpel, der damals schon begeistert boxte. Später sollten wir uns wiederbegegnen. Er wurde als Meister in der A & F, einer Zweigstelle der AWS in der Sommerstraße, eingestellt. Neben Reinhard war er mein liebster Meisterkollege. Wenn ich in München geblieben wäre, hätte ich gern sein Boxtraining besucht – auch wenn es sicher k. o. für mich ausgegangen wäre: Ich bin viel zu langsam und unaggressiv. Außerdem bin ich, was Sport betrifft, generell skeptisch, seitdem René Goscinny, der Autor von Asterix und Obelix, beim Leistungs-EKG an Herzversagen starb.

Als meine Mitschüler nach eineinhalb Jahren ihre Prüfung absolviert hatten, besuchte ich noch ein halbes Jahr eine normale Klasse und lernte dort im Deutschunterricht, Formulare auszufüllen. Davon profitiere ich noch immer. Obwohl die Schüler für heutige Verhältnisse ziemlich brav waren und sich auch meistens auf ihren Plätzen befanden, herrschte ein rauher Umgangston. Wer auf die Toilette wollte, musste fragen: Darf ich bitte austreten – und bekam schon mal zur Antwort: Brunz doch in dei Mapp'n!

In der Leistungsklasse mit rund zwanzig Jungen gab es außer mir zwei Frauen: Heike, eine begeisterte Motorradfahrerin, die in einer Motorradwerkstatt lernte, und eine andere, an deren Namen ich mich nicht erinnere. Von Heike erfuhr ich, dass es in anderen Werkstätten nicht so freundlich zuging wie in meiner. Heike wurde sehr ungerecht behandelt und weinte manchmal, weil ihr Chef zu cholerischen Ausbrüchen neigte, die er an ihr ausließ. Von Schulkameraden aus anderen Klassen erfuhr ich, dass schon mal mit dem großen Hammer nach ihnen geworfen wurde. Handgreiflichkeiten schienen in manchen Werkstätten zum schlechten Ton zu gehören. Wie der großzügige Alkoholkonsum. Damit erklärt sich auch, warum Stahlkappen in den Schuhen vorgeschrieben sind. Kein Pflaster für sensible junge Männer, die nun unter Hebebühnen zu harten Jungs geformt wurden, nachdem sie vielleicht gerade der Bundeswehr entkommen waren. Seinerzeit kursierte mancherorts die Idee, man solle doch ein Mädchen einstellen, um die Atmosphäre zu befrieden – so wie man für ein besseres Betriebsklima auch eine Ziege in den Pferdestall stellt. Diese Idee hat sich allerdings nicht durchgesetzt.

Morgenstund hoit endlich dein goidena Mund (Willy Michl)

In meiner Ausbildungswerkstatt gelüstete mich schnell nach einer eigenen Werkzeugkiste auf Rädern. Sehnsüchtig wartete ich auf mein eigenes Werkzeug, bei dem ich jedes Teil mit einer Farbe anstreichen wollte, wodurch es in meinen Besitz übergehen würde. Ich machte mir Gedanken darüber, welche Farbe es sein sollte. Reinhards Werkzeug war gelb. Wenn man es benutzte und nicht sofort zurücklegte, gab es einen Spitz, einen Tritt in den Allerwertesten. Lehrlinge durften nicht zurücktreten. Reinhard ließ sich jedoch erweichen, wenn ich vor ihm auf die Knie fiel und die Hände wie zum Beten zusammengefaltet um Gnade bat: Odumeinmeister! Dann rückte er eine Kinderschokolade raus und vergaß den Spitz. Josef, der alte Geselle mit den zittrigen Händen – in der rechten hielt er stets eine Zigarette und beeindruckte mich damit, dass sie wie ein sechster Finger angewachsen zu sein schien und ihn nie beim Arbeiten behinderte –, konnte auch mit einer Zigarette im Mund schrauben, was ich ebenfalls probierte, es sollte cool aussehen, leider tränten mir die Augen. Josefs Werkzeug war rot. Rot mochte ich nicht so gern. Ich beschloss, mein Werkzeug, wenn ich es endlich hätte, grün anzustreichen. Grün wie das vom ersten Gesellen Christian. Ich müsste natürlich einen helleren oder dunkleren Grünton wählen, sonst würden wir unser Werkzeug verwechseln.

Den Christian mochte ich unbändig gern. Leider sah ich ihn nur selten, da er, obwohl die Arbeit um 7.30 Uhr begann, selten vor 11.00 Uhr in der Werkstatt auftauchte. Er erschien jeden Tag aufs Neue völlig erschrocken, wie das passieren konnte, wo er doch nun schon zwei, drei, vier, fünf Wecker installiert und sogar seine Mutter aus Klagenfurt gebeten habe, bei ihm anzurufen. Er sei weckerklingelresistent. Alle zwei, drei Wochen bat ihn der Sozialpädagoge zu einem Win-win-Gespräch, bei dem ihm die Kündigung angetragen wurde. Christian war verzweifelt, versprach Besserung, kam am nächsten Tag um 6.30 Uhr nach einer durchgemachten Nacht, wartete vor verschlossenen Türen, bis der Werkstattmeister aufsperrte, am übernächsten Tag um 8.00 Uhr und pendelte sich wieder auf seine übliche Zeit ein. Leider gab es damals den Delta-t-Verein für Zweitnormalität, den weltweit ersten Verein für zeitversetzt und lang schlafende Menschen, noch nicht. Professor Till Roenneberg und seine Forschungsarbeit zur Chronobiologie waren noch nicht bekannt. *Morgenstund hat Gold im Mund* hieß es landauf, landab, und natürlich fängt der frühe Vogel den Wurm, aber eben nur den frühen Wurm. Mittlerweile ist erforscht, dass es verschiedene Chrono-Typen gibt. Lerchen und Eulen, und jeder hat seine eigene innere Uhr, und mit der ist er vor dem Herrgott und seinen Kollegen gleich viel wert wie jeder andere auch, und Mutter Erde mag es sowieso, wenn sich jeder seine Nische sucht.

Christian war das beste Pferd im Stall, sprich unter den Lehrlingen und Gesellen, ein erstklassiger Schrauber und ein sehr rücksichtsvoller, einfühlsamer, warmherziger Kollege. Praktischerweise trug Christian seinen Schmuck nur an den Ohren, vermutlich in jedem Akupunkturpunkt einen. Vielleicht war das auch ein Grund, warum er morgens nicht aus dem Bett kam. Ich sah ihn manchmal nachts im Café Normal im Kreis seiner Punkerfreunde. Alle hatten ihn gern, und deshalb scheiterten wohl auch unsere Sozialpädagogen, denn die Meister konnten stets nur das Beste über seine Arbeit berichten. Christian schaffte in drei Stunden mehr als ich an einem ganzen Tag. Als ich dann endlich meine eigene Werkzeugkiste bekam, war meine große Freude sehr getrübt, denn ich erbte Christians, als er die AWS eines Tages verließ. Er wechselte in ein Leben, das seinem Biorhythmus entsprach.

Auf einmal war ich im dritten Lehrjahr. Ich ging gern zur Arbeit, und am schönsten war es, wenn die Hallentore offen standen. Leider beschwerten sich hin und wieder Anwohner, wenn wir zu viel Lärm machten. Dann schlossen wir die Tore … und kaum waren wir fertig mit dem Flexen, riss ich sie wieder auf. Natürlich war es im Sommer schöner als im Winter in der Werkstatt, wo die Scheiben von innen beschlugen und es nass und kalt war. Doch auch das gefiel mir besser als mein Dasein als Studentin. Ich ging noch immer gern spät ins Bett und traf Freunde in Kneipen und in meiner Freizeit reparierte ich das eine oder andere Auto aus dem Freundeskreis. Ich hatte nicht den Eindruck, dass ich an Wichtigkeit verloren hatte durch meinen Berufswechsel, ganz im Gegenteil, ich hatte gewonnen. Eine angehende Automechanikerin ist praxistauglich und lohnt sich – wozu taugt schon eine Geisteswissenschaftlerin?

Zitronengelbe Kleider

Mein erster Kontakt mit der Presse stand bevor. Eine Münchner Zeitung wollte ein Porträt von mir veröffentlichen. Dazu gehörte ein Foto, das ein Fotograf in der AWS machen sollte. Ich sagte Odumeinmeister Bescheid.

Kurz vor der Mittagspause nahm er mich beiseite. »Du kommst heute Mittag mit.«

Das war eine ungewöhnliche Anweisung, doch er war Odumeinmeister, und ich widersprach nicht. Schlag zwölf Uhr konnte es ihm nicht schnell genug gehen. Bei laufendem Motor saß er in seinem roten Audi 80.

»Los! Beeil dich!«

»Wohin fahren wir denn?«

Er schwieg. Ich auch. Odumeinmeister war selten gesprächig. An der Schönstraße bogen wir rechts ab Richtung Sechziger-Stadion, dann ging es auf die Tegernseer Landstraße. Ich vermutete, wir würden etwas essen. Das machte er manchmal mit den Lehrlingen. Zuerst eine Mahlzeit, dann ein paar Tipps zur zukünftigen Spitzvermeidung: *Du musst sorgfältiger arbeiten. Du musst pünktlicher zur Arbeit kommen. Du musst …*

Ich hätte von dieser unangenehmen Einladung gerne vorher gewusst, denn ich hatte eine Brotzeit dabei. Essen gehen konnte ich mir mit meinem schmalen Lehrlingsgehalt von dreihundertfünfzig Mark nicht leisten – auch wenn ich wegen des frühen Todes meines Vaters während meiner Ausbildung eine Halbwaisenrente bezog. Reinhard parkte vor einem Kaufhaus. Im absoluten Halteverbot. Gegenüber befand sich eine Döner-Bude. Ich hatte nichts gegen Döner – aber den konnte man sich doch auch bringen lassen von einem Stift aus dem ersten Lehrjahr. Ich selbst habe immer sehr gern Brotzeit geholt – eine der Aufgaben, die mir zu Beginn meiner Lehre gut gefallen haben. Das Werkstattkehren – auch ein Anfängerjob – mochte ich natürlich nicht so gern und war froh, es nun los zu sein. Dafür genoss ich das Werkstattausspritzen mit dem Schlauch. *Männer beiderlei Geschlechts lieben den Kärcher-Hochdruckreiniger,* wie ich den Schauspieler Jürgen Busse kürzlich sagen hörte. Und auch die Brotzeit hätte ich noch immer gern geholt. Mit einem langen Zettel und einem Dachdeckerbleistift, ich weiß nicht, woher ich den damals hatte, und dann die Bestellung der Kollegen aufnehmen. Zwei Leberkäsesemmeln mit süßem Senf. Eine mit scharfem. Eine Butterbreze. Eine Wurstsemmel. Noch eine Wurstsemmel, aber mit Gurke. Und zwei Wurstsemmeln mit viel Löwensenf.

»Döner?«, fragte ich Reinhard.

»Was?«

»Döner?«, wiederholte ich.

»Kaufhaus«, sagte er.

Jetzt war ich wirklich ratlos. Karstadt. Gab es da ein Schnellrestaurant? Das wäre mir neu gewesen. Reinhard schien es sehr eilig zu haben. Er ging nicht, er rannte. Und ich hinterher. In der Damenbekleidungsabteilung blieb er abrupt stehen, verschränkte die Arme vor der Brust und schaute nach links oben. Ich stellte mich neben ihn und verschränkte ebenfalls die Arme vor der Brust. So einen Fall hatte ich weder in der Schule noch in der Werkstatt bislang durchgenommen. Wir standen eine Weile zwischen den luftigen Sommerkleidern an drehbaren Ständern. Reinhard trug einen taubengrauen Kittel, ich einen blauen Overall. Unsere Händen waren frisch geschrubbt, doch sie zeigten Trauerränder. Die Sommerkleider wendeten sich entsetzt ab von uns. Eine Verkäuferin ließ sich nicht schockieren. »Kann ich Ihnen helfen?«

»Wir suchen ein Kleid«, erfuhr ich da von Reinhard. »Für die«, er räusperte sich, »die Dame.«

Die Dame! Er hatte *die Dame* zu mir gesagt. Ich war gleichermaßen empört, verwirrt, fassungslos – wie gelähmt stand ich neben ihm.

»Für einen bestimmten Anlass?«, fragte die Verkäuferin.

»Fototermin«, erklärte Reinhard knapp.

Die Verkäuferin war ein Profi. Ihrem »Ah ja« war nichts anzumerken. Sie wendete sich mir zu. »Achtunddreißig?«

Ich war noch immer so durcheinander, dass ich »Vierundzwanzig«, erwiderte. So alt war ich. Aber das ist natürlich keine Größe. Zu meinem Erstaunen wusste das sogar Reinhard. Er nickte und sagte: »Wie meine Frau. Achtunddreißig. Das passt.«

»Reinhard! Ich zieh kein Kleid an!« Endlich hatte ich wieder eine Stimme.

»Ich will dir eins schenken. Du hast gut gearbeitet in letzter Zeit.«

»Aber doch kein Kleid!« Machte er sich über mich lustig? Was war mit der Kupplungsreparatur vorletzte Woche, bei der ich zusammen mit einem anderen Lehrling vergessen hatte, das Ausrücklager einzubauen? Daran litt ich heute noch. Reinhard schien die Blamage vergessen zu haben und blieb hartnäckig. »Für den Fototermin.«

»Ich zieh kein Kleid an!«

Die Verkäuferin drehte sich diskret weg und ordnete einige zitronengelbe Kleider, die versucht hatten, von ihren Bügeln zu fliehen.

»Ne Hose?« fragte er.

Ich schwieg.

»Bitte, haben Sie auch Hosen, Damenhosen?«, wandte Reinhard sich an die Verkäuferin.

»Selbstverständlich. Dort drüben, bitte.«

Wir folgten ihr in eine Ecke.

»Keine Jeans«, verlangte Reinhard. »Was Buntes.«

»Ich zieh doch nichts Buntes an!«, widersprach ich.

»Blau vielleicht?«, fragte mich die Verkäuferin.
Reinhard schüttelte den Kopf. »Blau ist nicht bunt.«
Der geschulte Blick der Verkäuferin hatte mich längst eingescannt. Sie legte eine weinrote Hose mit hellblauen Seitennähten auf den Tisch. Die gefiel mir sofort. Schöne Farbe, schöne Machart.
»Ja, die ist gut«, bestimmte Reinhard und griff danach.
»Die Dame sollte sie vielleicht noch anprobieren«, schlug die Verkäuferin vor.
Es war mir wahnsinnig peinlich, unter Reinhards Blicken aus der Garderobe zu kommen, und ich ratschte den Vorhang mit solcher Entschlossenheit zurück, dass Odumeinmeister sich erschrocken zu mir drehte. Als ich mich selbst im Spiegel betrachtete, starrte er auf meine Füße.
»Gefällt dir die?«, fragte er schließlich.
»Ja«, nickte ich. Sie gefiel mir wirklich. Eine tolle Hose.
»Dann schenk ich sie dir«, sagte er.
»Danke«, sagte ich.
Als wir uns an der Bude noch zwei Döner geholt hatten und ohne Strafzettel zurück zur Werkstatt fuhren, hatten wir beide hervorragende Laune. Kurz bevor der Fotograf kam, erinnerte Reinhard mich: »Susa! Es ist gleich so weit. Zieh dich um.«
Folgsam schlüpfte ich in die neue rote Hose. Allmählich konnte ich mich darüber freuen. Der Fotograf jedoch freute sich nicht. Er hatte den Auftrag, mich in einer typischen Situation bei der Arbeit zu fotografieren.
»Haben Sie keinen Blaumann und einen großen Hammer?«, wollte er wissen.

Mit den Waffen einer Frau

DINGDONG: FN, PEUGEOT 206, CABRIO, BLAU, FN, SNA

Manche Starthilfen kommen ganz harmlos daher und entpuppen sich dann durch die Verkettung elektronischer Eingeschnappheiten mehrerer Komponenten zu langwierigen Behandlungen. Diese Panne läuft wie geschmiert. Ankommen, begrüßen, ein ehrliches Geständnis der Havaristin. »Ich habe das Licht brennen lassen.« Keine Beschönigungen seitens der ausnehmend attraktiven Frau von wegen abgelenkt gewesen, Kinder krank, mein Mann ist gefahren. Nachdem ich die Starthilfekabel angeklemmt habe und der Motor anspringt, prüfe ich die Batterieladung: alles gut.

Wir stehen unter der Heckklappe meines Engelmobils und ich fülle den Pannenbericht aus. Frau Mäusl beobachtet mich dabei auf eine Art und Weise, wie ich glaube, dass Männer mich nicht ansehen. Und Frauen eigentlich auch nicht. Lang verharrt ihr Blick auf meinen für meine Verhältnisse relativ sauberen Händen, lang verharrt er in meinem Gesicht. Ich nehme mir vor, gleich wenn sie weg ist, einen Blick in den Rückspiegel zu werfen, vielleicht habe ich einen schwarzen Strich an der Backe. Frau Mäusls Augen sind blau wie ihr Peugeot. Sie erscheint mir wie ein Gesamtkunstwerk. Alles passt zusammen, der Schmuck, die langen gepflegten perlmuttfarbenen Fingernägel, der unaufdringlich angenehme Duft und der makellose Teint, vielleicht vergoldet auf dem Tussitoaster in Münzmallorca.

Frau Mäusl räuspert sich. »Darf ich Ihnen etwas Persönliches sagen?«

In der Erwartung eines Kompliments nach dieser bilderbuchreifen Panne nicke ich.

»Waren Sie schon einmal bei einer kosmetischen Behandlung? Das würde Ihnen sicher guttun.«

Ich starre sie an und ringe um Fassung.
»Ja«, sage ich dann betont locker. »Früher. In der Pubertät. Als Clerasil versagte.«
»Das ist doch heute ganz anders. Es ist eine Wohlfühlbehandlung. Alkoholhaltige Gesichtswasser sollten Sie übrigens auf keinen Fall verwenden. Die schaden Ihrer Haut, die ja im Großen und Ganzen schön ist. Eine sehr feine Haut haben Sie. Allerdings sollten Sie die mal reinigen lassen. Porentief. All der Dreck, Sie arbeiten doch ständig auf der Straße. Und Ihre Hände. Da kann man schon einiges tun für diese Risse.«
Ich denke an den Kärcher-Hochdruckreiniger und mustere meine Hände, die mir vorhin noch ziemlich sauber vorgekommen sind. Ein verstohlener Blick auf Frau Mäusls Hände belehrt mich eines Besseren – doch nur kurzfristig. Ich gelange zu der Einsicht, dass wir nicht miteinander zu vergleichen sind. Sie schleckt genüsslich ihre Katzenpfötchen, ich bin Paarhufer. Aus Hufen kann man keine Pfötchen machen.
»Ich würde Ihnen gern auch einen Gutschein schenken. Einfach mal so zum Ausprobieren«, bietet Frau Mäusl großzügig an.
»Vielleicht können wir tauschen? Haben Sie Lust, mal einen meiner Autopannenkurse zu besuchen?«, revanchiere ich mich.
»Au-to-pan-nen-kurs?«, wiederholt Frau Mäusl, als wäre das Wort ein öliger Lappen.
»Ja, aber die Waffen würde ich zu Hause lassen. Also falls man die abmachen kann.«
»Waffen?«
Ich deute auf ihre Fingernägel.
»Aber nein, die sind echt!«, grinst sie.
Wir lachen uns beide an und verabschieden uns wie zwei Tiere, die in freier Wildbahn niemals aufeinandertreffen würden, mit einem kräftigen und anerkennenden Händedruck.

Spieglein, Spieglein an der Wand …

Eines Tages nahm mich der Werkstattmeister Christian beiseite und sagte: »Susa, bald bist du Gesellin. Und wahrscheinlich wirst du eines Tages auch Meisterin sein. Ob du besser schraubst als deine Gesellen und Lehrlinge, ist das eine. Das andere ist: Schau hin und wieder in den Spiegel, und sorg dafür, dass du ohne schwarze Striche im Gesicht herumläufst. Meister haben keine schwarzen Striche im Gesicht«, sagte er und fuhr sich mit der flachen Hand über die Stirn. Ich ging zum Spiegel. Es war kein verrutschtes Kajal. Es war eine Kriegsbemalung aus Motoröl und Schmiere. Aber ich durfte noch. Noch war ich Lehrling, wenn auch nicht mehr lange.

Es kostete mich viel Disziplin, doch ich nahm den Rat ernst und achte bis heute darauf, mehrmals am Tag kurz in den Rückspiegel zu schauen und mein Gesicht zu kontrollieren.

Das macht einfach einen besseren Eindruck bei meiner tapferen Kundschaft, die sich dann womöglich noch mit der Frage abquälen muss, ob sie mich darauf hinweisen dürfe, dass ich da was im Gesicht habe. Abgesehen davon ist es mir ziemlich egal, wie ich aussehe. Oft ist nach einer Schicht nicht mehr genau zu erkennen, welche Flecken auf der Hose vom Arbeiten und welche vom Schokocroissant stammen. Ich genieße diese nicht zu unterschätzende Freiheit, dass es darauf nicht ankommt. Auf meiner Arbeitshose werden vermutlich sogar die Schokoladentupfer wie Sterne eines Offiziers an der Uniform gewertet. Leider führt das zu einer »déformation professionelle«, so dass ich, wenn ich mal privat mein Grundstück verlasse, zu wenig umsichtig mit meinem Äußeren umgehe; wenigstens das verbindet mich mit Franz Werfel, von dem gesagt wurde: Er schmutzt so leicht.

… wer ist die Schmutzigste im ganzen Land

Mein Erscheinungsbild ist eine Folge vieler sich unglücklich ergänzender Umstände. Angefangen bei einer antiautoritären – also gar keiner – Erziehung und der schon sehr frühen Vorliebe für Örtlichkeiten mit starker Atmosphäre – Kuh- und Pferdeställe, Schlachthöfe, Kühlkammern, das Kohlenlager von Hans Schaumann, die dunkle Schmiede vom Nachbarn Skobby – und später die magische Anziehung von Hallen mit Hebebühnen. Das alles und der Mangel an Notwendigkeit, mich aufzubrezeln, sowie die wohlwollende Großzügigkeit, mit der mir im Bekanntenkreis begegnet wird, wecken in mir auch kein Bedürfnis, etwas zu ändern. Job und Familie habe ich bereits, ich bin nicht auf der Suche, bin unter der Haube, und deshalb entfällt Balzen für mich. Ich habe ganz einfach den Moment verpasst, in dem ich es hätte üben können: in der Pubertät. Wegen meiner vielen Pickel, die vielleicht von den drei Liter Milch am Tag kamen, die ich trank, und den unzähligen köstlichen Kroketten mit Senf aus dem heimischen Kochlöffel, flirteten die Jungs nicht mit mir wie mit anderen Schulkameradinnen. Nicht, dass mir das etwas ausgemacht hätte. Trotzdem tröstete mich meine Mutter: »Auf die inneren Werte kommt es an.«
Wo sie recht hat, hat sie recht!

Jede Oma zählt

Anlässlich meiner Gesellenprüfung im Juli 1989 zwang mich Hob, einen Rock zu tragen. Zu dieser Zeit besaß ich tatsächlich drei Röcke – sie lagen ganz hinten im Kleiderschrank: einmal mini, schwarz mit Leopardenmuster, einmal knielang in Lila und einmal knöchellang: schwarz mit Tigermuster. Hob, die mich mit ihrer ganzen Familie begleitete und vor Stolz stundenlang knallrot im

Gesicht war, so dass ich mir schon Sorgen um sie machte, meinte, es sei wahnsinnig wichtig, dass man sehe, dass ich eine feminine Frau bin.

Hob ließ es sich auch nicht nehmen, mich zu schminken, und fotografierte mich ungefähr dreißigmal mit ihrer Pocketkamera, ritschratsch. Meine Mutter freute sich sehr über die Fotos, auch wenn sie meinte: »So kenne ich dich ja gar nicht. Du siehst aus … wie ein Mädchen von der Straße.« Welch eine treffende Voraussage. Genau das ist später aus mir geworden. Odumeinmeister war mehr als zufrieden. Sowohl mit meiner Prüfung als auch mit den Fotos.

Kurz nach meiner Prüfung meldete sich meine fast 90-jährige Großmutter, die in Hannover in einem Seniorenstift im Kreise Bridge spielender Damen lebte, bei mir. Sie gratulierte mir herzlich und kündigte dann an:

»Susi, ich möchte dir eine Freude machen.«

»Ja, Omi?«, fragte ich neugierig. Normalerweise beschränkten sich ihre Geschenke auf Niederegger-Marzipanpasteten, die ich sehr schätze. Hin und wieder schrieb ich ihr Briefe. Da ich nicht Bridge spiele, war ich wohl nicht besonders interessant für sie.

»Susi, ich würde dir gerne eine Tankstelle schenken«, eröffnete Omi mir. »Weil du so fleißig warst.«

»Bitte, was?«

»So etwas brauchst du doch jetzt, wo du deine Lehre erfolgreich beendet hast. Mit einer Tankstelle hast du gleich eine solide Lebensgrundlage. Benzin benotigen die Leute immer. Und wenn es Reparaturen zu machen gibt, lassen sie die gleich bei dir ausführen. Ich möchte, dass du unabhängig bist und ein sicheres Auskommen hast. Also, was meinst du?«, fragte Omi, als brauchte ich nur ja zu sagen, und schon könnte ich die Früchte meiner Tankstelle ernten. Gerührt von ihrem Angebot, erklärte ich Omi, dass das heute mit der Tankstelle wohl nicht mehr so einfach sei und dass eine Tankstelle viel-

leicht auch zu teuer sei, ich das aber ehrlich gesagt nicht so genau wisse, vielleicht müsste man sich bei einer Mineralölgesellschaft bewerben. Wer eine Kneipe eröffnen möchte, müsse zuerst auch mit einer Brauerei verhandeln.
»Schade«, meinte Omi und wollte wissen, was ich denn nun bezüglich meiner beruflichen Karriere weiter geplant hätte.
»Ich arbeite meine Gesellinnenzeit ab und mache dann die Meisterprüfung.«
»Wir können ja dann noch mal über die Tankstelle reden«, meinte Omi. »Als Meisterin hast du bestimmt noch mehr Kundschaft.«
»Wahrscheinlich kann ich ohne Meisterbrief gar keine Tankstelle eröffnen«, erwiderte ich und fragte mich, ob Eröffnen das richtige Wort war. Kaufen? Pachten? Anbohren?
»Wir werden sehen«, sagte Omi, da klopfte ihre Nachbarin und holte sie zum Bridge ab.

Drei Wochen später bekam ich ein Päckchen von meiner Mutter, die ihre Mutter alle zwei Wochen besuchte. Omi hatte sie beauftragt, mir außer Marzipan eine Tankstelle von *Playmobil* zu schicken – wahrscheinlich hatte sie diese Technik in ihrem Seniorenstift kennengelernt, wo es ja auch eine Menge Enkelkinder gab. So kam ich auch zu meinem ersten Angestellten: dem Tankwart, den ich mir selbst zusammensteckte.
Wenn ich heute manchmal an Omi und die Tankstelle zurückdenke, stelle ich fest, dass mir so eine solide Lebensgrundlage wirklich gut gefallen hätte. Früher gab es überall Tankstellen mit kleinen Werkstätten dabei. Sie gehörten in die Stadtviertel wie die Stammkneipe, das Lebensmittelgeschäft und die Apotheke. Diese kleinen Werkstätten waren die Hausarztpraxen für die Autos. Inspektionen, Service und kleinere Reparaturen wurden hier erledigt – größere Probleme überwies man an den Facharzt, sprich an die Fachwerkstatt. Leider sind diese Tankstellen praktisch ausgestorben – wie auch

meine Omi. Es freut mich, dass sie mich noch als Gelber Engel erlebt hat.

Im Herbst nach meiner Prüfung verkaufte mir Odumeinmeister sehr günstig seinen weinroten Audi 80, der vorne etwas höher stand als hinten, was ihn verwegen aussehen ließ. Für mich, die bis dahin außer Henning, meinen R4, nur alte Käfer, Max, Mr. Mad, Mix und Motte, mit wenigen Monaten TÜV gefahren hatte, ein sozialer Aufstieg. Dann fiel die Mauer, und Hob und ich beschlossen, uns ein paar Stücke deutscher Geschichte herauszukratzen. Auf dieser Fahrt im November nach Berlin stellte ich entsetzt fest, dass wir von Tankstelle zu Tankstelle pilgerten, und so tauften wir die Neuerwerbung an der durchlöcherten Berliner Mauer mit einem Piccolo auf den Namen »Tankstelle«. Omi hatte schließlich einen Hunderter dafür springen lassen, er steckte in der Verpackung vom *Playmobil.* Heute würde ich den Hunderter einem afrikanischen Projekt für Aids-Waisen spenden: *Jede Oma zählt.*

Übrigens habe ich es mit der Tankstelle doch einmal versucht, als ich eine Anzeige in der *Süddeutschen Zeitung* entdeckte, in der eine BP-Tankstelle verpachtet werden sollte. Als ich mich dort erkundigte, erfuhr ich, dass Verpachtungen an Frauen nicht vorgesehen seien. Ich war empört, aber nicht traurig. Meine Eltern waren mit ihrer Landtierarztpraxis selbständig. Daher wusste ich, dass sie ständig alles selbst machten und das vierundzwanzig Stunden an dreihundertfünfundsechzig Tagen im Jahr.
Zumindest waren sie immer in Bereitschaft, was bedeutete, dass das Telefon – damals noch mit Schnur an die Wand gekettet – den Radius bestimmte, um den der oder die Telefondiensthabende kreiste: wenige Meter. Dieses Schicksal teilten Tierärzte, Bauern, Ärzte und Abschleppdienste, und ich genoss die Freiheit des Angestelltendaseins.

Gesellige Zeit

1989 war ich dann also aufgerückt. Vom Lehrling zur Gesellin. Sollte ich die Werkstatt nun wechseln? Einmal Lehrling, immer Lehrling. Musste ich Erfahrungen unter anderen Hebebühnen sammeln und fliegende Hammer fangen? Sollte ich vielleicht zu einer Markenwerkstatt wechseln? Ich überlegte nicht lange. Im Grunde bin ich eine treue Seele, und ich mochte meine Kollegen und Chefs sehr, also blieb ich da. Es würde ohnehin nicht für immer sein. Ich wollte die Meisterschule besuchen. Kurz nach der offiziellen Feier zur Gesellenprüfung ließ ich mich auf die Warteliste für die Meisterschule setzen. Die Liste war lang, und ich hoffte, mein Zeitplan würde klappen, denn ich musste drei Jahre als Gesellin arbeiten, ehe ich am Meisterkurs teilnehmen konnte. Diese drei Jahre blieb ich in der AWS und bildete nun auch Lehrlinge aus, pubertierende Jungen, die sich von einer Frau manchmal nichts sagen lassen wollten. Es gab einen türkischen Jungen, der mich sogar respektierte, aber sein Gesicht nicht vor den anderen verlieren wollte. Und es gab Eingeborene aus Bayern, die mich zwar würdevoll behandelten, aber gerne klarstellten, dass sie bei Unstimmigkeiten mit dem Mädchen, mit dem sie gerade gingen, schon mal handgreiflich wurden: A Watschn hot no koana gschod. Aber da waren auch Jungen wie Ismael aus Eritrea. Die italienische Kolonialzeit hat diesem kleinen Land an der ostafrikanischen Küste mit seinen anmutig, wunderschön anzuschauenden Menschen einen verheerenden Bürgerkrieg beschert, der dreißig Jahre wütete und erst 1991 endete. Ismael war schon etwas älter und wusste genau, warum er in Deutschland lebte. Er lernte sehr schnell Deutsch und wollte seine Lehre erfolgreich abschließen, denn er hatte eine Familie zu ernähren; teilweise in München und zum größeren Teil in der afrikanischen Heimat, nach der er sich sorgen- und schmerzvoll sehnte. Über den Kontakt zu Mitarbeitern, die zum Teil aus moslemischen Ländern nach Deutschland gekommen waren, begriff ich auch, wie enttäuscht und irritiert manche von ihnen waren. Sie gehörten in ihrer Heimat einer christlichen Minderheit an, die vielleicht verfolgt und bedroht wurde, und erhofften sich von Deutschland, endlich unter Gleichen im Glauben aufgenommen zu werden. Stattdessen wurden sie als Asylanten beschimpft und ausgegrenzt, und wenn sie beispielsweise aus dem Iran, Afrika oder Armenien stammten, automatisch als Moslems angesehen. Das Heimweh aller Flüchtlinge hat mich tief berührt. Nie könnte ich einen Ausländer gedankenlos als Schmarotzer oder Wirtschaftsflüchtling beschimpfen, seitdem ich einmal versucht habe, mir vorzustellen, was mir in meiner Heimat alles Furchtbares passieren müsste, bis ich bereit wäre, sie zu verlassen, endgültig, für immer und in einer Fremde zu leben, in der ich nicht willkommen wäre.

Es war interessant – und oft sehr mühsam – für mich zu erkennen, dass viele der Selbstverständlichkeiten, die Frauen in Deutschland nicht im Traum in Frage stellen würden, für meine ausländischen Lehrlinge offensichtlich Zumutungen waren, und ich musste manche Kämpfe ausfechten. Dabei hatte ich es vergleichsweise leicht, weil ich in einer politisch korrekten Werkstatt arbeitete, wo Pin-ups im Spind untersagt waren. Hin und wieder boten meine Meister mir auch Schützenhilfe an, was ich als großes Privileg wertete, aber ablehnte. Früher oder später gelang es mir immer selbst, mir Respekt zu verschaffen – auf meine Weise. Ich fluchte nicht und schlug nicht um mich, ich heulte auch nicht und warf kein Werkzeug durch die Gegend. Ich blieb friesisch unbeirrbar cool, mittelfreundlich und gelassen. Mit dieser ausgeklügelten Zermürbungstaktik schaffte ich sie alle, wie gesagt, früher oder später und manchmal sehr spät.
Bei der Arbeit mit den Lehrlingen merkte ich, dass ich gut anleiten kann. Das machte mir auch große Freude und ermutigte mich, das Konzept meiner Autopannenkurse für Frauen auszuarbeiten, mit dem ich fast zwanzig Jahre als Dozentin an der Volkshochschule

München tätig war. Vom Dozieren halte ich nach wie vor nichts. Meine Stärke liegt im Überblick, in der Motivation zum Selbermachen. Anderen etwas zutrauen, sie ausprobieren lassen und aufpassen, dass sie sich und den Autos nicht weh tun.

Da der Lagerist in der AWS oft krank war, verwaltete ich zeitweise zudem das Lager, was mir ebenfalls gut gefiel. Zum einen war das Computerzeitalter nun auch in unserem Betrieb angekommen, und das interessierte mich, zum anderen gefiel mir die Verwaltung der vielen Einzelteile, die Systematik des Ersatzteilwesens und der Kontakt mit den Lieferanten. Doch das Lager war ein dunkler, fensterloser Raum, und ich war froh, wenn ich wieder draußen an der Hebebühne werkelte.

Im Rückblick erscheint es mir kaum mehr vorstellbar, wie selbstverständlich Alkohol damals am Arbeitsplatz konsumiert wurde. Es war völlig normal, dass im Brotzeitraum ein Kasten Bier stand. Handwerker bekamen bei jeder Gelegenheit Bier angeboten, wo man heute einen Kaffee offeriert. Büromenschen tranken in der Kantine mittags ihr Bierchen. Ebenso wurde überall geraucht, in der Werkstatt, im Büro, im Pausenraum, in der Kantine. In den 1950er Jahren lag die Promillegrenze im Straßenverkehr bei 1,5 Promille. Man ging seinerzeit also davon aus, dass man mit 1,4 Promille einen klaren Kopf hat. Als ich zwei Jahre alt war, wurde der Wert auf immerhin 1,3 Promille gesenkt. Vielleicht erklärt das, warum die Bundestagsdebatten, die ich in meiner Kindheit im Autoradio meines Vaters mithören musste, so viel unterhaltsamer waren als heute.

Engel auf Rädern

DINGDONG: B31, KRESSBRONN A. BODENSEE, PPL ARAL, MERCEDES, BRAUN, KA, ANLASSER TOT

Ein auffallend elegant gekleideter älterer Herr erwartet mich fröhlich auf dem Parkplatz der Tankstelle in Kressbronn an der B31. Eigentlich hieße es ein gutgelaunter alter Mann, aber so etwas sagt man nicht in dieser Zeit ewiger Jugend. Ich schätze ihn auf Anfang siebzig und bin von seiner frischen Ausstrahlung beeindruckt. Weniger vital wirkt sein Mercedes. Ein müdes Würgen – zu mehr kann er sich nicht aufraffen.

Nachdem ich als Erstes die Herz-Lungen-Maschine angeschlossen habe, prüfe ich die Kontrollleuchten im Armaturenbrett. Die Ladekontrolle – das ist die rote Lampe mit dem Batteriesymbol – brennt nicht. Ein Blick auf den Tachostand bestätigt meinen ersten Verdacht: 286 463 km. Da dürfen die Kohlen des Lichtmaschinenreglers schon mal arthritisch sein. Ich starte den Motor mit meiner Hilfsbatterie und überprüfe meine Diagnose. Ja, die Lichtmaschine lädt die Batterie nicht mehr auf. Deshalb wirkt der ansonsten recht ansehnliche Daimler etwas schlapp.

»Die Kohlen der Lichtmaschine sind abgenutzt«, sage ich dem Herrn mit den funkelnden Augen. »Wenn Sie möchten, baue ich Ihnen einen anderen Regler mit neuen Kohlen ein, dann sollte die Lichtmaschine wieder funktionieren. Wenn Sie allerdings lieber ein Neuteil wünschen, müssten Sie den Regler in Ihrer Werkstatt auswechseln lassen.«

»Nein, nein, wenn das nicht nötig ist, nehme ich gern Ihren. Ich vertraue Ihnen da voll und ganz. Toll, dass Sie so was können, ich bewundere Sie.«

Ich schenke dem Mann ein friesisches Lächeln und suche in meinem Ersatzteilschatz nach einem passenden Regler. Seit ich mich vor zwölf Jahren dazu durchgerungen habe, mir eine Spezialgripzange von Snap-on zu kaufen, Modell: gebogenes Krokodil, sind schwer lösbare kleine Schrauben kein Problem mehr. Snap-on ist für Automechaniker so etwas wie eine Handtasche von Ferragamo vielleicht für Frau Mäusl: ein Must have! In wenigen Minuten ist der Regler ausgewechselt. Meine Unterarme sind schwarz. Immerhin habe ich mich diesmal nicht am Auspuffkrümmer verbrannt. Ich starte den Motor erneut und prüfe die Lichtmaschinenladung. 13,8 Volt, na prima. Ich höre ein leises Pfeifen, das mir vermittelt, wie sich die Lichtmaschine ins Zeug legt, die erschöpfte Batterie aufzuladen.

»Am besten fahren Sie noch eine halbe Stunde, dann ist die Batterie wieder fit«, rate ich dem immer jünger aussehenden Herrn mit dem eleganten Halstuch in Königsblau und Weinrot.

»Ja, ich fahre sowieso noch an den Bodensee bei Überlingen, wissen Sie, ich habe dort mein Boot liegen.«

»Ein Segelboot?«

»Eine Hallberg Rassy. Segeln Sie auch?«

»Ja, ich habe aber kein Boot und leider zu wenig Zeit dafür«, antworte ich etwas wehmütig, denn die Sonne scheint, und es weht ein anständiger Wind.

»Sie gefallen mir«, wagt sich der Herr todesmutig vor. »Ich bin allein und könnte Ihnen einiges bieten. Ich wohne in der Nähe von Karlsruhe, da habe ich ein Haus mit großem Garten und Schwimmbad im Souterrain. Ich mag praktisch veranlagte Frauen. Kommen Sie mich doch mal besuchen.«

Ich fülle den Pannenbericht aus. Der Fahrzeugschein des alten Mercedes verrät mir nicht nur das Baujahr des Wagens, sondern auch das des Kavaliers neben mir: 1921.

Ich bin Automechanikerin, denke ich, nicht Altenpflegerin. Kein

Wunder, dass er so vorprescht. In dem Alter hat man keine Zeit zu verlieren.
Ich bedanke mich für sein Angebot, versichere ihm, dass ich bereits in besten Händen bin, und verabschiede mich. Ich nehme mir vor, demnächst mal Kollegen zu fragen, ob sie von Frauen vom Typ Leni Riefenstahl auch Anträge bekommen und wie sie damit umgehen. Aber als Nächstes mache ich erst mal Pause. Bin ja auch nicht mehr die Jüngste!

Die Zwillinge vom anderen Ufer

Auf dem Weg zur Pause sehe ich am helllichten Nachmittag Rehe auf den Wiesen am Waldrand äsen. Das frische Grün lockt sie jetzt auch tagsüber heraus. Am Himmel kreisen zwei rote Milane. Ich erkenne sie am stark gegabelten Stoß. Akrobatische Flieger, atemberaubende Segler. Auch wenn ich weiß, dass die meisten Vögel nur fliegen, wenn sie Hunger haben, kann ich es kaum glauben, dass ihnen dieses Gleiten durch die Lüfte keine Freude macht.
In Friedrichshafen am Bodensee angekommen, gönne ich mir an der Imbissbude am Hafenparkplatz Fritten mit Fischstäbchen, was hier hochtrabend als *Fish and Chips* verkauft wird. Während ich meine Fritten am Stehtisch mit Blick auf den See genieße, der Blick ist um einiges besser, kommen zwei Herren auf mich zu. Ich glaube, ich schiele.
»Grüezi, entschuldiged Sie, ich hoffe, mir störed Sie nöd?«
Ich seufze. »Nei, nei, isch ockhee«, sage ich mit vollem Mund und habe meinen Schweizer Wortschatz damit weitgehend geplündert.
»Wüssed Sie, mir händ da so en Smart, der wott nümme aspringe. Villicht isch es nu d'Batterie, mir händ aber kei Liecht brenne laa. Chöntet Sie amal luege? Es isch en Automat. Aber mir händ en grad i de Garasch ghaa zum Service.«

Ich stopfe mir noch ein paar Fritten in den Mund und begleite die Herren zu ihrem Smart fortwo mit St. Galler Kennzeichen. Als ich versuche zu starten, sehe ich, dass der Gang nicht in der Stellung »Neutral« steht. Ich versuche zu schalten, doch kein *N* erscheint im Display. Also hole ich meine Prüflampe, melde der Zentrale dabei das Ende meiner Pause und prüfe die Sicherungen.

»Sie händ aber en schöne Bruef«, sagt der eine, der alleine schon über siebzig zu sein scheint, zusammen sind sie hundertvierzig plus.

»Macht Ihnen das Freude, die Arbeit?«, will der andere wissen.

»Ja, bei so einem Bombenwetter wie heute schon«, erwidere ich und habe die Übeltäterin gefunden: Eine Sicherung ist kaputt.

Die Herren teilen meine Freude über diese schnelle und nebenwirkungsarme Diagnose nicht, ihre Gesichtszüge sind doppelernst. »Ja, das seit me so«, sagt einer der beiden, »wüssed Sie, dass mir das im Chrieg gseit händ?«

»Wegen denen Luftangriffen, wo nur bei guter Sicht geflogen wurden«, ergänzt der andere.

»Gab es denn auch Luftangriffe in der Schweiz?«, erkundige ich mich erstaunt.

»Nei, eigendlich nöd, moll, scho, Schaffhuse, Örlike und so, da isch scho mal öppis obenabe cho.«

»Kollateralschaden sagt man zu dem heute«, fügt der eine an.

»Aber mir händ ja gsäh, wie am dunklen Ufer da die Bombe iigeschlage händ. Mir sin ja noch Chind gsi, aber mir händ so a mulmigs Gfühl kha, eus isch so nüd wohl gsi. Hüt vor zwei Täg isch es gsi, im vierevierzgi, da händ sie Friedrichshafe usbombt. Mir händ alles gseh vo däne, die ganz Nacht hämmer glueget, es einzigs Füürwerk isch es gsi, gfürchig.«

Ich wechsle die Sicherung, der Smart springt an, und wir verabschieden uns.

Noch immer liegt der See vor mir, und es ist noch immer Frühling, aber nicht mehr so richtig. Obwohl man ja nichts sieht. Gar nichts.

Ich habe mir noch nie darüber Gedanken gemacht, dass es in Friedrichshafen eigentlich keine Altstadt gibt. Ich habe mir noch nie Gedanken darüber gemacht, dass so ein herrlicher Frühlingstag wie heute auch ganz andere Erinnerungen wachrufen kann. Dass der Ruf des Kuckucks mit anderen Eindrücken als nur schönen und vorfreudigen verbunden sein kann. Fünfundsechzig Jahre Frieden. Was für ein Glück, was für ein fast nie genanntes Glück, weil Frieden für meine Generation in dieser Heimat normal ist.

Feuerbrand

Auf der A96 kurz vor Lindau steht ein brennendes Fahrzeug am Seitenstreifen. Schwarze Rauchwolken verdunkeln die Sicht. Gott sei Dank ist die Feuerwehr bereits da und hat den Brand unter Kontrolle. Ich bin froh, dass ich nicht die Erste bin und dass mir das noch nie passiert ist. Manche meiner Kollegen haben schreckliche Unfälle erlebt – so was muss man auch verarbeiten. Unfälle gehören nicht zu meinem Aufgabengebiet, doch wer viel unterwegs ist, erhöht die Wahrscheinlichkeit, irgendwann der oder die Erste bei einem Unfall zu sein. Hin und wieder frische ich meinen Erste-Hilfe-Kurs auf und hoffe, dass ich ihn nie brauche.

Langsam passiere ich das noch stark qualmende Fahrzeug und hoffe, dass kein Mensch zu Schaden gekommen ist. Manchmal geschehen bei Autobränden schreckliche Unglücke, weil Menschen glauben, ein Fahrzeug würde sofort explodieren, und es nicht wagen, Verletzte zu befreien. Autos explodieren nur in einschlägigen Filmen, und dazu gehört ein erheblicher pyrotechnischer Aufwand. Die meisten »echten« Brände beginnen im Motorraum, zum Beispiel durch ein aufgescheuertes Pluskabel, das einen Kurzschluss verursacht, oder wegen eines Marderbisses.

Bis ein Brand im Motorraum dorthin gelangt, wo es gefährlich wird: ins Heck des Fahrzeuges zum Tank, ist immer genug Zeit, um einen verletzten Menschen aus dem Fahrzeug zu ziehen. Man sollte das sofort tun, denn Feuer ist sehr heiß, und bald kann man sich dem Fahrzeug wegen der starken Hitze nicht mehr nähern.
Bei Unfällen geschieht es öfter, dass der Batterie-Pluspol in Kontakt mit der Karosserie gerät, was einen Brand verursachen kann. Doch nicht jeder Qualm unter der Motorhaube ist ein Brand. Sobald der Kühler kocht und neunzig Grad heißes Wasser übersprudelt, sieht das nun mal aus, als würde man den Deckel vom Spaghettitopf lupfen.
Wenn der Brand sicher ein Brand ist, sollte man das Fahrzeug verlassen und die Motorhaube geschlossen lassen, da man sonst weiteren Sauerstoff zuführen würde. Selbstverständlich ruft man in einem solchen Fall nicht den Ehemann, den Kumpel oder die Presse an, sondern die Feuerwehr: 112.

Ich habe den Eindruck, dass ganz neue Fahrzeuge, sollten sie Feuer fangen, brennen wie Zunder – was wohl an den Hightechmaterialien liegt, die im Innenraum verbaut werden. In manchen Ländern sind – im Gegensatz zu Deutschland – Feuerlöscher im Wagen vorgeschrieben. Einen richtigen Brand wird man mit einem kleinen Feuerlöscher nicht unter Kontrolle bringen, doch er gibt zumindest den Menschen, die sich gerne selbst helfen, ein gutes Gefühl. Manchmal kommt der Feuerlöscher auch ohne wirklichen Bedarf zum Einsatz.

Vor einigen Jahren kam ich zu einer Panne, bei der ein Mann verängstigt am Straßenrand neben einem Gebüsch kauerte. Aus dem Zündschloss seines Wagens war eine kleine Rauchsäule aufgestiegen. Der Mann hatte mit dem Feuerlöscher sofort draufgehalten und sein Armaturenbrett in eine klebrige, staubige Schneelandschaft verwandelt, die ihm tagelanges Putzengagement abverlangen würde. Pulver von Feuerlöschern zu beseitigen ist sehr schwer und erfordert viel Geduld. Rauchfahnen, die aus einem Zündschloss steigen, lösen sich einfach in Luft auf und führen gar nicht zu Bränden. So auch bei diesem Auto. Die Kontakte am Zündschalter waren zusammengeschmort. Der Wagen ließ sich nicht mehr starten – mehr war nicht passiert. Viel Rauch um fast nichts.

BFP – Beste-Freundinnen-Panne

DINGDONG: A96, AS LINDAU, KREISVERKEHR, NISSAN VANETTE, WEISS, FR, SCHALTHEBEL

Mit einiger Verzögerung gelange ich zu meiner nächsten Panne. Neben einem alten Nissan-Vanette-Campingmobil sitzen zwei junge Frauen an der Autobahnabfahrt in Lindau am Straßenrand. Auf den ersten Blick sehen sie aus wie Verkehrsaufkommenzählerinnen, die hin und wieder an Straßenrändern Zähluhren drücken. Ich schalte den Kasperl ein und parke hinter dem Nissan. Die beiden jungen Frauen rennen auf mich zu und erzählen mir durch das offene Fenster, was sich zugetragen hat, wobei sie sich ständig ins Wort fallen, ergänzen – und vergessen zu atmen. Ich erfahre, dass der Hebel in der Mitte da,

»… das heißt Schalthebel …«

»… sich total überhaupt nicht mehr bewegen lässt …«

»… also nur, wenn der Motor läuft …«

»… der ist wie total festgerostet …«

»… aber bei ausgeschaltetem Motor, also wenn der Motor nicht läuft, da geht es ganz einfach …«

»… Aber das hilft doch nichts!«
»Aber so war es!«
»Wahrscheinlich hat man das schon vorher gemerkt!«
»Ich hab nichts gemerkt!«
»Du merkst ja immer erst so spät was!«
»Aber da war nichts!«
Ich nicke. Niemand muss mir erklären, dass dies eine BFP, Beste-Freundinnen-Panne ist. Und man sieht es den beiden jungen Frauen in Shorts und T-Shirts auch an, dass sie sich schon lange kennen. Sie sind ein bisschen wie ein altes Ehepaar – und dabei jung wie der Frühling. In ihren Gesichtern entdecke ich keine einzige Falte und keinen einzigen Pickel. Milch und Honig. Niemand käme auf die Idee, ihnen eine Grundreinigung anzubieten.

»Und jetzt stehen wir da«, sagt die eine, und die andere fügt hinzu: »Es ist das Auto meiner Eltern. Die sind auf Mallorca. Wir haben beide ganz frisch den Führerschein und dürfen zum ersten Mal damit fahren. Wir wollen den Feiertag nutzen. Ein paar Tage in den Süden. Wir haben uns so drauf gefreut!«
»Total!«
»Ja, total. Und jetzt das. Und ich bin schuld.« Ihre Stimme wird dünn.
»Ach, Sophie«, sagt da die andere und drückt sie fest an sich. Sophie schnieft. Deshalb muss Jule jetzt stark sein. »Das wird schon wieder«, sagt sie.

»Na, dann schauen wir doch einfach mal«, sage ich, steige aus und untersuche den Nissan, wobei sich mein Verdacht schnell bestätigt. Es ist die Kupplung. Leider kann ich den beiden jungen Frauen nicht helfen … oder vielleicht doch? Ich frage nach und erfahre, dass die Eltern eine ADAC-Plus-Mitgliedschaft haben, was bedeutet, dass ihnen ein Mietwagen zusteht.

»Aber wir wollen doch campen, also mit dem Auto, wir haben nichts, kein Zelt oder so!«, ruft Jule.
»Wir haben unser Schneckenhaus dabei!«, bekräftigt Sophie, »also so war es geplant.«
»Und zelten – igitt!«
»Ist gar nicht so schlimm«, tröstet Sophie nun. »Kann sogar Spaß machen.«
»Ja, und wo sollen wir jetzt ein Zelt herkriegen, und wo sollen wir zelten? Vielleicht hier am Straßenrand?
»Quatsch, wir würden doch einen Mietwagen kriegen.«
»Kannst du mit so was fahren?«
»Wenn man fahren kann, kann man mit jedem Auto fahren.«
Ich nicke. »Das stimmt.«

Da das Auto übers Wochenende nicht repariert werden kann, steht es den beiden zu, mit der maladen Vanette nach Hause gebracht zu werden. Wann – das ist eigentlich egal, beschließe ich.
»Ich hab da eine Idee«, sage ich zu den Freundinnen und mache ihnen folgenden Vorschlag. »Nicht weit von hier gibt es einen sehr schönen Campingplatz. Man kann schwimmen, wandern – und auch gut zu Fuß in die Stadt gehen. Ich könnte Sie dorthin schleppen, dann verbringen Sie Ihre freien Tage wie geplant, und an dem Tag, an dem Sie sowieso zurückwollten, schleppen wir Sie nach Hause in eine Werkstatt.«
»Echt, das geht?«, vergewissert Sophie sich.
»Klar geht das.«
Die zwei schauen sich an. Fröhlichkeit steigt auf.
»Und da kann man schwimmen?«, fragt Jule.
Ich nicke und fröstle bei der Vorstellung von 15 Grad Wassertemperatur.
»Und auch sonst was erleben?«, will Jule wissen.
Ich zucke mit den Schultern.

»Mensch, das liegt ja wohl an uns«, sagt Sophie.
»Ja, ich mein ja nur, außen rum und so.«
»Man kann zu Fuß zum Einkaufen gehen – wir haben ja noch nichts«, erinnert Sophie ihre Freundin.
»Aber wir wollten doch ins Ausland«, zögert Jule.
»Auf dem Campingplatz finden Sie mehr Ausland als beispielsweise am Gardasee.«
Die beiden grinsen.
Ich hänge sie ans Seil, erkläre ihnen, was sie tun sollen, und schleppe sie zu dem Campingplatz, wo der Mann an der Rezeption erstaunt schaut, als wir auftauchen. Normalerweise schleppt der ADAC Camper vom Platz weg – dass einer angeschleppt wird, ist mal was Neues, was ihm sichtlich gefällt, denn wir bekommen einen schönen Stellplatz zugewiesen.
Zwei Wochen später erhalte ich eine Ansichtskarte mit herzlichen Grüßen aus dem Urlaub vom Campingplatz, die der ADAC an mich weiterleitet, und freue mich darüber.

Sommersonnwende: 21. Juni, Spätschicht

Klimawandel

DINGDONG: IMMENSTADT IM ALLGÄU, PPL MITTAGBAHN, FIAT STILO, ANTRH., OH, WASSERVERLUST

Links und rechts der eigentlich langweiligen B12 erstrecken sich gelbe Löwenzahnteppiche auf saftig grünen Wiesen. Dieser Anblick macht gute Laune, obwohl der fette Löwenzahn ein Zeichen für Monokultur und überdüngte Weiden ist. Durch die starke Industrialisierung der Landwirtschaft wird extrem viel Gülle produziert, die nicht in die Kläranlage gebracht, sondern auf die Wiesen geschüttet wird. Jedes Jahr wieder im Frühling vermisse ich die Vielfalt auf den Blumenwiesen meiner Kinder- und Jugendzeit. Damals war nicht alles gelb-grün, es gab fast jede Farbe, sie mischten sich bunt durcheinander mit Feldern in allen möglichen Größen und Formen. Aber auch hier beendeten bald lieblich klingende Vernichtungsmittel wie *Round-up* und *Harmony* das kunterbunte Nebeneinander multikultureller Pflanzen. Die Wiesen meiner Kindheit liegen im Flachland. Heute gehe ich in meiner Freizeit in die Berge, um an steilen unbedüngten Hängen, wo keine Rinder weiden, Magerwiesen zu bewundern. Auch für diese Anblicke bin ich vor einigen Jahren ins Allgäu gezogen.

Ich fahre nach Immenstadt. Vor mir das steil aufsteigende Immenstädter Horn, von dem aus man eine wunderschöne Wanderung über die Nagelfluhkette Richtung Bodensee starten kann. In der Nähe des Bergrutsches am Steigbachtal, der im März 2006 eines Vormittags ein großes Stück aus dem Berg gerissen und den Immenstädtern polternd vor die Füße gelegt hat, zweihunderttausend Kubik Feld und Geröll, erwartet mich Herr Schwammborn aus Scharbeutz. Er ist circa fünfzig Jahre alt, trägt eine Nickelbrille und einen kleinen Pferdeschwanz, der wie ein Rasierpinsel in seinem Nacken absteht.

»Schön, dass Sie so schnell da sind«, begrüßt mich Herr Schwammborn neben seinem Fiat Stilo. »Mein Auto verliert Kühlwasser. Aber keine Kontrolllampe hat aufgeleuchtet.«

Ich öffne die Motorhaube, prüfe das Kühlsystem und stelle fest, dass genügend Wasser vorhanden ist. Es gibt kein Anzeichen dafür, dass etwas übergekocht wäre. Ich starte den Motor, das Gebläse faucht kräftig los, ich stelle es ab. Herr Schwammborn beobachtet meine Handgriffe neugierig. Er wirkt nicht besonders aufgeregt, ein Urlauber, der wirklich im Urlaub ist. Manche Menschen sind im Urlaub von einer Panne noch gestresster als zu Hause, weil alles fremd ist und immer diese Angst, dass alles so teuer wird und man von den Fremden, bei denen man zu Gast ist, betrogen und ausgenommen werden könnte. Im Ausland nennt man diese Angespanntheit übrigens *The German Angst*.

»Ich wollte noch einen kleinen Spaziergang machen«, erzählt Herr Schwammborn mir, »da habe ich den feuchten Fleck entdeckt«, er weist zu seiner Fahrertür. »Der wäre mir nie aufgefallen, wenn mir der Wanderführer nicht aus der Hand gerutscht wäre. Also vielleicht ist es ja nichts von Bedeutung, ich würde es nur gerne abklären, weil ich noch zwei Monate Garantie auf das Fahrzeug habe. Leider sieht man den Fleck jetzt nicht mehr. Er ist wohl verdunstet.«

Ich nicke und habe keine Ahnung, was hinter dieser Inkontinenz stecken könnte. Es verspricht, spannend zu werden.

»Soll ich den Motor ausmachen?«, fragt mich Herr Schwammborn. »Das ist doch jetzt nicht nötig, ihn laufen zu lassen oder?«

»Bitte lassen Sie ihn noch an«, sage ich und habe eine Idee. Mit einem Griff stelle ich das Gebläse wieder an.
»Und jetzt?«, fragt Herr Schwammborn.
»Warten wir.«
»Worauf?«, fragt er.
Mir fallen viele Antworten ein, die aber eher in mein Privatleben gehören, und so sage ich mehrdeutig: »Ein Zeichen.«
Herr Schwammborn gibt sich damit zufrieden. Er ist ein sympathischer Kunde. So stehen wir neben seinem Auto, dessen Fenster weit geöffnet sind. Aus dem Gebläse dringt erfrischend kalte Luft. Obwohl es schon spät am Nachmittag ist, zeigt das Thermometer noch immer 28 Grad. Nach ein paar Minuten beginnt es an besagter Stelle unter der Fahrertür leicht zu tropfen.
»Da! Da ist es wieder!«, ruft Herr Schwammborn, »sehen Sie!«
Ich nicke.
»Das Zeichen?«, fragt er.
»Vielleicht«, sage ich, lege mich unter das Auto und strecke meinen Arm aus, um einen Tropfen aufzufangen. Ich schnüffle daran, reibe die Flüssigkeit zwischen meinen Fingern und zeige sie Herrn Schwammborn. »Das ist Kondenswasser von Ihrer Klimaanlage. Damit Sie nicht schwitzen müssen, schwitzt Ihre Klimaanlage.«
»Ich habe keine Klimaanlage!«, widerspricht Herr Schwammborn.
»Doch.«
»Nein, das kann nicht sein. Ich habe extra ein Auto ohne Klimaanlage bestellt. Wissen Sie, diese Klimaanlagen verbrauchen viel zu viel Kraftstoff. Und der Verbrauch dieses Wagens ist ohnehin schon höher als im Normverbrauch angegeben.«
»So ist es meistens. Der Normverbrauch wird nämlich unter optimalsten Idealbedingungen ermittelt.«
»Sie meinen bei Autobahnfahrt bergab mit Rückenwind und ausgeschaltetem Motor?«, zeigt Herr Schwammborn sich kundig.
»So ungefähr. Auf jeden Fall mit ausgeschalteter Klimaanlage.«

Herr Schwammborn wird ernst. »Also Sie meinen wirklich, dass mir eine Klimaanlage angedreht wurde?«

»Vielleicht war gerade kein anderes Modell lieferbar, und Ihr Händler wollte Ihnen eine Freude machen. Aber vielleicht hatten Sie auch gar keine Wahl. Bei den meisten Neuwagen gehört die Klimaanlage zum Standard.«

»Aber ich habe ausdrücklich gesagt, dass ich darauf keinen Wert lege. Ich fahre immer mit offenem Fenster.«

»Wenn Sie das Fenster schließen, drosseln Sie den Kraftstoffverbrauch. Im Moment arbeitet Ihre Klimaanlage gegen das geöffnete Fenster. Also schalten Sie die Klimaanlage am besten ab.«

»Müssen wir dafür ein Kabel durchtrennen?« Herr Schwammborn sieht so aus, als würde ihm das große Freude bereiten. Seine Augen blitzen hinter den runden Brillengläsern.

»Es genügt, wenn Sie hier«, ich zeige ihm den Schalter, »draufdrücken. So können Sie rund einen Liter Sprit auf hundert Kilometer sparen, vielleicht sogar mehr.«

»Herr Schwammborn schüttelt den Kopf. »Das ist ja unglaublich! Nur weil mir mein Wanderführer hinuntergefallen ist, erfahre ich, dass ich eine Klimaanlage habe! Ich hätte diesen Wagen nie gekauft, wenn ich das gewusst hätte! Erst kürzlich habe ich eine Reportage über Klimaanlagen gesehen und mich gefreut, dass ich in diesem Verschmutzungszirkus nicht mitspiele. Wussten Sie, dass Klimaanlagen unglaubliche Mengen hoch schädliches Kühlmittel in die Umwelt freisetzen?«

»Genau genommen entweichen aus jeder Klimaanlage zehn Prozent im Jahr, das sind allein in Deutschland pro Jahr etwa zweihundertfünfzig Tonnen, die aus Lecks in Klimaanlagen der Fahrzeuge entweichen«, erwidere ich.

»Und warum werden dann ständig Klimaanlagen verbaut?«

»Na, weil niemand mehr mit Schweißflecken unter den Armen und feuchter Stirn zu seinen Terminen erscheinen mag. Aber das eigentliche Problem ist ja das Klimamittel. Das derzeitige R134a trägt extrem fleißig zum Treibhauseffekt bei. Dabei ist dieses Mittel bereits ein harmloser Ersatz im Vergleich zu seinem Vorgänger FCKW.«

»Sie sind ja gut informiert«, anerkennt Herr Schwammborn.

Ich überlege kurz, ob ich ihm erzählen soll, dass ich in meiner gestrigen Mittagspause einen Artikel über Klimaanlagen gelesen habe, lasse es dann aber bleiben, weil ich mir keine weiteren Zahlen gemerkt habe. Wie sich herausstellt, ist auch Herr Schwammborn sattelfest in dem Thema. Er informiert mich darüber, dass es bereits serienreif entwickelte CO_2-Klimaanlagen gebe, die auch einen viel höheren Wirkungsgrad hätten, also weniger Kraftstoff verbrauchten. Die Chemieindustrie fahre allerdings schwere Geschütze gegen CO_2 auf, da der Umsatz mit Klimaanlagen-Kältemitteln sich auf mehrere Milliarden Euro jährlich belaufe. CO_2 gebe es sozusagen umsonst. Außerdem sei es klimaneutral. Um dennoch weiterhin fette Gewinne einzusacken, habe die Chemieindustrie ihrerseits ein neues Tamiflu präsentiert.

»R1234yf«, werfe ich ein und wundere mich, dass ich mir das merken konnte, wo es doch auch eine Zahl ist, na ja, zum Teil.

Herr Schwammborn zuckt mit den Schultern. »An den Namen erinnere ich mich nicht, ich weiß allerdings, dass dieses Wundermittel hoch entzündlich ist, und bei seiner Verbrennung entstehen extrem gefährliche Kontaktgifte. Sollte es zu einem Unfall kommen, ist die Feuerbestattung inbegriffen.«

Ich würde gerne wissen, was Herr Schwammborn beruflich macht, doch ich höre ein Dingdong in meinem Engelmobil und will mich nicht mehr allzu lange bei ihm aufhalten. Meine nächste Panne wartet schon.

»Dann sollten all die unwissenden Leute, die gegen ihren Willen eine Klimaanlage im Wagen haben, sie am besten niemals nutzen!«, resümiert Herr Schwammborn.

»Leider geht es so auch nicht«, erwidere ich. »Die Dichtringe der

Kühlkompressoren werden spröde, wenn die Klimaanlage nicht eingeschaltet wird, vor allem im Winter, und das führt zu Lecks und Flüssigkeitsaustritt.«

»Am besten wäre es wohl, man würde gar nicht mehr Auto fahren.«

»Oder mit der Bahn«, werfe ich ein.

»Um Himmels willen«, wehrt Herr Schwammborn ab. »Das habe ich auch mal eine Weile versucht. Ich bin immer zu spät gekommen oder hatte keinen Sitzplatz, oder es wurde ständig telefoniert, nein danke! Und außerdem«, grinst er, »Zug fahren ist auch nicht mehr das, was es mal war. Wissen Sie noch, früher, als man die Fenster öffnen konnte und der Wind durch das Abteil pfiff und diese meistens ockergelben oder beige-braun längs gestreiften schmutzigen Vorhänge hochflogen wie Banner … und das Geräusch. Ratatata, ratatata – das war noch was!«

»Ich bin nicht so oft mit der Bahn gefahren«, erwidere ich, und mir fällt ein, dass das vielleicht auch daran liegt, dass schon in meiner Kinderzeit viele Zugverbindungen gestrichen wurden.

»Also am besten Fahrrad fahren«, beschließt Herr Schwammborn.

Oder Motorrad, denke ich.

Das Glück in der Halbschale

Sobald ich auf einem Motorrad sitze, habe ich schlagartig wahnsinnig gute Laune. Ich juchze und jodle unter meinem Helm. Ich mag das wendige surfende Gefühl, wenn ich mich in die Kurven lege, so ähnlich wie beim Segeln, nur andersrum. Am liebsten fahre ich mit offenem Visier, früher bevorzugte ich Halbschalenhelme, weil ich die warme, kalte, feuchte Luft im Gesicht so gerne spüre und es in all den puren Gerüchen baden möchte. Würzig-kühle Waldluft, warme, fast nach Brot duftende Kornfelder, süßer Raps und Mais, feuchte Erde, der Geruch des Asphalts nach einem Sommergewitter, hinter einem Mofa herfahren und sich in Italien wähnen, durch den Rauch der Grillfeuer lärmbelästigter Anwohner brausen und den Duft der ersten Abendkühle genießen, wenn sich wieder ein reicher Sommertag seinem Ende zuneigt.

Ich mag das unvergleichliche Gefühl der Beschleunigung und höre mein Motorrad gerne schnurren. Am liebsten habe ich Boxermotoren mit einem anständigen Auspuff, satt, dumpf, knatternd, kein heulendes Moskito, kein Joghurtbecher, sondern gut geerdet. Einmal hatte ich ein Motorrad, das auch von anderen als rollender Donner bezeichnet wurde. Oster wohnte damals in einem Hinterhof, und wenn ich sie mit meiner Trude, einer Suzuki Intruder 1400, besuchte, konnte man schon mal auf die Idee kommen, ein Hubschrauber würde landen. Die Trude schlug im Sound sogar meine sonst bevorzugten BMW Boxer.

Immer wieder einmal, wenn ich mich in meinen Raumfahreranzug zwänge und mir den engen Helm über den Kopf stülpe, so dass ich schall- und luftdicht abgeschottet bin, frage ich mich, was das jetzt soll und wo die Natur da bleibt, von der ich so schwärme beim Motorradfahren und die ich so offensichtlich draußen lasse. Und dieser entsetzliche Lärm, den ich verursache und an dem ich mich auch noch erfreue! Auch wenn die Naturverbundenheit nur zwei Handbreit auf Teer oder Schotter beträgt, fühle ich mich kraftvoll und lebendig … glücklich.

Leider habe ich in letzter Zeit nicht mehr so viel Gelegenheit zum Motorradfahren. Aber vielleicht kaufe ich mir eines Tages ein Gespann für unseren Hund. Die Cabriobrille und Mütze habe ich ihm schon einmal aufgesetzt. Er war nicht sehr begeistert, aber das kann ja noch werden. Als Berner Sennenhund freut Moll sich bestimmt,

Alpenpässe mit mir zu meistern. Da er sehr gerne Auto und auch Sessellift fährt, kann ich mir gut vorstellen, dass er sich mit dem Gespannfahren anfreunden würde. Dabeisein ist alles, lautet seine sportliche Devise. Hätte ich mehr Zeit und weniger Interessen und würde ich nicht fast jeden Tag rund dreihundert Kilometer mit dem Engelmobil unterwegs sein, würde das Gespann sicher schon in der leider immer viel zu kleinen Scheune stehen. Ich träume von einer großen Halle für Fuhrpark, Dampfstrahler und andere Gerätschaften. So viel zu meinen Männerphantasien.

Für Autos habe ich mich nie besonders begeistert, doch meine ersten Motorräder waren wie Haustiere für mich. Ich knuddelte sie oft – zum Beispiel mit Never-Dull-Polierwatte, so dass mein zweites Motorrad, eine Kawasaki 750 Z, nur so glänzte. Hier assistierte mir meine Freundin Shirley, mit der ich auch viele Motorradtouren unternahm. Wenn wir manchmal alte Fotos anschauen, können wir es kaum fassen: Manchmal fuhren wir mal schnell raus zum Tatzelwurm, der damals noch nicht für Motorräder gesperrt war, oder dem Sylvensteinspeicher – ich in Shorts, sie im Minirock. Jugend denkt nicht. Jugend ist einfach. Und manchmal auch ziemlich beschränkt. Zum Glück ist uns nie was passiert – und schließlich wollten wir uns wohl einfach belohnen für unsere Polierorgien. Leider übertrieb ich es ein wenig, denn eines Tages wurde mir meine wunderschöne Kawa, die auf den Namen Zorro hörte, vor der Haustür geklaut. Vielleicht lag das daran, dass ich einen Gold-Wing-Aufkleber auf einem Seitendeckel plaziert hatte. Mein Freund Nick lieh mir seine BMW, die wir nie putzten, weil sie als GS nur aus Plastik, Motor und Tank bestand, für den Rest des Sommers, so dass ich nicht ganz ohne Moped auskommen musste.

Heike, meine Klassenkameradin in der Berufsschule, lernte in einer Motorradwerkstatt und war meine wichtigste Ansprechpartnerin bei Motorradbasteleien – ich revanchierte mich mit Tipps rund um Automotoren. Manchmal bastelten wir auch zu zweit. Wie durch Zauberei lernte ich immer mehr Motorrad fahrende Frauen kennen, die sich für das Schrauben und Basteln begeisterten, und so beschloss ich eines Tages, meine Kurse an der Volkshochschule München für Pannenhilfe und Wartung am Auto für Frauen mit Pannenhilfe und Wartung am Motorrad zu vervollständigen.

Frauenkurse

Es war ein großer Glücksfall für mich, dass ich Kathrin Schwan von der Volkshochschule München begegnete, die ihrerzeit die großartige Abteilung *Frauen und Handwerk* aufgebaut hatte und die überhaupt nicht daran zweifelte, dass hier Bedarf bestand. Kathrin Schwan sorgte für ein reichhaltiges Kursangebot, das von vielen Frauen mit Begeisterung gebucht wurde. Vom Umgang mit der Bohrmaschine zur Fahrradreparatur oder zum Einbau einer Küchenzeile – die Kurse waren praktisch und verwandelten willige Frauen in Handwerkerinnen. Über die Fähigkeiten als Handwerkerin entscheidet nicht das Geschlecht, sondern allein der Wille. Meine Kurse waren gut besucht, anfangs zu gut, so dass wir Wartelisten führten. 1989 gab ich meinen ersten Autokurs. Die AWS stellte die Werkstatt zur Verfügung. Ich schätzte diesen Vertrauensbeweis hoch, denn es würden ja wildfremde Menschen dort arbeiten – und vielleicht Werkzeug einstecken? Nein, niemals gab es eine Beschwerde und das Aufräumen am Ende der Kurse wurde stets im Team picobello erledigt. Auch hier begann die eine oder andere Liebe zum Kärcher-Hochdruckreiniger.

Zuerst unterrichtete ich abends an Werktagen, später im Blockunterricht an einem Wochenende, was sinnvoller war. So konnten wir

uns auch umfangreicheren Reparaturen widmen und mussten die zerlegten Autos nicht gleich wieder zusammenbauen, konnten sie über Nacht stehen lassen. Kleiner Nebeneffekt: Die Frauen begannen sich heimisch zu fühlen in der Halle. Jede Frau kam mit ihrem eigenen Auto oder Motorrad zum Kurs und lernte ihr Fahrzeug kennen und zu warten und kleinere Reparaturen wie Glühbirnen und Sicherungen, Scheibenwischerblätter, Keilriemen, Zündkerzen, Reifen und Öl wechseln selbst durchzuführen. Zu Beginn der Kurse wurden wir beschmunzelt. Niemand erwartete, dass sich diese Kurse durchsetzen würden. Doch sie waren fast zwanzig Jahre lang ein großer Erfolg. Damit hatte ich nicht gerechnet. Ich wollte ganz einfach, dass Frauen untereinander und miteinander schrauben – und das hat einen guten Grund, den ich immer wieder bestätigt bekomme, wenn ich gemischte Pannenkurse abhalte, also für Männer und Frauen.
Häufig müssen sich Männer in solchen Kursen durch ihr Wissen hervortun. Sie wissen vieles schon, und das, was sie nicht wissen, ist nicht wichtig. So stören sie oft unabsichtlich den Unterricht, da sie sich oder anderen nur mangelhaft eingestehen können, etwas nicht zu wissen. Sobald es darum geht, etwas auszuprobieren, nehmen Männer in gemischten Kursen Frauen oft das Werkzeug aus der Hand und spielen den Kavalier der Straße. Ich finde das durchaus ehrenwert, allerdings sind die Frauen in den Kursen, um das Schrauben selbst zu lernen, und vielen fällt es schwer, nett gemeinte Hilfsangebote zurückzuweisen, so dass die Frauen in den gemischten Kursen oft auf der Strecke bleiben und dann bei der nächsten Panne doch wieder auf einen Mann oder Engel warten. Übrigens vermutet manche Frau, die ganze Handwerkerei sei fehlgeleitete männliche Zärtlichkeit …
Männer helfen Frauen in den Kursen nicht aus niederen Motiven, sondern aus Freundlichkeit und weil sie es vielleicht gewohnt sind. Frauen wiederum sind es manchmal gewohnt, sich kleiner zu machen – und all dies fällt in Pannenkursen für Frauen flach. Es verblüfft mich immer wieder, den Unterschied zu erleben. Die Stim-

mung in den Kursen ist völlig anders. Frauenkurse sind lustiger, kameradschaftlicher und, wen wundert's: Wir haben meistens weniger gequatscht und mehr geschafft!

Es gibt viele Frauen, die würden niemals einen solchen Kurs besuchen. So zu meinem Leidwesen auch meine Freundin Hob.
»Wieso soll ich in einen Pannenkurs? Ich hab doch meinen Freund«, erzählt sie mir seit Jahren bei wechselnden Freunden. »Und außerdem«, gestand sie mir einmal, »wofür soll ich ihn dann noch bewundern, wenn ich das auch noch kann?«
Die Frauen, die über Jahrzehnte hinweg meine Kurse besuchten, kamen aus verschiedensten Motiven zu mir. Das Tolle an der Volkshochschule ist, dass sich hier Menschen jeden Alters mit verschiedenstem Bildungshintergrund treffen, um gemeinsam etwas Neues zu erlernen. Niemals hätte ich so viele unterschiedliche Frauen kennengelernt ohne diese Kurse. Da gab es die Witwen, die manchmal nach einer längeren Phase der Zurückgezogenheit begannen, ihr Leben in die eigenen Hände zu nehmen, und das ganz wörtlich auch handwerklich, die geschiedenen Frauen, die es ihm oder sich beweisen wollten, junge Frauen, die einfach neugierig waren oder Lust auf Schrauben hatten. Manche nahmen kein Blatt vor den Mund: »Mein Freund ist eine technische Lusche, und wenn ich mich nicht kümmere, können wir nicht mehr in den Urlaub fahren, weil wir zu viel Geld für handwerkliche Dienstleistungen verprassen.«
Selbstverständlich gab es auch immer ein paar Feministinnen und viele Frauen, die sich in Werkstätten unwohl fühlten. Sie waren misstrauisch, ob die Reparaturen, die ihnen vorgeschlagen wurden, wirklich nötig waren, und fühlten sich oft herablassend abgekanzelt. Solche Beschwerden höre ich heute noch von Frauen und verstehe nicht, warum das Kfz-Handwerk nicht kundinnenorientierter reagiert.

Die Kurs-Wochenenden waren anstrengend für mich, obwohl wir sie schon bald zu zweit durchführten, da die Beaufsichtigung von zwölf Baustellen allein nicht zu schaffen war. Doch ich bekam auch immer sehr viel zurück. Und manches verblüffte mich. So zum Beispiel diese mysteriöse Geschichte mit den Federbeindomdeckeln. Zu Beginn der Kurse startete ich gern zum Wissensabgleich damit, dass ich eine Motorhaube öffnete. Die Teilnehmerinnen sollten benennen, was sie kannten. Dieses Wissen war jedes Mal unterschiedlich. Es gab Frauen, die hatten noch nie im Leben eine Motorhaube geöffnet: Wo ist denn da bitte der Hebel? Was ist dies, was ist das? Wir erklärten alles, aber kein Hightechsteuergerät, kein ABS, kein Turbolader zog so viel Aufmerksamkeit auf sich wie diese schwarzen Plastikdeckel. Was sich wohl darunter verbarg? Kann man dort was einfüllen? Und was bitte?
Als die Frage immer wieder auftauchte, nahm ich die Federbeindomdeckel in mein Skript auf. Niemals hat mich ein Mann danach gefragt, und ich glaube nicht, dass es daran liegt, dass Männer alles wissen.

Sehr berührend war es für mich immer wieder, wenn Frauen Zugang zu ihrer eigenen Kraft fanden. Oft hatten sie Hemmungen, richtig draufzuschlagen oder auch mal Gewalt anzuwenden. Ich ermutigte sie. *Nein, du machst da nichts kaputt. Hau ruhig drauf. Mit Entschiedenheit*. Und dann das große Strahlen, wenn eine Radschraube aufging oder der Bremsflüssigkeitsbehälter am Motorrad.

Insgesamt habe ich die Erfahrung gemacht, dass Frauen zwar zögerlicher, aber auch überlegter an Arbeiten herangehen als Männer. Häufig lesen sie erst mal in der Bedienungsanleitung nach und handeln dann. Männer machen erst mal los und suchen vielleicht die Bedienungsanleitung, wenn es nicht mehr weitergeht, und finden unter Umständen heraus, dass sie das Auto gar nicht hätten zerlegen brauchen: Bläd glaffa. Ja, blöd gelaufen. Und ja, das ist ein bisschen polemisch, aber ich habe es oft erlebt, und ich weiß auch, dass die Frage nach der Bedienungsanleitung inkompetent klingt. Ich frage meine Kunden öfter danach, wenn es zum Beispiel um die Sicherungsbelegung oder Reserveradhalterung geht. Warum soll ich lange herumprobieren, wenn ich Zeit gewinne durch die passende Vorgehensweise? Ich muss auch nicht ewig lange auf den Radiotasten herumtippen, ich kenne den Code lieber. Für manche unter ADS Leidende scheint dieses Nachschlagen einem Versagen gleichzukommen. Vielleicht meinen sie, sie müssten alles können und wissen, und scheuen sich deshalb vor einem Blick in die Bedienungsanleitung. Für mich sind Bedienungsanleitungen im günstigsten Fall Informationsquellen und Abkürzungen, die mich schneller zu meinem Ziel bringen. Ich erwarte nicht von mir, alles zu wissen. Auch aus diesem Grund bin ich froh, eine Frau zu sein.

Die Kurse entwickelten sich mit den Autos der Frauen. Während am Anfang noch alte Autos und Motorräder gefahren wurden, brachten die Frauen ab Mitte der 1990er Jahre immer mehr Neufahrzeuge mit. Ich registrierte dies mit einem lachenden und einem weinenden Auge. Einerseits bedauerte ich, dass dadurch weniger selbst gebastelt werden konnte, andererseits war es ein Zeichen dafür, dass die Frauen mehr Geld verdienten und für sich selbst ausgaben. Neben meinen Freundinnen Oster und Mirjam, die mir die Jahre über assistiert hatten, gewann ich mit Mona eine Automechanikerin und angehende Berufsschullehrerin für Kfz-Mechanik dazu und mit Irma eine Zweiradmechanikerin und Eigentümerin einer Motorradwerkstatt.

Vielleicht wäre es noch ewig so weitergegangen – wenn Kathrin Schwan nicht verrentet worden wäre. Die Abteilung *Haus und Handwerk*, wie sie inzwischen hieß, die alle Heimwerkerkurse für Männer und Frauen sowie die reinen Frauenkurse betreute, gefiel der Münchner VHS auf einmal nicht mehr. Obwohl die Kurse gut liefen, wurde die Abteilung sofort nach der Verabschiedung von Kathrin Schwan aufgelöst. Uns Dozentinnen und Dozenten wurde in einem Formbrief knapp mitgeteilt, dass unsere Kurse nicht weiter angeboten würden. So endete meine Tätigkeit nach neunzehn Jahren.

Falschbanker

DINGDONG: B19, FISCHEN IM ALLGÄU, MERCEDES E, AUSL. KENNZ. B, KOMISCHE GERÄUSCHE

»Und dann ist er ausgegangen. Während der Fahrt. Einfach so!« Herr Dreher macht einen empörten Eindruck – als wäre ich für das Versagen seines Wagens verantwortlich. Nun bin ich es wohl auch.
»Und jetzt macht er so komische Geräusche«, ergänzt er.
»Kann ich diese Geräusche bitte mal hören?«, frage ich den dunkelhaarigen gegelten Mann Mitte dreißig, an dessen Wangen bläuliche Schatten einen starken Bartwuchs verraten. Herr Dreher arbeitet, wie ich bereits seinen Telefonaten entnehmen konnte, die er parallel mit unserer Begrüßung weiterführte, im Kleinwalsertal in einer Bank, die er mit mindestens einem Ohr auch nicht zu verlassen zu haben scheint, und dort möchte er jetzt auch hin. Dringend. Komplett. Auf dem schnellsten Weg.
»Ich kümmere mich darum«, sagt er ins Handy, drückt auf den roten Knopf und dann auf den grünen und wählt seinen nächsten Gesprächspartner. Dabei schaut er nicht unfreundlich in meine Richtung. Für ihn ist das offensichtlich normal. Ich war lange nicht mehr im Kleinwalsertal. Einen unser Familienurlaube, ich war gerade mal in der ersten Klasse, verbrachten wir dort. Ich habe es in sehr

schöner Erinnerung und manchmal gemutmaßt, dass dieser Urlaub dazu beigetragen haben könnte, dass ich später München als Studienort wählte. Die Alpen hatten es mir angetan. Das Kleinwalsertal gehört zu Österreich, es ist wegen der Berge allerdings nur über Deutschland zu erreichen. Es steht im Ruf eines fiskusfreien Eldorados wie Liechtenstein, was manche auch zu einem steuersündigen Wanderurlaub motivieren mag. In so manchem prall gefüllten Wanderrucksack sind vielleicht doch nicht bloß harte Eier und Wurstbrote. Mein Vater wollte damals übrigens kein Geld anlegen, er wollte Geld ausgeben! Für einen Landrover oder einen Aro, den wir auf der Urlaubsreise in den Süden by the way Probe fuhren. Geländewagen waren damals sehr selten, und auch ein Landtierarzt, der wirklich Verwendung dafür gehabt hätte, musste im Familienrat lange darum betteln. Erst zehn Jahre später erfüllte er sich diesen Traum.

Herr Dreher startet – ohne seine Telefonate zu unterbrechen, auf meine Bitte hin den Motor. Ich höre keine seltsamen, geschweige denn komischen Geräusche, außer dass der Motor nicht anspringt. Der Anlasser dreht.

»Ich finde das Geräusch völlig normal«, sage ich. »Ich möchte bitte einen Blick auf das Armaturenbrett werfen.«

»Selbstverständlich«, sagt Herr Dreher zu mir und »einen Moment bitte« in den Hörer. Dann gibt er den Fahrersitz für mich frei.

Ich schaue mir die Anzeigen und Kontrollleuchten an. Der Tank ist voll. Keine Auffälligkeiten.

»Ich würde gerne mein Diagnosegerät anschließen.«

Herr Dreher hat gerade ein Telefonat beendet und spricht aus dieser Lücke heraus mit mir: »Es ist irgendwas mit der Elektronik, oder? Super, dass Sie einen Computer dabeihaben. Das ist ja wie in der Werkstatt!«

Ich nicke und hole *Deep Thought,* meinen Laptop. Allein sein Anblick beruhigt viele Männer. Er vermittelt ihnen anscheinend ein Gefühl von Kompetenz. Obwohl die Erwartungen von Männern an Computer sicherlich ebenso oft enttäuscht werden wie die von Frauen, scheint er trotzdem ein Hoffnungsträger zu sein, auch wenn die angezeigte Dax-Kurve steil nach unten fällt. In diesem Fall hilft es nicht weiter, das Diagnosegerät im Fußraum der Fahrerseite anzuschließen. Gemeinsam starren wir mehrere Minuten auf den Bildschirm, ich schweigend, Herr Dreher telefonierend, und warten darauf, dass die Verbindung hergestellt wird. Ich erfahre eine Menge Bankgeheimnisse, die ich alle nicht verstehe. Von Junkbonds über Call and Puts zu Catastrophe Bonds. Endlich erscheint das Urteil auf dem Display. Es lautet: *Fahrzeug hat keine Fehler.* Zweiundvierzig, denke ich.

»Na toll«, sagt Herr Dreher. »Und jetzt?«

»Das Motorsteuergerät kann den Fehler nicht erkennen, das heißt, alles, was dieses Gerät prüft, scheint in Ordnung zu sein«, erkläre ich. »Also muss der Fehler woanders liegen.«

»Und wo?«, fragt Herr Dreher.

Tja, das wüsste ich auch gerne, denke ich. Es gibt mehrere Möglichkeiten. Mit dem Computer habe ich zwar einige ausgeschlossen, doch es bleiben genug weitere Fehlerquellen. Ich stelle mir die Technik und den Schaltplan des Wagens vor. Dabei werfe ich einen Blick auf die Anzeige der Tankuhr.

»Die Tankuhr stimmt, oder?«, frage ich Herrn Dreher.

»Ja, ich habe vorhin getankt.«

»Wie viel denn?«, frage ich, um den Stand der Tankuhr abzugleichen.

»Na da vorne«, weist Herr Dreher hinter sich, »beim Supermarkt.«

Das war nicht meine Frage, doch die Antwort hilft mir weiter. Ich falte meinen inneren Schaltplan zusammen und atme einmal tief durch.

»Was haben Sie denn getankt?«, frage ich.

»Diesel.«
»Sind Sie sicher?«
»Natürlich«, erwidert er leicht unwirsch. »Ich tanke immer Diesel.«
Herr Dreher macht nicht den Eindruck, als sei er unsicher. Trotzdem meldet sich ein Zweifel bei mir, ein Zusammenspiel aus langjähriger Erfahrung und Intuition.
»Bitte öffnen Sie doch mal den Tank.«
»Wieso denn das?«, fragt Herr Dreher leicht genervt und schließt den Tankdeckel auf. Ich nehme eine Prise. Diesel oder Benzin? Obwohl die beiden Sorten eindeutig verschieden riechen, kann ich selbst kein sicheres Urteil abgeben, vielleicht durch die Überdosis, die ich in den letzten Jahren auf den Straßen erlitten habe.
Herr Dreher nimmt auch eine Nase voll und dann noch eine und noch eine, und dann starrt er mich unsicher an.
»Haben Sie die Tankquittung?«, frage ich.
»Selbstverständlich.«
Mit leicht zittrigen Fingern holt er sie aus seinem Portemonnaie. Ich erkenne, dass er einen Verdacht hegt. Wir schauen beide auf die Quittung. *Super bleifrei,* lesen wir.
»Verdammt! Das kann doch nicht sein!«, stößt Herr Dreher hervor.
Er lässt das Handy sinken. Vielleicht bilde ich mir die Stimme ein, die *Hallo* ruft und nun über der B19 schwebt wie ein losgerissener Luftballon. Hallo? Herr Dreher ist nun ganz da. Mit beiden Ohren. Es ist kein schönes Ankommen für ihn.
Mir ist sehr unwohl zumute. Dieses Malheur ist nicht mit ein wenig Tankabpumpen zu beseitigen, wie es bei einem älteren Fahrzeug oder bei Fahrzeugen anderer Marken der Fall wäre, wo der finanzielle Schaden sich nur auf ein paar hundert Euro belaufen würde. Dieser falsche Kraftstoff hat an dem Mercedes laut Hersteller angeblich einen Schaden von mehreren tausend Euro verursacht. Herr

Dreher muss jetzt sehr tapfer sein. »Wissen Sie«, sage ich, »so was kommt öfter vor. Sie sind nicht allein. Seitdem an den Zapfsäulen nicht mehr Diesel, Benzin und Super verkauft wird, sondern Super, Supersuper, Superdiesel und Eco Superdiesel und was weiß ich noch, kann man da wirklich durcheinanderkommen. Es ist zwar ein bisschen unmöglich, die dicke Dieselzapfpistole in eine kleine Tanköffnung für Benzin bleifrei zu stecken, aber ich habe schon wild Entschlossene kennengelernt, die sogar das geschafft haben. Und umgekehrt geht es natürlich ganz leicht. Man ist halt manchmal im falschen Film«, versuche ich Herrn Dreher zu entlasten.

»So ein Mist, so ein Mist!«

Ich gebe ihm die Zeit zu verstehen, was vorgefallen ist. Er jongliert sein schmuckes Handy zwischen seinen Fingern hindurch. Seine Backenmuskeln arbeiten heftig, dicke Radiergummis, die auf und ab wippen.

»Und nun?«, fragte er mich nach einer Weile.

»Leider ist es nicht so, dass wir den Sprit abpumpen lassen können.«

»Was sonst?«

»Da Sie Ihren Irrtum nicht sofort bemerkt haben – dann hätten wir abpumpen können –, sondern gestartet und gefahren sind, ist das Benzin durch die Kraftstoffpumpe, den Filter und die Einspritzdüsen geflossen und hat dort eventuell Abnutzungserscheinungen hervorgerufen. In diesem Bereich werden so feine Passungen verbaut, und es wird mit so hohen Drücken gearbeitet, dass zumindest dieser Hersteller davon ausgeht, dass es bereits zu Beschädigungen gekommen ist.«

Herr Dreher räuspert sich. »Können Sie das in Zahlen ausdrücken?«

»Vierstellig«, sage ich leise.

Er stöhnt. »Aber das kann doch gar nicht sein!«

»Wie gesagt, so was passiert öfter.«

Zu viel Testosteron im Fruchtwasser

links: *Nach der Gesellenprüfung 1989 auf der Freisprechungsfeier*

unten: *Zorro und die Autorinnen: 1988 beim Testen der neuen Sicherheitsbekleidung in den Seealpen*

1993 als Gelber Engel

oben: *Mein Büro – das Engelmobil*

links: *Immer wieder ein beruhigender Anblick: mein Ratschenkasten*

Das Pilonenmädchen:
würde sich jederzeit klaglos für mich überfahren lassen

Reifenpanne auf der B 12

Frauen machen's lieber selbst

Messgerät

Mein begehbarer Kleiderschrank: Kabelschuhe statt High Heels

In der Not frisst die Teufelin Burger

»Aber mir doch nicht«, stammelt er.

Ich schweige.

»Und es gibt keine andere Möglichkeit, sagen Sie? Man muss den Wagen abschleppen lassen?«

Ich nicke.

»Ich habe schon öfter an dieser Tankstelle getankt. Haben die vielleicht die Zapfsäulen umgestellt?«

Ich zucke mit den Schultern.

Herr Dreher hat offensichtlich Mühe, sich mit diesem Karriereknick abzufinden.

»Ich war völlig in Gedanken. Oder hat mein Handy gerade geklingelt? Ach, ich weiß nicht … Wie konnte ich nur!«

Ich falte meinen Klapprechner zusammen und gehe zu meinem Engelmobil, um Herrn Dreher die Gelegenheit zu geben, seine Fassung wiederzufinden. Dann teile ich der Pannenzentrale mit, dass wir einen Abschleppwagen benötigen. Herr Dreher steht niedergeschlagen neben mir.

»Es gibt konjunkturschwächendere Möglichkeiten, so viel Geld zu verbrennen«, sage ich zu ihm und denke, als Banker dürfte ihm das bekannt sein.

»Ja, ich habe davon gehört.«

Ein wenig Galgenhumor macht sich breit, und ich bin froh darum, denn es fällt mir schwer, einen Havaristen nach so einer Panne allein zu lassen.

»Am besten, Sie vergessen die Geschichte so schnell wie möglich«, rate ich Herrn Dreher zum Abschied. »Oder Sie machen eine Anekdote daraus.«

»Ich arbeite daran«, zeigt Herr Dreher sich tapfer und verabschiedet mich mit einem kräftigen Händedruck, ehe er sein Handy aufklappt. Er wirkt nun relativ gefasst. Ich nehme an, ihm ist eingefallen, dass der Mercedes ein Firmenwagen ist.

Das weinende Panel

DINGDONG: BAD HINDELANG, OBERJOCH, PPL AUSSICHTSPUNKT, HYUNDAI ACCENT, ROT, M, QUALMT

Meine nächste Panne führt mich zum Oberjoch. Ich fahre von Hindelang die Jochstraße hinauf, eine schöne kleine kurvige Passstraße mit wunderbarem Alpenpanorama. Man fühlt sich gleich richtig in den Bergen. Wie Urlaub. Viele Motorradfahrer sind unterwegs. Gerne würde ich tauschen. Als Autofahrerin nerven mich die lauten Auspuffanlagen, die ich an meinem eigenen Motorrad betont schätze. Am Parkplatz des Aussichtspunkts steht ein bonbonfarbener Hyundai Accent. Ein Mann um die Sechzig, Herr Lechner, erwartet mich. Er trägt einen Cordanzug, der mich verblüfft. Ich wusste nicht, dass es so was noch gibt. Einen Cordanzug hätte ich gerne bei der Einschulung getragen. Seinerzeit verlor ich den Kampf gegen ein Kleid zum letzten Mal. Der Anzug meines älteren Bruders passte mir noch nicht, was den Ausschlag gab. Der Anzug von Herrn Lechner sieht recht neu aus. Vielleicht sind Cordanzüge wieder modern? So was geht meistens komplett an mir vorbei, ich wundere mich höchstens, weil alle plötzlich das Gleiche tragen, aber dies ist definitiv der erste Cordanzug seit Jahrzehnten.

Nach der Begrüßung sagt Herr Lechner: »Der Motor ist zu heiß geworden und hat gekocht. Vorne hat es gequalmt. Also bin ich stehen geblieben.«

Ich bitte ihn, die Motorhaube zu öffnen, und werfe einen Blick in den Motorraum, der vollgespritzt ist mit überkochendem Kühlwasser, das hässliche weiße Flecken hinterlassen hat. Nachdem ich Wasser in den Kühler gefüllt und die Dichtheit des Kühlsystems geprüft habe, bitte ich Herrn Lechner, den Motor laufen zu lassen, um her-

auszufinden, warum er so heiß geworden ist. Bei der langsamen Bergauffahrt hätte sich der Ventilator einschalten müssen. Hat er aber nicht. Deshalb hat das Kühlwasser gekocht.
Um zu prüfen, wann die Motortemperatur ansteigt, möchte ich den Zeiger der Kühlwasseranzeige am Armaturenbrett sehen. Das ist leider nicht möglich, denn auf dem Armaturenbrett befindet sich ein Rudel Stofftiere. Ich erkenne nichts außer Elefanten in verschiedenen Größen mit verschiedenen Rüsselstellungen, einem rosa Schweinchen und mehreren undefinierbaren Rassen bereits längst ausgestorbener Gattungen, die man heute unter dem Oberbegriff Teddybär zusammenfassen könnte. Ein verstohlener Blick nach hinten offenbart mir, dass das ganze Auto voller Stofftiere ist. Dazwischen liegen mehrere prall gefüllte blaue Plastiksäcke. Irgendetwas an diesem Arrangement sagt mir, dass Herr Lechner nicht auf dem Weg zum Wertstoffhof ist, sondern hier möglicherweise alles seinen Platz hat. Das Horn eines quietschgrünen Nashorns steckt in dem Gummi, mit dem eine Tüte verschlossen ist, ein Krokodil hat den Knoten einer anderen Tüte im weit aufgerissenen Maul, und ein kleiner gelber Vogel hält sich mit seinem Schnabel am Türgriff fest.
Zu gerne würde ich dieses Kunstwerk ausgiebig betrachten, doch ich habe keinen Eintritt bezahlt. Also reiße ich mich los und frage freundlich, ob es möglich wäre, einen Blick auf die Anzeigen am Armaturenbrett zu werfen. Wie vermutet, ist das nicht so einfach. Herr Lechner tritt in Verhandlung mit den Bewohnern des Armaturenbretts. Ich weiß, dass das dauern kann. Als ich noch in Munchen arbeitete, hatte ich öfter das Vergnügen, solche schrulligen Lebensgemeinschaften zu treffen. Darin liegt auch ein Vorteil der Großstadt: die Vielfalt in der Selbstverwirklichung. Ich steige aus dem Auto, um die Verhandlungen durch meine Anwesenheit nicht zu stören, und prüfe am Motorraum die Erwärmung der Schläuche.
»Ich müsste die Anzeige dann halt mal ziemlich bald sehen«, sage

ich nach einer Weile zu Herrn Lechner. »Sonst kocht der Kühler wieder.«

Herr Lechner steckt in einem Dilemma. Er nickt gequält und nimmt dann bedächtig ein Stofftierchen nach dem anderen zu sich. Vielleicht entschuldigt er sich dabei. Ich höre nicht, was er sagt, sehe seine Lippenbewegungen jedoch deutlich. Ich gebe ihm die Zeit, die er benötigt, um die Tiere auf der Rückbank zu verstauen, und frage dann, ehe er Streit schlichten muss, weil es den Alteingesessenen vielleicht nicht recht ist, den ohnehin schmalen Platz mit Neuankömmlingen zu teilen: »Darf ich?«

Unglücklich nickt Herr Lechner.

Der Zeiger steht bei über neunzig Grad. Ich überbrücke den Lüfter. Dazu schalte ich den Ventilator mit Hilfe einer elektrischen Brücke in Dauerbetrieb, so dass er nun immer läuft. Der Zeiger der Kühlmitteltemperatur geht langsam etwas zurück. Da ich das Gefühl habe, dass ich auf keinen Fall ein zweites Mal in dieses Auto einsteigen sollte, vielleicht möchte mich Herr Lechner davor bewahren, von zornigen Stofftieren gebissen zu werden, bitte ich ihn, den Motor abzustellen. Der Ventilator hört auf zu drehen. So kann Herr Lechner weiterfahren – allerdings sollte er den Ventilator reparieren lassen, was ich ihm empfehle.

Während ich den Pannenbericht ausfülle, sehe ich im Augenwinkel, wie Herr Lechner seine Lieblinge eifrig und fröhlich summend an ihren angestammten Platz bettet.

»Wissen Sie«, rate ich ihm beim Abschied vorsichtig, »es wäre vielleicht ganz hilfreich, wenn Sie einen freien Blick auf das Armaturenbrett hätten. Man nennt es übrigens Mäusekino«, versuche ich ihm die Vorstellung schmackhaft zu machen.

»Ach ja?«

»Ja, so sagt man zu den Leuchten – und es ist vorteilhaft, wenn man darauf gucken kann. Nicht nur wegen der Temperatur. Auch wegen der Tankanzeige.«

»Hm«, macht Herr Lechner und kratzt sich am Kopf. »Wir werden darüber nachdenken.«

Je größer der Bulldog, desto Mann

Vom Oberjoch geht es weiter nach Nordosten über die Hochebene an der Abzweigung zum Tannheimer Tal vorbei nach Oy. An diesem Hochmoor mit den gelben Trollblumen und den Magerwiesen, auf denen bereits Orchideen blühen, fahre ich gern entlang. Auf den frisch gemähten Wiesen kreiseln eilige Landwirte das würzig nach Heu duftende Gras. Hier und da sehe ich eine Frau auf einem älteren Traktor. Mähen und Einfahren ist Männersache. Da werden die großen neuen Bulldogs verwendet. Heuwenden, damit die Unterseite auch von der Sonne beschienen wird, ist Aufgabe des Opas, des Sohnes, der Tochter oder der Bäuerin. Wo Kraftfahrzeuge im Spiel sind, werden Hierarchien sichtbar. Wer allerdings schon einmal versucht hat, beispielsweise einen Fendt 935 Vario zu fahren, versteht, warum sich da nur einer in der Familie in die Bedienungsanleitung einliest. Mancher Bulldog ist kein gemütlicher Trekker, sondern ein mit Hightech vollgestopftes Raumschiff. Apollo 13 erscheint dagegen schlicht in der Ausstattung.

Hier im Allgäu gibt es vor allem kleine Familienbetriebe, und da müssen alle bei der Heuernte mithelfen – auch wenn Gras heute genauso in den Trockner kommt wie die Wäsche. Viele landwirtschaftlichen Geräte gehören einem Maschinenring, und wenn das Wetter passt, brauchen vielleicht alle die Maschinen zur gleichen Zeit. Ich habe den Eindruck, dass die Landwirte, seit sie Agrarökonomen heißen, ziemlich gestresst sind. Bauern haben immer viel gearbeitet, aber das Tempo ist – natürlich auch dank der Maschinen – rasant gestiegen. Ich erinnere mich an die Bauern aus meiner Kindheit, die mit dem Traktor am Straßenrand anhielten, um sich mit jemandem

zu unterhalten, der zufällig vorbei kam. Sie rauchten oft eine Zigarette und wirkten entspannter auf mich, da sie nur gegen vier Feinde zu kämpfen hatten: Frühling, Sommer, Herbst und Winter. Hinzugekommen ist nun der Krieg mit dem Papier.
Der Wunsch der Kunden, landwirtschaftliche Produkte zu kaufen, aber möglichst nichts dafür zu bezahlen, sowie ein undurchschaubarer Umgang der Politik mit dem Milchkontingent lassen den fleißigen Landwirt zum HB-Bauern werden. Auf Plakaten an Heuschobern steht die Forderung: 40 Cent pro Liter Milch. Ich vermute, der Stundenlohn aller in einem bäuerlichen Betrieb mitarbeitenden Familienmitglieder liegt noch darunter.
Am liebsten würde ich bei einer kurzen Pause in den Duft von Heu eintauchen und Sommer atmen. Alles ist so grün, grüner geht's nicht. Auf einer feuchten Wiese stolziert ein Storch. Ich verharre einen Moment, um die zarte Berührung von Erinnerung und Gegenwart nicht zu stören. Störche gab es in meiner Kindheit in Stapelholm viele. Dann spute ich mich: Die Anfahrt zu meiner nächsten Panne beträgt vierzig Minuten.

Vogelwuid

EXT. AUFTR. A7 -> WÜ, NÄHE AS WORINGEN, CITROEN AX, WEISS, SNA

Auf der A7 kurz vor Woringen steht am Straßenrand mit eingeschaltetem Warnblinker ein weißer Citroën AX. Ein Warndreieck ist nicht zu sehen. Ich bremse ab, stelle mich so weit wie möglich hinter das Fahrzeug, schalte meinen Kasperl ein und gebe meine Position unter dem Kürzel für »Externer Auftrag« ins Display ein.

Wenn es irgend möglich ist, halte ich bei jedem liegengebliebenen Fahrzeug. Oft erkenne ich nicht auf den ersten Blick, ob das Fahrzeug eine Panne hat oder vielleicht ein Kleinkind mal dringend muss. In den letzten Jahren führen mich Telefonierende, die überall wild am Straßenrand parken und mich dann genervt abwimmeln, häufig auf eine falsche Fährte. Diese Panne ist echt, wie mir die schätzungsweise sechzigjährige Frau mit den blonden, bis zur Taille baumelnden geflochtenen Zöpfen sofort erzählt.

»Das ist aber nett, dass Sie anhalten. Gerade wollte ich zur Zapfsäule, um Hilfe zu holen. Ich meine zur Notrufbeule, also zu diesen orangen Telefonen.«

Ich lache los, sie lacht mit, dann streckt sie mir die Hand entgegen.

»Olivia Hess.«

»Wie lange stehen Sie denn schon hier?«, frage ich, um herauszufinden, ob sie vielleicht dehydriert ist. Im Radio habe ich eben gehört, dass heute der heißeste Tag des Monats ist.

»Noch nicht lange. Der Motor ist einfach ausgegangen. Ich bin eben erst auf dem Seitenstreifen ausgerollt. Ich konnte kein Gas mehr geben, und der Motor springt nicht mehr an. Und da sind Sie schon! Ein rettender Engel zur rechten Zeit.«

»Bitte öffnen Sie die Haube«, fordere ich sie auf.

Ich kontrolliere den Ölstand und bitte Frau Hess dann zu starten. Der Motor macht Anlassergeräusche ungefähr doppelt so schnell wie normal.

»Schlechte Nachrichten«, bedaure ich, Frau Hess mitteilen zu müssen. »Der Zahnriemen ist vermutlich gerissen.«

»Ist das was Schlimmes?«

»Es kann nicht auf der Straße repariert werden. Ich schlage vor, ich hänge Ihren Wagen an mein Abschleppseil und nehme Sie erst mal von der Autobahn, dann sehen wir weiter. Ich möchte, dass wir jetzt die Autobahn verlassen, okay?«

»Ja, sicher.«

Ich erkläre Frau Hess die Spielregeln: »Sie müssen die Zündung einschalten, damit das Lenkradschloss nicht blockiert. Lenken und bremsen ist erheblich schwerer als sonst. Sie können die Handbremse zur Hilfe nehmen.«
»Zu welcher Hilfe?«
»Wenn Sie das Gefühl haben, die Fußbremse sei zu hart und bremse zu wenig.«
»Verstanden«, nickt Frau Hess.
»Fahren Sie einfach hinter mir her.«
Sie lächelt und reckt den Daumen in die Höhe. Das gefällt mir.
Ich hänge den Citroën ans Seil und fahre mit ca. 30 km/h zum nächsten Autobahnparkplatz. Auf der Fahrt informiere ich meine Pannenzentrale, dass ich noch jemanden aufgegabelt habe. Die Disponentin nimmt die Panne in Memmingen, zu der ich unterwegs war, zurück und gibt sie einem Kollegen. Schade, denke ich kurz, die wäre sicher interessant gewesen. … Balustrade … was das wohl bedeutet?

Abseits der Autobahn untersuche ich den Citroën noch einmal genauer und öffne den Deckel der Zahnriemenabdeckung, um sicherzugehen, dass meine Diagnose richtig ist. Leider stimmt sie: Der Zahnriemen hat keine Zähne mehr und hängt in Fetzen. Ich zeige Frau Hess den Schaden.
Sie schaut kurz darauf, interessiert sich jedoch offensichtlich nicht für die Details ihrer Panne.
»Wenn Sie Glück haben, ist es mit einem neuen Zahnriemen getan, es kann aber auch sein, dass Ihr Auto einen Motorschaden hat. Allerdings bestehen gute Chancen bei diesem Modell, dass es nur der Zahnriemen ist. Leider kann ich Ihnen jetzt nicht weiterhelfen«, bedaure ich. »Am Samstagabend um diese Uhrzeit haben die Werkstätten geschlossen und morgen auch. Vor Montag wird niemand das Auto reparieren. Sind Sie im ADAC?«

»Ich habe die ADAC-Plus-Mitgliedschaft. Ich habe eben nachgeschaut.«
»Das ist gut. Wo wollen Sie denn hin?«
»Nach Stuttgart.«
»Und wo wohnen Sie?«
»Brauchen Sie meinen Führerschein?«
»Nein danke, ich habe selber einen. Ich möchte nur wissen, wie weit Sie von zu Hause weg sind.«
»Ich komme aus der Nähe von Oberstaufen.«
»Wie weit ist das von hier?«
»Sechzig oder siebzig Kilometer.«
»Sollen wir Sie nach Oberstaufen zurückbringen? Kennen Sie dort eine Werkstatt?«
»Um Gottes willen!«, ruft Frau Hess. »Ich muss doch Montag früh ins Krankenhaus. Da müssen die Tiere in Stuttgart und Ulm sein. Es ist alles organisiert. Ich kann jetzt nicht zurück nach Hause.«
Sie ist in großer Not, wie ich an ihrer aufgeregten Stimme höre.
»Sie müssen ja nicht zurück«, sage ich schnell und werfe einen Blick in den Citroën. Als ich sehe, was sich dort befindet, kann ich es kaum fassen, dass mir das zuvor nicht aufgefallen ist. Ich war völlig konzentriert darauf, Frau Hess so schnell wie möglich aus der Gefahrenzone zu bringen. Dieser kleine Citroën könnte Werbung machen für das Raumvolumen des Modells. Ich staune, weil ich ihm das nicht zugetraut hätte. Und ich staune, weil ich nicht wusste, wie viele verschiedene Größen von Vogelkäfigen es gibt. Ein Tierumzug, Korrektur: ein Vogelzug.
»Hallo!«, grüße ich die bunten gefiederten Mitfahrer.
»Die hier«, sagt Frau Hess und weist nach links, »müssen nach Stuttgart, und die da«, sie zeigt nach rechts, »nach Ulm.«
»Haben Sie eine Zoohandlung, oder sind Sie Züchterin?«
»O nein. Das sind alles ganz arme Geschöpfe, die ich im Laufe vieler Jahre aufgepäppelt habe. Aber jetzt ist es mit meinem Knie so

schlimm, dass ich die Operation nicht mehr vermeiden kann. Am Montag komme ich unters Messer. Ich habe es immer aufgeschoben, denn wohin sollte ich mit den Kleinen?«

Das leuchtet mir ein. Ich nicke.

Frau Hess fährt fort. »Ich muss zuerst nach Stuttgart und dann nach Ulm. Wegen der Hitze bin ich so spät losgefahren. Und dann muss ich noch nach Germering, das ist bei München, zur Igelstation.«

Ich zeige auf einen Pappkarton. »Dort?«

»Ja. Hanni und Nanni«, stellt Frau Hess vor. »Aber Hanni ist gar kein Mädchen. Das wussten wir zu Beginn bloß nicht.«

»Ich schaue mal, was ich für Sie tun kann. Ich telefoniere kurz, in Ordnung?«

Frau Hess nickt.

Ich rufe in der Schutzbrief-Abteilung des ADAC in München an, schildere den Fall und bespreche mit dem Sachbearbeiter, wie wir Frau Hess am besten helfen können. Kurz darauf kann ich ihr die gute Nachricht geben, dass ein Leihwagen in Memmingen für sie bereitsteht.

Frau Hess ist sehr erleichtert. »Aber passen da auch alle rein?«, fragt sie mich dann zweifelnd.

»Sie kriegen einen Kombi.«

Da strahlt sie mich an.

»Ich möchte Ihnen trotzdem noch kurz erklären, was es mit dem Zahnriemen auf sich hat.«

Frau Hess ist auch jetzt nicht an Details interessiert. Ich fasse mich knapp. »Anders als der Keilriemen verbindet der Zahnriemen Teile des Motors miteinander, die, wenn er kaputtgeht, aufeinanderprallen – und das führt in vielen Fahrzeugmotoren zu Schäden. Um dies zu verhindern, muss der Zahnriemen in bestimmten Intervallen gewechselt werden. Jeder Fahrzeugtyp hat eigene Wechselintervalle, zwischen 60 000 und 120 000 km. Das sollte man wissen, wenn man nicht mehr regelmäßig zum Kundendienst fährt. Denn es ist schade und ärgerlich, wenn der Motor wegen so einer Kleinigkeit kaputtgeht. Aber ich glaube, wie gesagt, dass Sie glimpflich davonkommen werden.«

»Ja, ja«, sagt Frau Hess ein bisschen ungeduldig.

Ich frage in der Pannenzentrale nach, ob ich den Citroën selbst nach Memmingen schleppen kann, das würde Wartezeit sparen, oder ein Schlepper gerufen werden soll. Ich bekomme grünes Licht, selbst zu schleppen, und im Anschluss soll ich Pause machen. So fahren wir mit 40 km/h über die Landstraße nach Memmingen. Auf dem Hof des Abschleppdienstes werde ich schon erwartet. Flaxi, der größte Bernhardiner, den ich je gesehen habe, steht wedelnd am Hoftor, um sich ein paar Streicheleinheiten abzuholen. In der Kundenannahme begrüßen mich die Schwestern Uschi und Kati mit Kaffee und belegten Broten. Für Frau Hess steht ein silbernes Club-Mobil bereit, in das sie ihre Käfige und Kartons flugs umlädt.

»Lass es dir schmecken, Susi«, sagt Uschi.

»Damit was Gscheits aus dir wird«, sagt Kati.

Frauenbekanntschaften

Bei Flaxis Frauchen wurde ich von Anfang an sehr herzlich aufgenommen, als ich neu im Allgäu anfing. Da mein Einsatzgebiet vom Bodenseebereich über Memmingen bis nach Fussen und Obersdorf reicht, dauerte es lang, bis ich meine Wildwechsel kannte und Kontakte knüpfte. Das war in München und in der Ammerseeregion, wo ich früher unterwegs war, einfacher. In München gab es nicht nur viele Kollegen, sondern auch manche Tankstellen, die fuhr ich fast in jeder Schicht an. Für einen Kaffee. Oder um zur Toilette zu gehen oder mir die Hände zu waschen. Wenn man so viel allein unterwegs ist, tut es gut, solche Anlaufstellen an vertrauten Orten zu kennen und ein paar Sätze zu wechseln.

Heute viel los? Wie lang hast du noch Schicht? Wie ging denn die Geschichte letztens mit dem Mann aus, der den Sprit nicht bezahlt hat …

Als ich neu im Allgäu war und noch kaum jemanden kannte, klingelte eines Abends in der Spätschicht mein Telefon, und eine liebe Frauenstimme, die zu einem von Flaxis Frauchen gehört, sagte:

»Hallo. Sind Sie die Straßenwachtfahrerin?«

»Ja.«

»Ich habe schon von mehreren Kunden, die wir abgeschleppt haben, gehört, dass der ADAC bei uns eine Frau im Einsatz hat. Kommen Sie doch einfach mal vorbei. Ich würde mich freuen, Sie kennenzulernen.«

Ich freute mich auch. Zuerst über diesen überraschenden Anruf und einige Zeit später über unser Treffen und Flaxi. Wir waren uns gleich sympathisch. Leider führt mich mein Weg viel zu selten nach Memmingen.

Radkäppchen und der böse Golf

DINGDONG: MM, TG, DAIHATSU, ÜBER BALUSTRADE GESPRUNGEN

Als ich die Taste für das Pausenende in meinem Engelmobil drücke, erscheint mit einem Dingdong eine Panne auf meinem Display, die mir bekannt vorkommt. Irgendwas mit Balustrade in Tiefgarage. Ist doch kein Kollege dort gewesen? Ich rufe in der Dispo-Zentrale an.

»Hallo, Susa, grüß dich, wie geht's?«, tönt eine tiefe Männerstimme aus dem Lautsprecher.

»Danke, gut«, sage ich, »und dir?«
»Danke auch, was kann ich für dich tun?«
»Warum muss denn die Panne mit der Balustrade so lange warten? Weißt du da was?«
»Wart amal, ich schau nach. Hm. Ja. Oiso. Ja. Da war der Kollege vor einer Dreiviertelstunde, aber es ist niemand ans Telefon gegangen. Vor fünfzehn Minuten hat die Dame reklamiert, wo wir bleiben.«
»Okay. Dann weiß ich Bescheid. Danke. Ich bin gleich da und rufe sofort mal an.«
»Tu das«, verabschiedet sich die schöne Stimme. »Bleib gsund und gute Fahrt.«

Nach so viel Fülle des Wohllauts rufe ich die Havaristin an.
»Na endlich! Das wurde jetzt aber auch Zeit! Wo bleiben Sie denn so lange?«, zickt es aus dem Hörer. »Stehen Sie jetzt wenigstens endlich mal an der Tiefgarageneinfahrt? Ich habe genau angegeben, wo die ist. Direkt gegenüber der Sparkasse. Das kann doch wohl kein Problem sein!«
»Ja«, sage ich freundlich. »Ich bin in drei Minuten dort!«
Nach circa fünf Minuten erscheint eine vor Zorn vibrierende Frau mit einer Lockenfrisur in Beige, die mich an eine Badekappe erinnert, und öffnet die Garageneinfahrt.
»Da unten links«, bellt sie mich an.
Ich nicke. Diese Dame ist in einem Alter, in dem Frauen das Recht auf Launen haben. Mir steht dieses Alter noch bevor. Ich vermute, es ist um ein Vielfaches schlimmer, diese Launen selbst zu haben, statt sie aushalten zu müssen. Meine Vermutung entpuppt sich als falsch.
Kaum in der Garage, greift Frau Krüger sofort wieder an.
»Wo waren Sie denn so lange?«, beharrt sie.
Ich antworte nicht, da ich der Dynamik keinen Spielraum lassen

möchte, für den Rest des Abends in die Rolle der bösen Tochter zu schlüpfen.

»Was ist denn passiert?«, frage ich und fühlte mich wie Radkäppchen und der böse Golf von Willi Astor. Ich versuche, der Unterhaltung eine neue Richtung zu geben, und da sehe ich es selbst: Kein Golf, ein älterer Daihatsu hängt mit beiden Vorderhufen vor der Barriere der Duplexgarage.

»Die Absperrung ist viel zu niedrig, das habe ich der Hausverwaltung schon beim letzten Mal gesagt, aber sie reagiert ja nicht. Obwohl es ihre Pflicht ist, diesen Mangel zu beseitigen. Jetzt hängt der Wagen schon wieder drüber.«

Ich überlege kurz, ob ich etwas Nettes sagen soll, vielleicht, dass ich das gar nicht so schlimm finde, dass das jeder mal passieren kann, dass sie den Vorwärtsgang mit dem Rückwärtsgang verwechselt, und schlage nach einem Blick in Frau Krügers wutentbranntes Gesicht vor, ihren Wagen hinten an mein Abschleppseil zu hängen und mit etwas Schwung zurückzuziehen.

»Wenn Sie meinen«, sagt Frau Krüger gönnerhaft, hat dann allerdings noch einige Aber in petto, die wir nach und nach abarbeiten. Zwischendurch versuche ich, die Dame zu beruhigen, aber es fehlen mir die Worte, oder es fehlt ganz allgemein der Raum, in dem sie sich ausbreiten könnten, denn Frau Krügers grellrote Empörung füllt die Garage bis zum letzten Winkel. Fast bewundere ich diese Vitalität ein wenig. So viel Überschuss – was für eine Verschwendung!

Mein Plan funktioniert. Nach einem Ruck steht Frau Krügers Auto fast neben meinem. Eigentlich wäre jetzt alles perfekt – wenn nur das Abschleppseil nicht so straff gespannt wäre. Es gelingt mir nicht, es zu lösen. Da ich mein Engelmobil weder nach vorne fahren kann noch das Seil kappen möchte, bitte ich Frau Krüger, mich kurz in ihr Fahrzeug einsteigen zu lassen.

»Wozu denn?«, faucht sie.

Als ich die Bremse löse und ihr Fahrzeug ein Stück nach vorne rolle, springt sie schimpfend vor den Kühlergrill.

»Was machen Sie denn da? Hören Sie sofort auf! Sie rollen den Wagen ja wieder hinunter! Lassen Sie das! Sonst war alles umsonst!«

»Nein, nein«, versuche ich, sie zu beruhigen, »es passiert gar nichts, schauen Sie doch selbst, ich muss Ihr Auto doch nur ein kleines Stückchen nach vorne rollen, damit ich das Seil ...«

»Nein! Hören Sie auf!«

»Bitte ...«

»Steigen Sie sofort aus. Verlassen Sie mein Fahrzeug. Auf der Stelle!«

Ich ziehe die Handbremse an, steige aus und atme tief durch.

»Okay«, sage ich. »Sie haben etwas gegen Frauen, oder Sie haben etwas gegen mich. Sie wollen sich nicht von mir helfen lassen. So was gibt es. Also lassen wir es besser. Aber ich bitte Sie zu bedenken, dass bisher nicht ich, sondern Sie den Wagen über die Balustrade haben rollen lassen.«

Frau Krüger verblüfft mich. Sie sagt nichts. Ich sage auch nichts. Das Gebläse der Garage schaltet sich ein.

»Nein, ich habe nichts gegen Frauen. Nein, überhaupt nicht. Und ich habe auch nichts gegen Sie«, sagt Frau Krüger mit einer völlig veränderten Stimme.

»Schauen Sie«, sage ich und höre, dass auch meine Stimme entspannter klingt. »Das Abschleppseil ist so straff, dass ich es nicht abmachen kann von Ihrem Wagen. Überzeugen Sie sich selbst davon«, biete ich Frau Krüger an.

Sie beugt sich über das Seil, ohne es anzufassen, und nickt.

»Alles, was ich möchte, ist, dass wir Ihren Wagen ein kleines Stückchen nach vorne schieben, damit ich das Seil lösen kann. Darf ich?«

»Ja«, sagt sie und sieht fast verwegen dabei aus.

Jetzt sind wir ein Team. Ich schiebe den Daihatsu nach vorne und sie löst das Seil. Im Anschluss repariere ich noch geschwind eine

Kleinigkeit an der aus den Fugen geratenen Stoßstange. Als wir uns etwas später voneinander verabschieden, sind wir fast Verbündete geworden.

Ich fahre aus der Unterwelt der dunklen Tiefgarage und bin überrascht, weil es draußen noch hell ist. Ich fühle mich, als wäre ich nachmittags im Kino gewesen, atme die warme Sommerluft ein und stelle den Motor ab für ein Datenreset. *Das war aber eine schwere Geburt,* würde mein Vater jetzt zu mir sagen und: *Wie man in den Wald hineinruft, so schallt es heraus,* meine Mutter.
Wir wollen alle nicht von Ärzten und Pflegern als der entzündliche Prozess, Furunkel, Oberschenkel, Bandscheibenvorfall oder eine Abnutzungserscheinung behandelt werden. Telekom-Mitarbeiter, Politessen, Servierdüsen und Mechanixe möchten nicht auf ihre Funktion reduziert werden. Es sind Menschen. Ich erinnere mich an meine Zeit in München, in der ich mich gefreut hätte, wenn ich in einem der In-Lokale als gerngesehener Gast behandelt worden wäre. Mir ist es bewusst, dass es in erster Linie von mir selbst abhängt, ob ich meinem Gegenüber als Leberkäse-zwischen-zwei-Semmelhälften-Quetschmaschine begegne oder als menschliches Wesen, das Augen hat, in die ich schauen kann, eine Seele, eine momentane Befindlichkeit und eine Geschichte. Also keine Bäckereiverkäuferin, sondern eine Frau, die in einer Bäckerei arbeitet und die vielleicht auch gerne länger geschlafen hätte, weil ihr das frühe Aufstehen Mühe macht. Ich bin sehr froh, dass meine Arbeit mir fast immer Raum lässt für diese Begegnungen nicht nur zwischen Mechanikerin und Auto, sondern auch zwischen zwei Menschen. Es reicht doch, dass Menschen in der Welt von Katzen auf Dosenöffner reduziert werden, was mich immer wieder desillusioniert, auch wenn ich die taktischen Fähigkeiten meiner Milliwillis bewundere. Immerhin wissen sie genau, wie sie mich rumkriegen und in einen willenlosen Futterautomaten verwandeln können. Doch unterscheiden wir uns vom Tier? Wenigstens manchmal vielleicht?

Es dämmert. Srih, srih, srih. Ich höre Mauersegler zwischen den Häuserzeilen in atemberaubendem Tempo Insekten jagen. Sie fliegen kreuz und quer nah beieinander, ohne sich zu berühren. Mauersegler sind eine Art dunkle Schwalben, die in den Sommermonaten bei uns zu Gast sind. Sobald die Jungen flügge sind, fliegen sie Monate, wenn nicht sogar Jahre, ohne jemals zu landen. Sie fressen und schlafen im Flug, und wenn sie durstig sind, streifen sie im Tiefflug ein Gewässer. Erst wenn sie selbst brüten, landen sie für ein paar Wochen. Ihr Fahrwerk ist deshalb nicht besonders gut ausgebildet. Sie haben keine schönen Füße. Ihre hohen Schreie machen mir Urlaubsgefühle. Srih, srih, srih. Italien. Laue Sommerabende. Draußen sitzen. Übermorgen, denke ich. Jetzt erst mal weiter. Ich starte den Motor. Sobald ich die Häuserblocks verlasse und freie Sicht nach Süden habe, sehe ich aus der Richtung Kempten eine schwarze Gewitterfront. Wunderschön anzusehen, aber: schlechtes Timing!

Meine Mazda war immer gut zu mir

DINGDONG: A7 -> KE, PPL ALLGÄUER TOR, MAZDA 323, BLAU, OAL, REIFEN DEFEKT

Als ich den kleinen Mazda erreiche, der mit eingeschalteter Warnblinkanlage und Pannendreieck ordentlich abgesichert auf dem Autobahnparkplatz steht, hat Frau Batic bereits alles Nötige vorbereitet. Eigentlich fehlt nur das grüne Tuch, und die Operation kann beginnen. Ersatzrad, Wagenheber und Radkreuz liegen vorbildlich neben dem Patienten, einem rechten Vorderreifen mit chronischer Dyspnoe. Ich entdecke sogar ein Paar Arbeitshandschuhe und bin beeindruckt. Noch mehr beeindruckt mich allerdings die schwarze Wolkenwand, die sich über uns zusammenballt.

»Hallo! Gut, dass Sie kommen«, begrüßt mich Frau Batic. Ich schätze sie auf Mitte dreißig. Ihr strohfarbenes Haar, das am Haaransatz dunkel nachwächst, ist mit einem breiten dunkelblauen Stirnband mit hellblauen Kringeln zurückgehalten.
»Meine Mazda. Immer gutes Auto. Jetzt kaputte Reifen«, erfahre ich und schmunzle. Die *Matz da,* das ist in Bayern kein Auto, allerdings hat Frau Batic dennoch recht, denn der Mazda zeigt durch die Panne sehr wohl Eigenschaften einer Matz.
»Ich will selber machen«, erklärt Frau Batic mir resolut. »Aber geht nicht, Schraube falsch.«
Ich schaue mir ihr Radkreuz an, offensichtlich ein Sonderangebot. Die Schraubenaufsätze sind ziemlich abgerundet. Ich glaube Frau Batic gerne, dass sie damit keine Radschrauben öffnen kann, und hole mein eigenes veredeltes Radkreuz made in Germany und den Drehmomentschlüssel. Als ich zurückkomme, zeigt mir Frau Batic ein trapezförmiges Metallgestell mit einem Ring am Ende. »Wie geht?«
Eigentlich würde ich lieber meinen eigenen Wagenheber Marke dalmatinischer Küstentraum holen, aber wenn Frau Batic lernen möchte, den Reifen zu wechseln, setzen wir besser ihren Wagenheber ein. Und zwar zackig, denn ich würde diese Panne gerne vor Beginn des Platzregens abschließen. Ich erkläre Frau Batic, wo am Trapez gedreht wird, damit es sich auseinanderschraubt und nach oben streckt. Im Kofferraum der Mazda suchen wir nach dem fehlenden Puzzleteil: eine abgewinkelte Stange, die man in die Öse am Wagenheber einhängen kann.
»Ach so!«, sagt Frau Batic, und ihre Augen, die vorher etwas müde wirkten, funkeln. Wir knien neben der Mazda, und ich zeige Frau Batic den Falz des Bodenbleches, an dem sie ihren Wagenheber ansetzen soll.

»Gut?«, fragt sie.

Ich nicke. »Jetzt noch die Handbremse anziehen und den ersten Gang einlegen.«

»Habe ich gewusst.«

»Schön!«

Nun schraubt Frau Batic den Wagenheber so weit hoch, bis das Auto sich bewegt.

»Jetzt machen Sie zuerst die Radschrauben auf«, weise ich sie an, gebe ihr mein Radkreuz und zeige ihr, wie sie es für die beste Hebelwirkung aufsetzt. Physikunterricht siebte Klasse. Am Himmel findet Physikunterricht achte Klasse statt. Entschlossen turnt Frau Batic auf dem Radkreuz herum, bis die Mutter mit einem Ächzen aufgeht.

»Prima«, lobe ich sie. »Und die drei anderen auch.«

Über den Parkplatz wehen Zeitungsblätter und ein Joghurtbecher, der von einem Windstoß hoch in die Luft geschleudert wird und wie eine verfrühte Schneeflocke an den rauschenden Bäumen vorbeitreibt. Eine gelbe Königskerze, die sich durch den befestigten Schotter des Parkplatzrandes gekämpft hat, schwankt und neigt dann ihr Haupt vor dieser höheren Macht. Schlagartig wird es ungemütlich. Und dunkel. Ich nehme Frau Batic das kaputte Rad ab und reiche ihr das Ersatzrad. Sie manövriert es auf die Radnabe. Es kippt einen Moment, dann sitzt es sicher am richtigen Platz. Schnell stelle ich einen Fuß davor, so dass Frau Batic die Hände frei hat, um die Radmuttern anzusetzen.

»Wie rum drehen?«, sie probiert unsicher.

»Rechts rum, sage ich. »Zu wie zunehmende Zeit auf der Uhr.«

Wieso glaube ich, sie würde mich nicht verstehen, wenn ich mich klar ausdrücke?

»Im Uhrzeigersinn«, ergänze ich.

»Ah, gut, und rückwärts geht auf?«

»Genau«, nicke ich, da platscht der erste dicke Tropfen mitten auf

meine Nase. In meinen Auto- und Motorradkursen habe ich bei der immer wieder gern gestellten Frage rechts oder links sinnbildlich ein Marmeladenglas auf- und zuschrauben lassen. Frau Batic hat auch ohne Brotaufstrich verstanden.
Während sie die Muttern festzieht, hole ich schon mal meine Regenjacke. Dann ziehe ich die Muttern mit dem Drehmomentschlüssel nach. Der Schlüssel klackt bei jeder Mutter. Frau Batic hat fest genug angezogen. Schnell kurble ich den Wagenheber herunter, Frau Batic verstaut das platte Rad mit einem sehr zufriedenen Gesichtsausdruck im Kofferraum. Dann geht es auch schon los. Blitze zucken, und es knallt. Ganz schön laut. Ich werfe mein Werkzeug ins Auto und hole meine Pannenmappe. In der Mazda fülle ich den Pannenbericht aus. Draußen prasselt der Regen auf die Scheiben, die innerhalb von Sekunden beschlagen.
Frau Batic streicht sich eine nasse Haarsträhne aus dem Gesicht. »Wie Waschmaschinenstraße.«
Ich grinse.
»Ist gute Arbeit, Adack?«
»Ja, mir gefällt es. Was machen Sie?«
»Ich Krankenhaus.«
»Aha. Schichtdienst, oder?«
»Ja, morgen sechs Uhr anfangen heute bis neun Uhr arbeite. Zwölf Tage ohne frei. Muss noch Kind holen von Kollegin.«
»Oje! Ist das überhaupt erlaubt?«
Frau Batic zuckt mit den Schultern. »Ist normal. Viel Stress. Aber kann nichts machen. Geht schon. Hauptsache gesund.«
Ich nicke zustimmend. »Ja, bleiben Sie gesund, Frau Batic«, verabschiede ich mich.«
Wir reichen uns die Hände. Es ist ein schäbiges Unrecht, wie sehr wir diejenigen ausnutzen, die unsere Angehörigen pflegen, denke ich. Dann öffne ich die Tür der Mazda und stürze mich in die Fluten.

Wetterleuchten

Gewitter mag ich sehr. Regen weniger, weil man früher oder später trotz guter Schutzkleidung nass wird; irgendwo läuft es immer rein. In den Nacken oder in die Ärmel – oder ich steige mit der nassen Regenjacke ins Auto, und wenn ich die Jacke ausziehe, sitze ich im Nassen. Die Scheiben meines Engelmobils sind ruck, zuck beschlagen. Die Klimaanlage hat keine Chance. Ich öffne ein Fenster. Es regnet herein. Ich schließe das Fenster. Kurz darauf öffne ich es erneut, weil ich nichts sehe. So sitze ich in der feuchten gelben Höhle und höre das Prasseln auf dem Autodach. In meiner Kinder- und Jugendzeit waren Wind und Regen meine täglichen Begleiter. Wo ich herkomme, gibt es kaum Kurven auf den Straßen, es geht meistens geradeaus, und der Wind pfeift über die Deiche. Es ist flach, die Landschaft besteht vor allem aus Himmel, und die Bäume und Sträucher wachsen aerodynamisch. Wo ich herkomme, spricht man wenig und versteht sich im Schweigen – bedeutsam ist, was nicht ausgesprochen wird. Abwarten und Tee trinken, und das herbe Pils heißt Flensburger und macht plopp beim Öffnen. Wo ich herkomme, ist die Luft feucht und salzig. Die Kühe grasen unter Windrädern, sind schwarz-weiß gefleckt und heißen, falls sie zusätzlich zu ihren Nummern noch Namen haben, nicht Vroni und Bärli, sondern Gesa und Meike. Wo ich herkomme, sind die Häuser aus rotem Backstein, und wer es sich leisten kann, wohnt unter einem Dach aus Reet. Wenn es regnet, tropft das Wasser von den Halmen. Es regnet oft. In meiner Erinnerung regnet es eigentlich fast immer. Es hat mir nie etwas ausgemacht.

Ich bin kein Klimaflüchtling. Aber jetzt weiß ich das schöne Wetter in Bayern sehr zu schätzen. Und will nicht mehr weg. Habe Heimat gefunden, ohne den Dialekt zu beherrschen. Bin aber lernwillig und verstehe fast alles und mag die Sprache sehr. Und die hügelige Landschaft, die Kurven, das laue Lüfterl und die üppige, verschwenderische Natur. Seit wir einen Garten haben, wünsche ich mir oft Regen. Am liebsten abends oder nachts und am nächsten Morgen einen nigelnagelneuen blauen Himmel.

Das Feuerwerk ist wunderschön. An seiner Lautstärke merke ich, dass es einige Kilometer weg ist. Ich zähle die Sekunden zwischen Blitz und Donner: Eine Sekunde entspricht dreihundert Metern. Da ich bei einem Gewitter noch nie zu Schaden gekommen bin und noch kein Gewitter direkt über mir erlebt habe, besonders keinen Blitzeinschlag in unmittelbarer Nähe, macht es für mich eine großartige Faszination aus, die ich immer wieder beeindruckt bestaune. Die Macht der Natur zu spüren ist für mich eine Art Gottesdienst. Es gibt etwas, das viel größer ist als wir Menschen. Das kann Angst machen – und auch sehr beruhigen. Über all die Jahre auf der Straße hege ich den Verdacht, dass die Gewitter einen Bogen um mich machen. Vielleicht sind sie ein bisschen wie Hunde, die gerne zu denjenigen laufen, die sie am meisten fürchten. Am liebsten stehe ich bei Gewitter an einem geöffneten Fenster und schaue dem Tanz der Elemente zu. Es darf gern regnen, ich möchte aber bitte trocken bleiben. Lieber Gott, wasch mich, aber mach mich nicht nass.

Mein Handy klingelt.
»Hallo«, meldet sich der Disponent aus der Nachtschicht.
»Hallo!«
»Deine aktuelle Panne wurde gerade storniert, das Auto ist wieder angesprungen. Ich geb dir was anderes. Ist nur ein kaputter Auspuff.«
»Was meinst du mit ›nur‹?«
»Na ja, das geht doch schnell, kein Problem für dich, oder?«
»Sicher doch«, antworte ich und male mir aus, was dieses *nur* alles bedeuten könnte.

Es könnte zum Beispiel bedeuten, dass das Auto in einer Pfütze steht und ich es, weil der Auspuff am Boden verklemmt ist, nicht wegschleppen kann. Vielleicht steht es zudem im Morast, so dass ich es mit meinen Wagenheber kaum anheben kann und ich mich in eine kalte, matschige Pfütze legen muss. Schlubber unter mir, darauf schwimmt meine Isomatte, und fünf Zentimeter über mir der tropfende Fahrzeugunterboden. Meine Arme kann ich nicht heben, brauche sie aber dringend und bin doch nur ein Käfer mit zwei Scheren. Ein Brillenkäfer. Ohne Schutzbrille fallen mir Rostbrösel in die Augen, und das könnte beim Augenarzt enden. Die Stirnlampe, die ich zusätzlich trage, wird von der monströsen Schutzbrille nach oben gedrängt, ich sehe nichts, drehe den Kopf, schramme an einer Nackenstarre vorbei, schlage mit dem Hinterkopf kurz an die Radaufhängung. Es könnte zum Beispiel bedeuten, dass die Schutzbrille ständig beschlägt und ich überhaupt nichts sehe, wie ein Maulwurf herumtaste, aber mit Kraft, denn ich muss die beiden scharfkantigen Auspuffenden auseinanderspreizen, um ein Stück Rohr als Brücke einzufügen. Während ich mit einer Hand und einem bis zu den Ohren angewinkelten Fuß die beiden rostigen Rohrenden auseinanderspreize, schiebe ich mit der anderen Hand das Verbindungsstück dazwischen. Es könnte zum Beispiel passieren, dass ich abrutsche und mich immer wieder erneut vorantasten muss, weil ich nichts sehe oder im letzten Augenblick der Lichtkegel an eine andere Stelle rutscht. Oder die Kraft nachlässt. Kaltes, schmutziges Wasser und Matsch könnten mir in den Nacken laufen. Die Ratsche mit der Dreizehner-Nuss, die ich auf meinen Bauch gelegt habe, könnte in den Schlamm fallen, und wenn ich sie endlich finde, muss ich den Dreck herauspulen, ehe ich sie benutzen kann.

Und genauso kommt es dann auch. Aber ich habe auch Glück, denn nach dieser Panne darf ich nach Hause. Das ist auch besser so, denn ich sehe aus wie ein Schwein, das sich gesuhlt hat. Leider bin ich kein

Schwein, sonst hätte mir das Spaß gemacht. Ich stelle beruhigt fest, dass ich im Großen und Ganzen den richtigen Beruf gewählt habe. Schlammcatcherin wäre nichts für mich.

Für meine Kunden ist es übrigens schlimmer als für mich, wenn ich mich bei einer Panne sehr schmutzig mache. Besonders unangenehm sind außer Auspuffanlagen undichte Benzin- und Dieselleitungen sowie Bremsenreparaturen; letztere führen wir auf der Straße eigentlich nicht durch. Scheußlich ist es auch, wenn Kraftstoff ins Auge spritzt. Das brennt höllisch. Wenigstens ist der Schmerz mit viel Wasser schnell weggespült – der Geruch allerdings nicht. Diesel stinkt schlimmer als 4711 in Omas fünfzig Jahre alter Handtasche, die für besondere Anlässe im Schlafzimmerschrank zwischen den bestickten Tischdecken für Familienfeiern steckt, der Geruch setzt sich fest. An den Klamotten, auf der Haut, in den Haaren, im Auto. Es gibt auch Autos, bei denen genügt es, die Haube zu öffnen, und ich bin schon schwarz.

Wenn ich mich bei einer Panne verletze, ist das meinen Kunden noch unangenehmer, als wenn ich mich schmutzig mache. Männer schauen meistens weg, weil sie das gar nicht ertragen können. Frauen reichen mir manchmal ein Erfrischungstüchlein. Zum Glück sehr selten endet eine Panne für mich in der Notaufnahme. Kürzlich wechselte ich an einer gefährlichen Stelle an einer Autobahnausfahrt einen Reifen. Die Felge klebte an der Radnabe fest, und ich schlug mit dem Hammer von innen gegen die Felge – und leider nicht nur mit dem Hammer, sondern auch mit meinem Finger. Er hörte nicht auf zu bluten, und da die Apotheken bereits geschlossen hatten, lieferte ich mich ein. Ich wollte nur eine Grundreinigung und ein Klebeband, damit die klaffende Wunde zusammengepresst wurde. Es dauerte zwei Stunden, einen Arzt zum Abgewöhnen vielleicht in seiner sechsunddreißigsten Arbeitsstunde in dieser Schicht, viele

Formulare und eine Röntgenaufnahme gegen meinen Willen. Zwischenzeitlich habe ich mir das Desinfektionsmittel und das Wundklebeband wieder ins Auto gelegt, um in Zukunft auch für solche Pannen gewappnet zu sein. Das Leben ist einfach zu kostbar, um es im Wartezimmer zu verbringen.

Ich ärgere mich immer sehr, wenn ich nicht gut aufgepasst und mir eine überflüssige Verletzung zugezogen habe. Manchmal passiert aber auch etwas, obwohl ich gut aufpasse. Ich übe es seit Jahren, meine Arbeitsabläufe so zu gestalten, dass ich aus Erfahrung wissen könnte, bei welchen Tätigkeiten ich mir wahrscheinlich weh tun könnte und Handschuhe anziehen sollte. Eigentlich sollte ich immer Handschuhe tragen, doch leider habe ich damit zu wenig Gespür in den Fingern. Und so sieht man meinen Händen wie denen der meisten Handwerker an, dass wir mit ihnen unser Geld verdienen.

Meine Co-Autorin Shirley, die ihr Geld mit Buchstaben verdient, hat keine einzige Schramme an der Hand, und wenn sie eine hat, weiß sie genau, woher die kommt, und zeigt sie mir auch noch stolz – eine Heldinnennnarbe! Ich weiß, wie so viele Handwerker, nach der Schicht meistens nicht, woher die kleinen Risse oder Verletzungen kommen. Die passieren en passant, so war es bei mir schon immer. Als Kind hatte ich stets mindestens ein verschorftes Knie. Nein, ich bin noch nicht erwachsen geworden.

23. September: Herbstanfang, Tagschicht

Engel Blues

Der Sommer war groß und schön. Ganz allmählich werden die Blätter gelb, und das Gras will nicht mehr richtig wachsen. Schwer zieht es den Holunder Richtung Erde, wo bereits die ersten Äpfel verfaulen. Ein obstreiches Jahr neigt sich dem Herbst entgegen. Birnen und Trauben reifen, und die Eichelhäher arbeiten im Mehrschichtbetrieb. In der Hauptsaison von Eicheln und Bucheckern fliegt der Eichelhäher zehn Stunden nonstop von Sonnenaufgang bis Sonnenuntergang rund 175 Mal am Tag zu seinen Lagern. Bei drei Eicheln pro Flug sind das circa zweihundertfünfzigtausend Früchte, die er in einem Herbst transportiert und in unzähligen Verstecken bunkert. Er muss ein sehr gutes Gedächtnis haben, und diejenigen, die er vergisst, werden zu neuen Eichen und Buchen; Tausende. Trotzdem er so beschäftigt ist, geht der Eichelhäher einem Nebenjob nach: Als Hüter des Waldes meldet er es als Erster auch mit vollem Mund, wenn etwas Beunruhigendes geschieht, und warnt so die anderen Waldbewohner.

Obwohl ich vor einer Woche noch im Bodensee geschwommen bin, merke ich deutlich, dass der Herbst sich ankündigt. Seit Mitte August ist die Luft härter und klarer. Morgens liegt jetzt oft ein Schleier der Melancholie über den Wiesen und Weihern. Ich spüre, wie die Kräfte nach innen gehen. So, wie die Pflanzen sich in ihre Wurzeln zurückziehen, besinne ich mich auf mich selbst, bin mehr im Haus und hege zuweilen schwermütige Gedanken. Es ist still geworden draußen. Nur noch ein paar Enten und Krähen höre ich und das

Kolkrabenpärchen aus der Nachbarschaft, krok, krok, kork, sowie lahnende Jungbussarde im Bettelflug – piijääh, piijääh –, die das Hotel Mama nicht verlassen wollen. Hin und wieder ziehen Schwäne am Himmel vorbei. Das metallisch singsausende Fluggeräusch erinnert mich an Hermine Kleefeld vom Verein halbe Lunge.

In den Bergen ist es nun nach dem Almabtrieb auch stiller geworden. Anfang bis Mitte September holt man die Schumpen, wie die weiblichen Teenies unter den Rindern im Allgäu genannt werden, von den Almen. Zu Fuß marschieren sie, gut durchtrainiert vom Sommer an den steilen Hängen, zurück ins Dorf, wo Tausende Zweibeiner sie erwarten. Viehscheid ist in den Gemeinden des Allgäus wie im gesamten Alpenraum das größte Fest des Jahres. Es ist Erntedank und Hochsaison, da dies die beste Zeit zum Wandern ist. Viele Gäste sind da. Die laut bimmelnden Schumpen stehen nun noch ein paar Wochen auf den Wiesen der Täler und im Flachland. Ein ohrenbetäubender Lärm herrscht, wo die Herden sich an den Tränken sammeln. Obwohl es tagsüber oft noch zwanzig Grad oder mehr hat und ich kurzärmelig aus dem Haus gehe, nehme ich nun seit ein paar Tagen neben dem Pulli und der Fleeceweste zähneknirschend auch die lange Unterhose und dicke Socken mit zur Arbeit. Es scheint mir so, als müsse der Körper sich erst mit der Abkühlung arrangieren. So wie die Haut sich im Frühling an die Sonne gewöhnt und lernen muss, sich mit Bräunung zu schützen, scheint sie im Herbst, wenn sie verblasst, einen Kälteschutz aufzubauen, um mit der Zeit unempfindlicher zu werden. Ich höre wieder Musik und esse mehr Schokolade, als würde ich einen Vorrat anlegen für die kalte Jahreszeit. In den nächsten sechs Monaten werden die Nächte länger sein als die Tage. Ach, wie wäre es schön, jetzt irgendwo ein Plätzchen zu suchen und sich einzuigeln bis zum Frühling. Jahr für Jahr um diese Zeit hege ich in diesen Tagen solch eine Stimmung des Übergangs. Wie meine Haut sich vorbereitet, bereitet sich auch meine Seele vor auf die Veränderung. Meine Kunden sind häufig nicht mehr so gut gelaunt, Wartezeiten, die im Sommer manchmal relativ leicht weggesteckt werden, sind nun eine Zumutung. Aus Erfahrung weiß ich, dass mir der Herbst gefällt wie alle anderen Jahreszeiten, sobald ich den Sommer innerlich ziehen lasse.

In der Stadt ist man den Stimmungen, die das Wetter prägt, nicht so unmittelbar ausgeliefert. Das Stadtleben empfinde ich als gleichförmiger. Ich erinnere mich, dass meine Frühlingsboten in der Stadt nicht etwa Krokusse und Schlüsselblumen waren, sondern Motorräder auf den Straßen und Tische und Stühle vor den Cafés auf dem Trottoir. Der Frühling erblühte für mich sozusagen in Angeboten zur Aktivität, und diese Angebote gibt es in der Stadt das ganze Jahr über. Wenn das Wetter schlecht ist, vergnügt man sich eben drinnen. Sauna, Kino, Kletterhalle, Fitnesscenter, Museum, Theater, Kabarett, Schwimmbad. Das Wetter spielt keine Rolle, und wenn die Straßen glatt sind, nimmt man die U-Bahn. Diesen Luxus habe ich viele Jahre sehr genossen. Selten denke ich daran zurück. Ja, schön war's. Und vorbei ist es. Jetzt bin ich ein Landei und sage manchmal einen Termin ab, weil ich eingeschneit bin. Doch zum Glück ist es noch nicht so weit. Aber bald, wenn ich den pessimistischen Prognosen Glauben schenke.

Nach dem Vollmond hat das Wetter umgeschlagen. Seit drei Tagen regnet es nun Bindfäden. Die Bäche treten über die Ufer und das ganze Land hat sich wie ein Schwamm vollgesogen. Obwohl das Westallgäu angeblich die sonnigste Gegend Deutschlands ist, ist es auch sehr niederschlagsreich. Wenn es regnet, dann gewaltig. So starte ich meinen Dienst in kompletter Regenmontur und Gummistiefeln. Meine Laune ist mäßig. Sogar das Dingdong, das die erste Panne an diesem Tag einläutet, klingt weinerlich.

Frostschutz ist kein Frustschutz

DINGDONG: LINDENBERG SCHEIDEGG, KURKLINIK, CHRYSLER VOYAGER, SCHWARZ, B, FLÜSSIGKEIT FALSCH EINGEFÜLLT

Der Weg nach Lindenberg führt mich über die deutsche Alpenpanoramastraße am Paradies vorbei. Leider ist heute nichts davon zu sehen. Die Wolken hängen tief, und es regnet unerbittlich. Obwohl ich hier schon oft entlanggefahren bin und bei allerschönstem Wetter auf dem Parkplatz am Paradies die gute Stimmung genossen habe, ist es mir partout nicht möglich, mich jetzt an dieses Gefühl zu erinnern. Wenn das Wetter schlecht ist, fühlt es sich so an, als wäre das für immer.

Auf dem Parkplatz der Mutter-Kind-Klinik in Scheidegg erwartet mich eine kleine Familie aus Bonn. Herr Bongarts wirkt niedergeschlagen, nicht nur wegen des Wetters, es ist auch noch das geliehene Auto der Schwiegereltern, das ihm Kummer macht.
»Was ist denn passiert?«, frage ich nach der Begrüßung.
»Meer wöllte dat Schievewischwasser opfölle un han dat Zösch in en von de Behälter jeschöt, ävver dat wor nit vil, un et is och jlich drüvver jeloove. Jetz han meer dat Jefööl, dat et villeich doch de faalsche Deckel wor.«
Hinter den beschlagenen Scheiben des Voyager entdecke ich eine große und eine kleine Gestalt, beide tragen grüne Jacken. Herr Bongarts bemerkt meinen Blick. »Ming Frau un ming Dochter. Die sinn he op Kur. Ich han se besoocht.«
Ich nicke. Es ist zu ungemütlich, um viel zu reden, und natürlich würde ich auch nicht das fragen, was mir durch den Kopf geht. Gerade bei den Mutter-Kind-Kliniken, von denen es eine Reihe gibt, möchte ich

manchmal mehr wissen. Und auch sonst. Ich frage nicht. Manchmal denke ich mir was aus. Lieber ist es mir, ich denke mir nichts aus. Lieber mache ich einfach nur meinen Job, weil ich sonst mit zu vielen Geschichten und Schicksalen in Berührung komme. Es gehört zum professionellen Arbeiten, damit umzugehen, was mir meine Kunden anvertrauen – aber nicht nachzufragen. Und auch nichts zusammenzureimen. Dabei vergesse ich nie, dass ich eben nicht nur Autos, sondern auch ihre Angehörigen betreue. Den meisten helfe ich am besten, wenn ich ihre Autos flottmache. An einem Tag wie heute sollte das ruck, zuck gehen. In kleinen Wasserfällen stürzt das Wasser von Herrn Bongarts' regenbogenfarbenem Schirm. *Der gehört bestimmt seiner Frau,* schießt es mir durch den Kopf. *Schluss jetzt!,* befehle ich mir.

»He han ich de Frostschutz für de Schieve injeföllt«, sagt Herr Bongarts und deutet auf den kleinen Behälter, der für die Bremsflüssigkeit reserviert ist. Er befindet sich auf der Fahrerseite, meist unterhalb der Windschutzscheibe. Ich öffne den Deckel, der Behälter ist randvoll mit blauer Flüssigkeit. Bremsflüssigkeit ist gelb, Scheibenfrostschutz blau.

Ich weiß, wie eine hydraulische Bremsanlage funktioniert, wo welcher Druck herrscht und wie ein ABS arbeitet. Diese Panne ist handmade. Über solche Fehler habe ich auch auf der Meisterschule nichts gelernt. Ich überlege.

»Sind Sie mit der blauen Sauce in dem Behälter schon gefahren?«

»Neh, neh, die han meer joh jrad erst he op dem Parkplatz injeföllt. Ich han joh eijentlich wat joot maache wölle, für de Heemfahrt. De Spritzdüse han et nit mih jedon.«

Es rührt mich, dass Herr Bongarts *meer* sagt, was »wir« bedeutet. Er sagt es nicht, weil er Schuld teilen möchte, vermute ich, sondern weil er sich als Wir fühlt.

»Wir brauchen eine leere Glasflasche«, entscheide ich. »Haben Sie so was?«

Herr Bongarts öffnet die Fahrertür und berät sich mit seiner Frau, dann klappt er den Kofferraum auf und kramt dort herum. Ich spüre ein Ziehen an meiner Jacke.

»Hallo?«

»Oh, hallo«, begrüße ich das Mädchen in der grünen Jacke. Mit großen blauen Augen schaut sie mich neugierig an. Dann streckt sie mir die Hand entgegen. »Ich bin et Laura.«

Ich wische mein Hand an der Hose ab, ehe ich sie zum Gruß biete. »Susa«, sage ich.

»Laura! Bliev he! Jank in et Auto et is kaal drusse.«

»Neh! Dat wölle ich nit!«

»Ävver ich! Loss! Nit dat de widder krank wüs!

»De Mamm hät et mir ävver erlaubt!«

»Mich stört sie nicht«, sage ich.

»Sieste!«

Herr Bongarts seufzt. »Ävver dan träck deh wenichstens de Mötz op.«

Flugs verschwindet Lauras blonder Pferdeschwanz unter der grünen Kapuze.

Herr Bongarts reicht mir eine Plastikflasche.

»Dat is ming Fläsch«, sagt Laura. »Die kannste han.«

Ich zögere. »Danke«, sage ich zuerst zu Laura und wende mich dann an ihren Vater. »Die Größe ist gut, doch Bremsflüssigkeit ist sehr aggressiv und giftig. Deshalb nehme ich an, dass sie den Kunststoff der Flasche zerstört. Also lieber nicht.«

»Keeschesap! De müj ich am leevste«, sagt Laura »Da wor Keeschesap drin.«

Ein Stück entfernt von uns öffnet ein Mann die Heckklappe eines VW-Busses. Ich entdecke einen Kasten Bier.

»Bin gleich zurück«, sage ich zu Herrn Bongarts und nehme Kontakt mit dem Besitzer des Begehrten auf.

»Hallo, Entschuldigung, kann ich eine Flasche Bier bekommen?«

Es dauert einen Moment, bis ich dank des Staunens meines Gegenübers bemerke, dass hier Erklärungsbedarf besteht. *Weiblicher Gelber Engel bettelt wehrlose Passanten am helllichten Tag um Bier an.*
»Also eine leere Flasche würde genügen. Lieber sogar eine Limoflasche wegen des Schraubverschlusses«, versuche ich die Schlagzeile vor meinem inneren Auge zu verwässern.
Plötzlich steht die kleine Laura neben mir. Ich habe sie gar nicht kommen sehen. »Limo, die müj ich nit!«, verkündet sie.
»Ich auch nicht«, bekräftigt der Mann und reicht mir eine Flasche Apfelschorle. Ich starre auf das Nummernschild seines Wagens. Ein Einheimischer. Also dem Kennzeichen nach. Aber was sagt das schon.
»Was bekommen Sie dafür?«, frage ich.
Er weiß nicht, was er sagen soll. Die Getränkemarktpreise plus Tragerlpfand geteilt durch zwanzig, das dauert. Ich greife in meine Hosentasche, da fühle ich ein Ein-Euro-Stück – für den Einkaufswagen. Das reiche ich ihm. Er weiß nicht, ob er es annehmen soll und zögert.
»Nähm et Jeld, domit meer heem könne«, sagt Laura. Es klingt wie ein Befehl. Der Mann steckt den Euro ein.
Ich war mal zu Gast im Buddhistischen Europazentrum auf dem Gut Hochreute über Immenstadt. Dort kostete alles einen Euro. Der Shuttlebus, das Essen, das Besteck, der Tee. Das hat mir gut gefallen. Eine einfache Sache.
Mit der Apfelschorle kehre ich zurück zu Herrn Bongarts. Laura hüpft in ihren Gummistiefeln mit Blümchen neben mir her. So was gab es nicht in meiner Kindheit. Da waren Gummistiefel gelb oder blau. Es gab auch keine Hightechfunktionsklamotten für Kinder. Wie meine Kameraden lief ich bei Regen im Friesennerz durch die Gegend. Viele kleine Treibaufs in zeltartigen Treibhäusern. Und dieser unvergleichliche Duft – Mikroklima! Ich grinse in mich hinein und erfreue mich an der Erinnerung, die ich schon lange nicht

mehr abgerufen habe. Dann kümmere ich mich wieder um meine Panne. Ob man Apfelschorle einfach so ins Grundwasser schütten kann? Gibt es dafür einen Sonderbehälter wie für Bremsflüssigkeit? Man weiß ja so wenig.

»Mögen Sie Apfelschorle?«, frage ich Herrn Bongarts.

»Iiiiih!«, ruft Laura und assistiert mir dann beim Umfüllen der Schorle in die Kirschsaftflasche. Anschließend sauge ich mit einer Spritze und einem Stück Schlauch die blaue Flüssigkeit aus dem Bremsflüssigkeitsbehälter und spritze sie in die Glasflasche. Blaue Apfelschorle. Nach dem fünften Mal hört man das röchelnde Geräusch, wenn der Strohhalm gurgelnd nur noch Luft saugt. Laura kichert und zieht die Backen zusammen.

»Gibt es hier vielleicht irgendwo Breitmaulfrösche?«, frage ich sie. Laura kennt den Witz nicht.

»Breitmaulfrösche gibt es hier nicht. Hier gibt es keine Breitmaulfrösche«, springt Herr Bongarts schmalmundig ein. Das Hochdeutsche strengt ihn sichtlich an.

Jetzt versteht Laura. Sie lacht laut und klopft an die Fensterscheibe, um ihrer Mutter zu zeigen, dass es hier keine Breitmaulfrösche gibt. Überhaupt nicht. Nirgends!

Ich schaue mir derweil den Behälter an und sehe nichts Blaues mehr. Ich fülle frische Bremsflüssigkeit ein. Die Apfelschorlenflasche schraube ich zu und umwickle den Verschluss mit Pannenband, auf das ich mit dickem schwarzem Filzer Blitze und einen Totenkopf male. Mir selbst traue ich alles zu. Schlimmer als die Schlagzeile mit dem Bier wäre *Gelber Engel nach Genuss blauer Apfelschorle röchelnd am Straßenrand verschieden.*

Laura schiebt ihre kleine Hand in die Hand ihres Vaters und experimentiert weiter mit Breitmaulfroschchoreographien.

»Und wo ist jetzt Ihr Scheibenwaschbehälter?«, frage ich Herrn Bongarts.

»Saachens.«

Ich deute auf einen schwarzen Plastikdeckel, den man nicht aufschraubt, sondern aufklappt. Darauf ist ein Scheibenwischer abgebildet. Der Plastikdeckel befindet sich im Motorraum bei diesem Auto auf der Beifahrerseite ganz vorne beim Scheinwerfer.
Wir füllen den Rest von Herrn Bongarts Scheibenfrostschutz hinein und mit Wasser aus meinem Kanister auf. Ich erkläre das Mischungsverhältnis, das auch auf der Verpackung abgedruckt ist. Dabei geht es nicht nur um die Reinigungswirkung, das Scheibenwasser sollte nicht einfrieren. Je nach erwünschtem Frostschutz wird Wasser nachgefüllt. Laura hört mir aufmerksam zu. Zum Abschied rate ich Herrn Bongarts, umgehend in eine Werkstatt zu fahren und die Bremsflüssigkeit wechseln zu lassen. Ein letztes Mal zupft Laura mich am Ärmel. »Dat is nit nüdich. Ich han jood opjepass un et nächste Mol kann ich et selver maache«, erklärt sie mit dem schmalsten Breitmaulfroschmund, den ich jemals gesehen habe.

In jeder Frau schlummert eine Sünderin

Es wird immer wieder behauptet, es wäre ein typischer Frauenfehler, die falsche Flüssigkeit in das falsche Behältnis zu füllen – mir sind mehr Männer begegnet, denen das passiert ist, ganz einfach aus dem Grund, weil Frauen, wenn sie unsicher sind, zögern und dann fragen. Männer handeln lieber, und zwar sofort. Eine beliebte Flüssigkeitenverwechslung betrifft den Kühlerfrostschutz, der in der Scheibenwaschanlage landet. Das schadet dem Auto zwar nicht, doch an dem schmierigen Glyzantinfilm auf der Windschutzscheibe hat man lange keine Freude.

Der Ölstand ihres Wagens scheint für viele Frauen eine ständige Bedrohung darzustellen. Ungefähr so wie der Vorsatz, abnehmen zu wollen. Ich selbst habe mich schon früh dazu entschieden, regelmäßig den Ölstand zu kontrollieren und keine Diät zu machen. Gelegentlich komme ich zu einer Panne, und eine Frau beichtet mir: »Ich hätte längst mal nach dem Öl schauen sollen.« Diese Beichte höre ich auch, wenn ein Keilriemen pfeift oder ein Reifen platt ist. Immer ist das Öl schuld beziehungsweise die Frau, die ihre Wartungspflichten sträflich vernachlässigt hat. Doch es gibt natürlich auch Männer, die beim Öl ins Schleudern geraten. Sie fragen dann beispielsweise den Kassierer einer Tankstelle und schütten auf seinen Rat hin beherzt Öl in den Motor, bis es oben wieder rausläuft, so dass ein Engel Ablass gewähren muss. Am häufigsten kommt es vor, dass Männer und Frauen, die sich einen Ruck gegeben und nun endlich doch mal den Ölstand geprüft und todesmutig Öl aufgefüllt haben, im Rausch des Über-sich-selbst-Hinauswachsens vergessen, den Öldeckel wieder zuzuschrauben. Solche Menschen lerne ich circa eine Stunde später kennen, wenn der Rausch abgeklungen ist und der letzte Tropfen Öl auf dem Auspuff verbrennt.

Bei älteren Autos kontrolliert man den Ölstand mit Hilfe des sagenumwobenen Ölmessstabes. Auf die Länge kommt es nicht an. Zwischen Minimum und Maximum sollte das Öl stehen. Gemessen wird die Ölmenge im Ruhezustand, wenn sich das Motoröl unten in der Ölwanne gesammelt hat. Sobald der Motor läuft, wird es nach oben in die Problemzonen des Motors gepumpt, um dort Reibung und Verschleiß zu mindern. Wenn Öl fehlt, gießt man ein Mehrbereichsmotoröl nach. Alle circa 15 000 km lässt man das Öl komplett wechseln. Ältere Autos haben nur eine rote Öldruckkontrollleuchte, die beim Einschalten der Zündung aufleuchtet. Sobald der Motor gestartet wird, erlischt diese Leuchte. Sollte diese Lampe während der Fahrt plötzlich zu leuchten beginnen, tut man gut daran, den Motor SOFORT abzustellen. Rote Lampen meinen es ernst. Die rote Öldrucklampe ist nicht für den Ölstand zuständig, sondern für den Druck. Wo kein Öl drin ist, ist auch kein Druck. Aber wenn die

Ölpumpe versagt, besteht auch kein Öldruck, obwohl sich Öl in der Ölwanne befindet – und der Motor ist innerhalb von Sekunden kaputt.

Bei neueren Autos ab circa Baujahr 2000 wurden in den Fahrzeugen zusätzlich gelbe Öllampen eingebaut. Sie übersetzen den Messstab sozusagen ans Armaturenbrett. Wenn diese gelben Öllampen aufleuchten, heißt das, der Ölstand befindet sich auf Minimum. Man sollte also demnächst Öl auffüllen. Nötig wurde diese Leuchte, weil die Motoren mit sogenannten Longlifeölen befüllt werden, die nur noch alle circa 30 000 km gewechselt werden.
Wenn diese gelbe Lampe aufleuchtet, sollte man wissen, welches Öl im Motor ist. Wenn man synthetisches Longlifeöl mit anderem Öl mischt, verkürzt sich die Lebensdauer des Longlifeöls. Zumindest behaupten das seine Hersteller und empfehlen umgehend einen Ölwechsel.

Es werde Licht, sprach Goliath

DINGDONG: WIGRATZBAD, PPL KIRCHE, FORD FOCUS, SILBERN, A, SNA

Die Fahrt von Scheidegg nach Wigratzbad reicht gerade, um meine feuchte Regenkleidung so weit zu trocknen, dass ich sie wieder anziehen mag. Als ich auf den Parkplatz der Pilgerstätte einbiege, bin ich verblüfft, wie viele Autos hier stehen. Wigratzbad ist in. Frau Antonie Rädler war eine fromme Frau, die in der familieneigenen Metzgerei in Lindau arbeitete. Als sie 1936, sie war damals 37 Jahre alt, das Bild »der dreimal wunderbaren« Mutter Gottes abhängen und dafür den mit dem Bärtchen aufhängen und mit dem Hitlergruß Achtung erweisen sollte, weigerte sie sich, und dieser Widerstand brachte ihr großen Ärger ein. Sie wurde verhaftet, kam wieder frei und musste eine Weile untertauchen. Noch im selben Jahr baute sie eine Lourdesgrotte auf dem elterlichen Grundstück. Und sie befreite durch ihr Gebet einen Nachbarn von den Schmerzen seines Krebsleidens. Das sprach sich schnell herum, und so trafen sich hier Sonntag für Sonntag immer mehr Menschen. 1939 baute Antonie die erste Kapelle für Maria Unsere Liebe Frau vom Sieg und bekam erneut Ärger mit der Gestapo.

Ich stelle mir vor, dass es ein gutes und auch tröstliches Gefühl gewesen sein muss, an diesem Ort mit anderen Menschen zusammenzukommen, die den Mut hatten, Lieder von Mitgefühl und Menschlichkeit zu singen. Während des Krieges noch entwickelte sich Wigratzbad zur Wallfahrtsstätte der Verfolgten des Dritten Reiches. Nach dem Krieg wurde der Ort ausgebaut und eine Quelle erschlossen. Inzwischen ist das Terrain eine Riesenanlage mit Priesterseminar, Devotionalienladen und allem, was dazugehört. Auf dem vorgelagerten Parkplatz prangt eine mehrere Meter hohe Statue vom heiligen Pater Pio aus Italien, die auf die neu errichtete Spielhölle nebenan blickt und mahnend die Arme hebt.

Obwohl ich unserer lieben Frau vom Sieg freundlich zugetan bin, fühle ich mich hier ein bisschen wie beim Ring christlicher Gebrauchtwagenhändler. Erleichtert sehe ich einen älteren Herrn und eine Frau aus der hinteren Parkplatzreihe winken. Dort wartet meine Aufgabe in diesem Areal. Herr und Frau Neumann begrüßen mich freundlich.

»Schön, dass Sie kommen! Wir brauchen eine Starthilfe, wir haben das Licht brennen lassen.«

»Na, wenn's weiter nichts ist! Das kann jedem mal passieren«, sage ich.

Während Herr Neumann als kundiger Ford-Fahrer mit dem Zündschlüssel im Kühlergrill das Schloss der Motorhaube entriegelt, entdecke ich einen fröhlichen West Highland Terrier in dem silbernen Wagen. Er wedelt, als wollte er gleich abheben.
»Das mit dem Licht passiert uns dauernd«, gesteht Herr Neumann.
»Unser Junge schaltet es nämlich gern ein«, ergänzt Frau Neumann.
Auf der Suche nach einem Kind drehe ich mich um. Wohl eher ein Enkel, vermute ich. Für einen Jungen sind die Neumanns als Eltern zu alt.
»Da drin ist der Spitzbub!« Frau Neumann deutete auf den Westi im Wageninneren, der überhaupt keine Anzeichen von schlechtem Gewissen zeigt.
»Wie macht er das denn?«, frage ich neugierig.
»Er klettert auf den Fahrersitz …«
»Weil er weiß, dass das der Chefplatz ist«, werfe ich ein.
Die Neumanns nicken. »Und dann«, sagt Frau Neumann, »strampelt er mit den Pfoten, bis das Licht angeht.«
»Aber er hat den Wagen noch nicht gestartet, oder?«, schmunzle ich.
»Wir würden ihm niemals den Schlüssel anvertrauen«, erwidert Frau Neumann gespielt ernst.
»Wir sind auf alles gefasst«, lacht Herr Neumann. »Früher hatten wir einen Escort, da hat er mit seinen Zähnen am Blinkerschalter gedreht.«
»Das ist ja unglaublich!«
»Ja. Hauptsache, das Licht geht an.«
»Und wie heißt der kluge Kerl?«, frage ich.
»Goliath. Er ist schon unser dritter Terrier. Wir haben sie alle gleich genannt.«
»Aha«, staune ich und denke, dass Goliath der ideale Partner für meinen Hund Moll wäre. Ein Westi braucht kaum Platz, ist schlau

und viel schneller im Denken als mein Berner, der sich immer erst mal hinsetzt, um gründlich alles abzuwägen, und das kann dauern.

Das Auto meiner Frau

DINGDONG: WANGEN IM ALLGÄU, VOR POST, SEAT ALHAMBRA, GRÜN, RV, ANL. TOT

Bevor ich Wigratzbad verlasse, fülle ich meine Trinkflasche mit dem Heilwasser aus der Quelle. An manchen Tagen häufen sich bestimmte Pannen. Ich vermute, dass auch meine nächste Panne eine Starthilfe sein wird. Heute ist es nachvollziehbar; das Wetter ist schlecht, und alle fahren mit Licht. Im Lauf der dunklen Jahreszeit werden diese Pannen wieder weniger, wenn man sich allmählich daran gewöhnt, das Licht auch tagsüber ein- und auszuschalten. Herr Aßfalg begrüßt mich mit den Worten »Das ist das Auto meiner Frau.«

Keine Ahnung, was er mir damit sagen will. Ich nicke freundlich.

Die Batterie des grünen Alhambra, den es auch als Ford Galaxy und VW Sharan gibt, ist ziemlich erschöpft. Ich messe 11,6 Volt.

»Wie lange haben Sie denn hier gestanden?«, frage ich Herrn Aßfalg, der um die fünfzig sein mag und einen eleganten Filzhut und einen dunklen Lodenjanker unter seinem Knirps trägt.

»Ich war nur schnell in der Post«, sagt er.

»Wie?«, staune ich. »Geht das? Kann man irgendwo noch schnell auf die Post?«

Ich selbst stehe immer mindestens zwanzig Minuten in der Warteschlange. Im schönen Wangen scheint das anders zu sein. In Wangen gibt es sogar eine Post, die nicht im Getränkelager eines Supermarkts oder in der Tierfutterabteilung untergebracht ist.

»Nun ja, eine Viertelstunde wird es schon gedauert haben«, gesteht Herr Aßfalg unwirsch ein.
»Sie haben das Licht brennen lassen«, teile ich ihm mit, als der Wagen läuft. »Fahren Sie noch eine Weile herum, damit die Batterie wieder aufgeladen wird.«
»Wie gesagt, es ist das Auto meiner Frau. Ich fahre eigentlich einen BMW, aber der ist heute beim Kundendienst.«
Ich verstehe noch immer nicht, was er mir sagen will. Dann ahne ich etwas. Er hat zwar den Schalter zum Einschalten des Lichts gefunden, nicht aber den zum Ausschalten. Oder fährt er sonst mit Tagfahrlicht und ist es gewohnt, dass sein BMW ihm diese lästigen Handgriffe abnimmt? Oder macht Herr Aßfalg keine Fehler?

Mein Telefonjoker

Doch. Tatsächlich machen auch Männer mal Fehler. Und ich habe sogar schon welche weinen sehen! Und zwar auf der Meisterschule. Leider habe ich dort wenig darüber gelernt, worauf es in meinem Berufsalltag ankommt: improvisieren. Was ist noch vertretbar? Darf jemand mit einem Pflaster auf dem Kühlwasserschlauch nach Hause fahren? Mein Job ist oft ein Balanceakt auf dem Grat der Improvisation. Viele Pannen würden in der Werkstatt anders repariert als auf der Straße, weil dort die technischen Möglichkeiten gegeben sind und Ersatzteile zur Verfügung stehen. Ich muss abwägen, was technisch machbar ist und was diesem individuellen Menschen zumutbar ist. Für eine Schreinerin ist es vielleicht sogar cool, nach Erreichen seines Ziels die Motorhaube zu öffnen und eine Sicherung abzuziehen, die er vor der nächsten Fahrt wieder ansteckt. Ein Schriftsteller hätte dabei vielleicht gar keinen Spaß. Das bedeutet, es gibt eigentlich keine Regeln, sondern stets individuelles Vorgehen. Meine Pannen sind immer außerhalb der Öffnungszeiten von Werk-

stätten – so kommt es mir jedenfalls vor. Ich muss verantworten, wo die Fahrt tatsächlich zu Ende ist, weil eine Reparatur auf der Straße ausgeschlossen ist, oder wo sich doch noch etwas machen ließe. Da bin ich manchmal froh, dass ich das rote Telefon für Engel anrufen kann – eine interne Einrichtung für uns Außendienstmitarbeiter. Dort sitzen Kollegen, die in einer speziellen Datenbank technische Dinge nachschlagen und über Infos verfügen, auf die wir im Gelben-Engel-Mobil nicht zugreifen können. Ich rufe manchmal an, wenn mir ein Schaltplan fehlt oder wenn ich glaube, auf dem Schlauch zu stehen. In der Werkstatt beratschlagt man sich dauernd. Man kann mal weggehen, das Gesicht waschen und Abstand herstellen. Schon manches Mal fiel mir ein neuer Lösungsansatz ein, während ich einen Wagen im Schlepptau zur Werkstatt brachte.
Außerdem habe ich noch einen Telefonjoker in petto. Sie rufe ich manchmal an, wenn die Hotline nachts nicht erreichbar ist: Meine ehemalige Kollegin Margit.

Bald nachdem ich beim ADAC angefangen hatte, erfuhr ich von dieser sagenumwobenen Kollegin aus Stuttgart, die als erster weiblicher Gelber Engel beim ADAC Furore gemacht hatte. Da ich von jeher mangels Auswahl eine tiefe Sehnsucht nach weiblichen Vorbildern hege, nahm ich umgehend Kontakt zu dieser schönen Fremden auf, die ich nur von einem Foto kannte. Wir freundeten uns schnell an und bastelten an unseren Motorrädern. Beide fuhren wir eine BMW R90, Baujahr 1975, ich, wie es meinem Naturell entspricht, die R90 naked mit Bing-Gleichdruckvergasern, schlappe 60 PS, aber dafür übergangslos zur Verfügung stehend, nahezu keine Bremswirkung mit einer Scheibe und der abenteuerlichen Seilzughydraulikkombination. Margit fuhr die 90S mit zwei Scheiben und Dell-Orto-Schiebervergasern, die ging natürlich ganz anders ab, aber um dieses Beschleunigungsloch beneidete ich sie nicht. Mit ihren knapp 1,65 m kam sie kaum mit den Füßen auf den Boden und manövrier-

te das schwarze Riesenschiff mit scheppernder Vollverkleidung unter wilden Flüchen sicher durch Europa.
Margit hatte seinerzeit bei den Berliner Verkehrsbetrieben eine hervorragende Ausbildung zur Kfz-Schlosserin gemacht und während ihrer Lehrzeit alles gelernt – vom Omnibus-Motoren-Überholen über Druckluftbremsen bis hin zum selbst entwickelten Gasumbau eines Renault 9 in ihrer Lehrwerkstatt. Schweißen, drehen, fräsen, feilen – alles beherrschte sie, und was sie auch anfasste: es wurde ein kleines Meisterstück. Sie war der ideale Pannenengel, denn sie reparierte einfach alles. Phantasie, Mut zur Improvisation und großes handwerkliches Geschick sowie eine gute Portion Humor verhalfen ihr zu einem heldinnenhaften Ruf.
Mit ihr hatte ich eine richtige Motorrad-Auto-Bastel-Phase wie andere mit sechzehn, nun ja, fast: der dazugehörige Bölkstoff interessierte uns weniger. Obwohl Margit dann den ADAC verließ und in die Bühnentechnik wechselte, weil ihre Liebe zur Oper eben doch größer war als die zum Straßentheater, blieben wir weiter in Kontakt.

Mich trifft der Etterschlag

Eines Tages sagte Odumeinmeister zu mir:
»In Zukunft wirst du dir deine Kinderschokolade selber kaufen müssen.«
»Wieso?«, fragte ich. »Bloß weil ich jetzt dann bald drei Jahre Gesellin bin?«
»Nein. Weil ich gehe.«
»Wie, du gehst? Wohin?«
»Ich höre hier auf.«
»Was?«
»Jetzt mach nicht so ein Gesicht. Du gehst doch auch bald.«

»Ja, aber … aber das ist doch was ganz anderes!«

»Wieso?«

»Na, du bist doch Odumeinmeister! Du darfst nicht gehen!«

Reinhard seufzte. Nach der Mittagspause brachte er mir zehn Tafeln Kinderschokolade auf einmal. Ich solle sie mir einteilen.

Und dann sagte er mir, wie sehr ihn sein täglicher Arbeitsweg nerve. Damals habe ich das nicht verstanden, was war schon dabei, täglich zwei Stunden im Auto zu hocken, da konnte man Musik hören – und außerdem hatte er sich bislang noch nie darüber beklagt. Als ich selbst später eine Weile pendelte, weil ich in München wohnte und auf der A96 im Landkreis Landsberg Schichten fuhr, begann ich ihn zu verstehen. Die Autobahn zwischen München und Lindau dümpelte jahrzehntelang in der Bauphase herum und zog sich kilometerlang einspurig auf der Landstraße dahin. Für Reinhard war es viel schlimmer als für mich, er fuhr morgens in die Stadt und abends hinaus und befand sich damit in Gesellschaft von Zehntausenden anderen, die alle das Gleiche wollten: heim. Dies wurde vor allem durch die Ampel in Etterschlag vereitelt. Heute gibt es dort einen Tunnel. Bei seiner Eröffnung im Jahr 1998 starb ein Arbeiter bei der Aufstellung des Fahnenmasts für die Eröffnungsfeier – ich denke manchmal an dieses tragische Unglück, wenn ich durch den Tunnel fahre.

Zum Abschied von Odumeinmeister in der Werkstatt kam auch seine Frau, und mit ihr zusammen zeigte er uns, was er noch konnte: Rock'n' Roll tanzen. In Glitzerhose und mit Pailletten legte Odumeinmeister eine atemberaubende Akrobatik auf die Hebebühne. Und ich wusste bei allem, was ich von ihm gelernt hatte: Hierin würde ich ihm nicht nacheifern.

Ich stand am Hallentor und rauchte eine Zigarette. Ich freute mich für Reinhard und sein neues Leben als Gutachter, ich war aber auch traurig. Und natürlich wollte ich mir das nicht anmerken lassen.

Plötzlich ein Schatten. Christian, der Werkstattleiter. Schweigend blieb er eine Weile neben mir stehen. Dann klopfte er mir mental auf die Schulter.

»Ich bin ja noch da, Susa«, sagte er.

»Ja«, nickte ich und kam mir ein bisschen vor, als hätten sich meine Ausbildungseltern scheiden lassen, denn Christian und Reinhard waren meine zwei Vorbilder, und als Mischung aus ihnen beiden – natürlich nur ihrer besten Eigenschaften – sah ich mich selbst einmal als Meisterin. Jetzt war plötzlich einer weg, und ich blieb wie eine Gesellinnenwaise zurück. Ich richtete meinen Blick nach vorn. Zehn Tafeln Kinderschokolade weiter. Auch mir stand ein neuer Lebensabschnitt bevor. Und ich war ja nicht ganz vaterseelenallein. Ein weiterer Ausbilder blieb mir noch eine Weile erhalten: Peter, ein sehr praktisch veranlagter Maschinenbauer, der in der AWS für die Lehrlingsunterweisung zuständig war. Niemals vergessen werde ich seine vergeblichen Versuche, mir das Feilen, das ich ja in meiner Lehrzeit durch das übersprungene erste Jahr erspart hatte, doch noch beizubringen. Zur Meisterprüfung gab er mir den Rat, möglichst wenig an meinem Teil herumzufeilen, ich würde alles nur verschlimmern. Das fand auch David, ein Kollege bei der Prüfung, der meinem Meisterstück, einem Abzieher, als der Prüfer uns den Rücken zukehrte, etwas unter die Arme griff. Und dann gab es da noch Charly, den Nachfolger von Reinhard. Er war erstaunlich ausgeglichen und der erste Mensch nach meinem Vater, der in meinem Umfeld auf einem Mittagsschlaf bestand. Im Obergeschoss der Werkstatt richtete er sich einen Schlafplatz mit Matratze ein und verschwand dort, während wir anderen im Brotzeitraum saßen. Es hat noch fünfzehn Jahre und viele Hektoliter Kaffee gedauert, bis ich selbst die Bedeutung des Mittagsschlafes am eigenen Leib erfuhr.

Als der Werkstattmeister Christian die AWS auch noch verließ, weil er in die Zweigstelle A&F in der Sommerstraße wechselte und ein neuer Werkstattleiter eingestellt wurde, durfte ich doch noch – kurz vor Schluss sozusagen – erleben, wie es in anderen Betrieben zugehen mochte. Ich war sehr unglücklich und hin- und hergerissen, ob ich meinen neuen Chef bei seinen Chefs anschwärzen sollte oder nicht, denn er praktizierte unseriöse Machenschaften in unserem Betrieb. Dies war mein erster Loyalitätskonflikt im Berufsleben. Meine Kinderschokoladenwelt wurde bitter. Ein Tropfen Öl verseucht eine Million Tropfen Wasser. Eine faule Führungskraft vergiftet das Betriebsklima. Und nicht nur das Betriebsklima. Ich nahm meinen Frust mit nach Hause, konnte nicht mehr abschalten und schlief schlecht. Odumeinmeister, warum hast du mich verlassen! Zum Glück musste ich das Dilemma nicht lange aushalten. Meine Übergebenen schliefen nicht, und der neue Werkstattleiter musste den Betrieb verlassen.

Das Jüngste Gericht

Ich hatte mich entschlossen, die Meisterschule in Vollzeit zu besuchen anstatt in der Abendschule oder im Internat. Während andere Kollegen für diese Variante Urlaub angespart hatten, kündigte ich in der AWS. Da ich mich selbst nicht als sehr effizient beim Lernen einschätzte, wollte ich mir nicht zu viel zumuten und mich voll auf die Schule konzentrieren. Und außerdem war es auch ein spannendes Gefühl, nicht zu wissen, was danach kommen würde. Odumeinmeister hatte mich bezüglich der Meisterschule auf das Schrecklichste vorbereitet. Ich würde Haarausfall kriegen und Pickel und nicht mehr schlafen können.

»Das glaube ich nicht!«, lachte ich ihm ins Gesicht.

»Doch. So ist es«, erwiderte er mit einem Ernst, der mich nachdenklich stimmte. Odumeinmeister würde mir doch keine Angst machen! Er würde mir so etwas doch nicht erzählen, wenn nicht irgendetwas dran war!

Im Winter 1992 ging es richtig los. Um die Meisterschule zu finanzieren, hatte ich in den drei Jahren davor sehr sparsam gelebt. Zusätzlich beantragte ich ein Unterhaltsdarlehen beim Arbeitsamt, das ich in den Jahren nach meiner bestandenen Prüfung zurückzahlte. Als ich die Meisterschule der Kfz-Innung in der Gärtnerstraße in München besuchte, waren schon andere Frauen vor mir da gewesen und hatten Vorurteile ausgeräumt und durch Achtung und Respekt ersetzt. Ich habe sehr davon profitiert und möchte mich bei ihnen allen bedanken für ihren Mut, ihre Tapferkeit und ihre Ausdauer, sich durchzusetzen und zu behaupten. Alle, mit denen ich gesprochen habe, und zwar quer durch Deutschland, schilderten mir bundeswehrähnliche Zustände an den Meisterschulen, konservative Lehrer mit großen Ressentiments – nicht jedoch bei Kollegen und Mitschülern. Dass meine Kolleginnen dies durchgehalten haben, dafür achte ich sie sehr, denn sie setzten sich einer Situation aus, in der sie nicht erwünscht waren. Mir würde das unglaublich schwerfallen. Ich brauche das Gefühl, dort, wo ich bin, willkommen zu sein. Ich hätte mich nicht gegen Widerstände zur Wehr gesetzt. Doch genau das bedeutet es am Anfang oft, wenn man etwas Neues macht. Man muss erst beweisen, dass es möglich ist. Ich wäre damals keine Automechanikerin geworden, dazu bin ich zu harmoniebedürftig. Ich musste noch ein paar Runden in der Warteschleife drehen, ehe ich auf der Frauenbahn landen konnte.

Während der Zeit auf der Meisterschule war ich auf Geburtstagsfeiern eine sehr gern gesehene Unterhalterin. Ich wurde sogar zu Festen eingeladen, bei denen ich niemanden kannte. Ich nahm diese Einladungen nur selten wahr. Ich lernte. Drei Monate rund um die Uhr und dann noch einmal, denn die Prüfung unterteilte sich in zwei Bereiche. Zuerst der auf den Beruf bezogene Fachteil, Theorie und Praxis, und dann bei der Handwerkskammer in München hinterm Ostbahnhof der allgemeine Teil der Meisterschule, den alle

Handwerksmeister zu absolvieren haben: Sozialkunde, Buchführung, Sozialgesetze, Lehrlingsausbildung und so weiter. Leider erinnere ich mich nicht an die Anekdoten, die anderen damals so viel Freude gemacht haben. Der Stress hat alles überlagert. Die Haare sind mir nicht ausgefallen, aber die Erinnerungen.

In meiner Klasse gab es vierundsechzig Schüler und mich. Ich wurde meistens als sehr geehrte Herren angesprochen. Nur vereinzelt begrüßten mich die Lehrer: Sehr geehrte Dame, sehr geehrte Herren, aber das war mir eigentlich egal. Wie hatte ich mich auf diese Zeit gefreut … lernen wollte ich und mit Kollegen fachsimpeln, weiterbilden wollte ich mich und endlich all das erfahren, wofür ich Reinhard und meine anderen Meister manchmal beneidet hatte, wenn sie mit großer Souveränität irgendwelche Zusammenhänge erklärten. Schnell erkannte ich, dass sie weder die Zusammenhänge noch die Souveränität auf der Meisterschule gelernt haben konnten. Es ging eigentlich nur um eins: um die Prüfung. Wir lernten nicht, um zu lernen und um etwas zu wissen, wir lernten lediglich, um die Prüfung zu bestehen. Die einzige Frage, die bei jedem Stoff wirklich zu interessieren schien, lautete: Kommt das in der Prüfung dran oder nicht?

Gegenüber der Meisterschule befand sich das Zentrum der Zeugen Jehovas. Zweimal Jüngstes Gericht in einer Straße. Wenigstens kannten wir das genaue Datum.

Und so kam ich dann doch noch ein bisschen zur Bundeswehr. Es gab Druck, Druck, Druck, und die Stimmung war dunkel, lernfeindlich und eng. So entstand ein Klima von Angespanntheit und Angst – optimal, um effektiv-effizient im Akkord zu lernen! Nein, so hatte ich mir das nicht vorgestellt. Ich bezahlte einen Haufen Geld für diese Fortbildungsmaßnahme. Ich hatte erwartet, dass mir fachlich und didaktisch geschulte, kompetente Menschen etwas beibringen würden. Dass sie uns als erwachsene Menschen behandelten, die sich entschieden hatten, ihre Dienste für diese Weiterbildung in Anspruch zu nehmen. Stattdessen wurden wir oft behandelt wie ein Haufen lästiger Schulkinder, die den Meisterbrief wohl geschenkt kriegen wollten. Es gab auch nette und engagierte Lehrer. Viele waren Kfz-Meister. Der Schulleiter selbst war kein Meister. Er unterrichtete Mathematik, nein, das ist falsch ausgedrückt, er war verliebt in die Mathematik. Unter uns gab es sehr gute erfahrene Schrauber – ohne Mathe-Abi –, denen diese höheren Weihen verschlossen blieben. Im Matheunterricht habe ich auch gestandene Männer weinen sehen.

»Geh doch rüber«, hieß es dann. Gemeint war nicht das Land jenseits der gefallenen Mauer, sondern die andere Straßenseite. Ein Arm legte sich um eine Schulter, oder ein Verzweifelter bekam einen kameradschaftlichen Boxhieb.

Wie es meinen Mitschülern ging? Ich kann es nur vermuten, denn wir sprachen kaum darüber. Die Panik, die Verzweiflung und die Erschöpfung blitzten nur manchmal auf. Hin und wieder überlegte ich, wie es wohl bei den Friseurmeisterinnen aussah. Ob die auch die Arschbacken zusammenkniffen? Oder ob die sich mal zum gemeinsamen Lästern oder Abheulen trafen? Oder hatten sie keinen Grund, weil sie in freundlichem Umgangston lernen durften. Ich hatte keine Zeit, mir viele Gedanken darüber zu machen, ich lernte rund um die Uhr, und wie es so oft ist in diesen extremen Prüfungssituationen – das Gesetz der Serie: Ich hatte zudem Beziehungsstress. Und so spielte auch ich manches Mal mit dem Gedanken, mir eine große schwarze Tasche zu kaufen und einfach rüberzugehen.

Im Elektrounterricht habe ich gestandene Männer vor Verzweiflung lachen sehen: Als Prüfungsaufgabe musste man eine Beleuchtungsanlage zusammenstecken. Dabei ging es darum, die verschiedenen elektrischen Bauteile miteinander korrekt zu verkabeln. Kein Problem so weit – wäre da nicht der sportliche Kick gewesen, die Klinkenstecker in die richtigen Löcher an der Schalttafel zu stecken, und zwar innerhalb von fünf Minuten. Das war äußerst knapp bemessen, vor allem weil in der Meisterschule leider nur eine sehr begrenzte Anzahl langer Kabel zur Verfügung stand – weshalb die eigentliche Aufgabe darin bestand, im Vorfeld auswendig zu lernen, für welche Verbindungen man die längeren Kabel unbedingt nutzen sollte. Denn sonst hätte die Zeit nicht mehr gereicht, sie gegen die kürzeren auszutauschen.

Die gesamte Ausstattung der Schule war veraltet. So hatte ich mir das nicht vorgestellt. Ich hatte erwartet, dass die Schule auf dem neuesten Stand der Technik, innovativ und modern sei. Ich hatte vermutet, dass die Firmen ihre Neuerungen den Schulen gerne zur Verfügung stellten, um die junge Generation der Meister darüber zu informieren. Es konnte doch nicht am Geld liegen – vielleicht eher an verstockten Kommunikationskanälen? Seinerzeit fand in der Technik der Wechsel von der Mechanik zur Elektronik statt. ABS-Systeme, die damals bereits auf dem Markt waren, wurden nicht geschult, es gab nicht mal Schulungsmaterial dafür. Einer der Kollegen kopierte uns Unterlagen aus seiner Werkstatt, und es gab doch tatsächlich Meisterschüler, die sich dafür interessierten, obwohl das garantiert nicht in der Prüfung drankommen würde.

Eines Tages schenkte mir Oster eine Pistole, ein Kinderspielzeug mit Plastikpfeilen an Saugnäpfen. Ich glaube, es ist nicht übertrieben zu behaupten, dass sie mich und manche meiner Kameraden öfter vor Schuldepressionen rettete. In den kleinen Pausen zwischen den Unterrichtseinheiten kamen ständig Mitschüler zu mir, die die Pistole mal kurz ausleihen wollten, um ein bisschen herumzuschießen. Das befreite ungemein. Amokläufe an Schulen und überhaupt bewaffnete Schüler waren damals in Deutschland zum Glück noch kein Thema.

Im Dezember 1993 bekam ich meinen Meisterbrief bei einem Festakt in der Philharmonie vom damaligen Ministerpräsidenten Edmund Stoiber überreicht. Insgesamt wurden an diesem Tag rund 2400 Meister in ihre Handwerksberufe entlassen. Zu diesem Zeitpunkt arbeitete ich als frisch gebackener Gelber Engel bereits zwei Monate beim ADAC.

Yellow Submarine

DINGDONG: WITZIGMÄNN, BUSHALTESTELLE, MITSUBISHI LANCER, BLAU, LI, SCHEIBENWISCHER

Auf dem Weg von Wangen zu meiner nächsten Panne überfahre ich fast einen Mann, der sich wild winkend vor mein Yellow Submarine wirft. Ich bremse scharf, und er springt beiseite. Es tut mir leid, dass ich ihn bei meinem Manöver nass spritze. Nachdem es in den letzten beiden Stunden nur gegossen hat, schüttet es nun wieder aus Eimern. Auch auf den Straßen schimmern Pfützen. Die Sichtverhältnisse sind schlecht.

Es dämmert bereits, und der Mann trägt keine Warnweste. Manchmal kommt es mir so vor, als würde ich nur Subjekte mit reflektierenden Streifen wahrnehmen. Zumindest im Dienst bin ich darauf geeicht. Ich bin schon oft an Bekannten und Freunden vorbeigefahren und habe sie nicht erkannt. Kein Wunder, wenn sie keine Warnweste trugen oder ohne eingeschalteten Warnblinker unterwegs waren.

Ich öffne mein Fenster und bekomme einen Eimer Nadeln ins Gesicht geschüttet. Reflexartig lasse ich die Scheibe wieder hochfahren, bis nur noch ein höflicher Spalt übrig bleibt.

»Isch des a Gligg, dass Sie da langfahret!«, begrüßt mich der Mann um die sechzig. »Kennat Sie mir helfa? Do fiera steck i fescht. Do an da Unterfihrung.«

»Ja«, nicke ich und bewundere den Mann für seine Fähigkeit, sich zweizuteilen.

»I bi aufm Wäg zur Telefonzella. Do hot's koi Netz. Grod wollt i Sie aruafa. Und scho sind S' do. Da fiere isch es scho.«

Er läuft los, langsam fahre ich hinterher, biege rechts ab, und dann erkenne ich ein vertrautes Blinken, das mich aus einer kleinen Unterführung begrüßt. Es gehört zu einem anthrazitfarbenen VW Passat TDI, der im Meer einer Reflexion steht. Es dauert einen Moment, bis ich begreife, dass der Audi dabei ist, ein Bad zu nehmen. Es mögen erst dreißig bis vierzig Zentimeter sein, die Räder sind noch zu sehen. Offensichtlich hat dem Motor diese Wasserkur nicht gefallen, er wird im Pool ausgegangen sein. Ich parke, lasse mein Engelmobil solidarisch mitblinken, greife nach der Taschenlampe und steige aus.

»So was Bleeds, so was Bleeds aber au. Bleed isch des jetzt! I bi in die Unterfihrung gfahra und hob id gseha, dass do Wassr drin stoad. Und dann ischa scho ausganga. Bleed isch des!«

»Ja, das ist wirklich blöd. Ich kann Sie da zwar rausziehen, aber …«

»Ja, des wär schee! Ihr Auto schafft des. Es isch ja groß.«

»… Ja, mein Auto schafft das, allerdings vermute ich, dass der Motor Wasser gezogen hat.«

»Um Himmels willa! Was heißt jetzt des?«

»Das heißt, dass es mit dem Rausziehen allein nicht getan ist. Das Auto muss in die Werkstatt.«

»Wega dem bissle Wassa?« Der Mann kräuselt seine Stirn. Er will mir nicht glauben.

»Manche Turbodieselmotoren saugen die Luft sehr tief am Boden an und …«

»So was Bleeds, des isch aba bleed!«, murmelt er.
Ich zucke mit den Schultern. »Tja.«
»Do ko i gar nix dafier? Desch is a Baufähla?«
Ich schweige.
»So was isch mir no nia bassiert. I fahr scho 40 Joahr ohne an Unfall.«
»Hm«, mache ich.
»Bassiert so was efters?«
»Seit es mehr Hochwasser gibt, ja.
»Ma rechnet ja id damit, wenn's dunkel isch.«
»Ja. Das stimmt.«
»I hob nix gsäha, gar nix. Ich wär doch sonscht nia do nei gfhara.«
»Oft genügen schon größere Pfützen. Viele Autofahrer glauben, es sei am besten, solche Hindernisse mit viel Schwung zu passieren. Das ist falsch, denn durch die Bugwelle, die dabei entsteht, saugen die Motoren noch mehr Wasser. Es wäre besser, ganz langsam zu fahren.«
»Also so ebbas bassiert efters, sagad Sie?«
»Ja«, wiederhole ich und wundere mich, dass ihm das so wichtig ist, es ändert doch nichts an dem Schaden, aber aus Erfahrung weiß ich, dass der Schaden für manche Menschen kleiner auszufallen scheint, wenn sie sich damit in Gesellschaft fühlen.
»Und wie deier kommt mi des?«
»Jetzt lassen Sie uns den Wagen doch erst mal rausziehen. Vielleicht haben Sie ja Glück. Es kann allerdings auch sein, dass Sie einen neuen Motor brauchen.«
»Herrgottsakrament!«
»Sind Sie ADAC-Mitglied?«
Die rechte Hand des Mannes schnellt mir entgegen. Leicht irritiert nehme ich seine Mitgliedskarte entgegen, dann fällt mir ein, dass er unterwegs war, die letzte Telefonzelle Deutschlands zu suchen, deshalb hat er die Karte griffbereit.

»Einen Moment«, bitte ich ihn, gehe zurück zu meinem Engelmobil und verständige die Pannenzentrale, dass ich auf dem Weg zu meiner Panne von einer anderen Panne aufgehalten wurde und für diese einen Abschleppwagen benötige.

»Der Abschleppwagen kommt bald«, sage ich zu Herrn Schindele.

»Aba wieso denn an Abschleppwaga? I hob gmoint, Sie wollet mi do rausziehe.«

»Ja. Das mache ich auch gleich. Sie brauchen trotzdem einen Abschleppwagen, der Sie in eine Werkstatt bringt.«

»Herrschaftzeiten, do is etzt doch koina mehr. Und a Netz hob i au koins. I ko doch gar koin meh aruafa!«

»Bestimmt kann der Kollege das Auto auf dem Hof abstellen. Wenn Sie jemanden anrufen möchten, können Sie es mit meinem Handy versuchen.«

»So was Bleeds! Grad heit!«

»Also dann«, sage ich, bevor Herr Schindele mir vielleicht erzählt, warum das Bad des Passat gerade heute sehr ungünstig ist, denn ich habe noch eine offene Panne, »packen wir's!«

»Was muss i dua?«

»Ihr Wagen hat eine Anhängerkupplung, das ist schon mal sehr gut, ich kann mein Seil direkt dort anhängen. Bitte schwimmen Sie zu Ihrem Auto, schalten Sie die Zündung ein, und lenken Sie, während ich Sie rausziehe.«

In meinen Gummistiefeln auf Zehenspitzen wate ich zum Heck des VW. Natürlich gelingt es mir nicht, trockene Füße zu behalten, doch im Vergleich zu den Beinen von Herrn Schindele komme ich gut weg. Er ist nass bis zu den Oberschenkel, ich weiß nicht, wie er das geschafft hat. Vielleicht hat er versucht, den Passat allein herauszuschieben. Hoffentlich erkältet er sich nicht.

Nachdem ich den Wagen aus der großen Pfütze geholt habe, stellt Herr Schindele sein Warndreieck auf. Ich benachrichtige die Polizei, damit sie die Unterführung sperrt. Bevor ich diesen verhängnisvollen Ort verlasse, rufe ich noch bei dem Abschleppunternehmen an, das die Pannenzentrale bereits informiert hat. Der Chef persönlich meldet sich, denn das Unternehmen besteht aus dem Chef, der trotz seiner rund fünfundsiebzig Jahre noch immer im Dienst ist. Rund um die Uhr.

»Hallo, Herbert, hier Susa.«

»Ja, hallo, griaß di.«

»Holst du den VW aus der überschwemmten Unterführung?«

»Ja. I bi scho untrwegs. Grad hab i des Fax kriagt.«

»Kennst die Unterführung?«

»Ja, ja. Desch is doch hinta d'Kurva rechts.«

»Genau!«

»In zehn Minuta bi i do.«

»Dann bin ich schon weg. Hab die nächste Panne bei Lindau.«

»A goade Fahrt, Susa.«

»Danke gleichfalls, Herbert.«

Ich drücke die rote Taste und schmunzle. Blöde Frage eigentlich. Es gibt wahrscheinlich keinen Riss im Asphalt, den Herbert in seinem Revier nicht kennt. Hinter der Kurve rechts, alles klar.

Wenn Männer schlecht hören

In einer Bushaltestelle neben einem Stand mit Kürbissen verschiedener Größen und Farben steht der Mitsubishi Lancer, der schon eine Weile auf meinem Display wartet. Herr Bergmann sitzt im Wagen und liest Zeitung. Ich parke dicht hinter dem Lancer. Herr Bergmann steigt aus und begrüßt mich gestenreich. Nach einer kurzen Irritation begreife ich, dass er nicht sprechen kann.

»Verstehen Sie mich?«, frage ich ihn.

Er schüttelt den Kopf, und zeigt auf meine Lippen.

Ich nicke und spreche ab jetzt sehr deutlich und langsam. Herr Bergmann lächelt mir freundlich zu. Er ist Mitte dreißig, gut gekleidet, ziemlich attraktiv und erinnert mich an eines der Männermodels für Herrenparfüm. Ich rieche jedoch nichts – das mag daran liegen, dass das ganze Allgäu seit ein paar Tagen in Gülle getränkt ist, so dass bereits ein betörender Duft über allem liegt.

»Ihr Scheibenwischer ist kaputt?«, gleiche ich mein Display mit der Wirklichkeit ab, obwohl ich es selbst sehe. Erschöpft hängt der Wischerarm an der Windschutzscheibe. Der starke Regen war wohl zu viel. Ich untersuche das Wischergestänge. Nur der Wischerarm hat sich gelöst. Es freut mich, dass die Reparatur schnell gehen wird – Herr Bergmann hat ja lange genug gewartet.

»Sie können bald weiterfahren«, sage ich zu ihm.

Er nickt.

Unsere Verständigung verläuft mühelos. Ich habe öfter taubstumme Kunden. Sie schicken eine SMS an die Gehörlosen-Pannenzentrale in Landsberg am Lech, die dort als Fax erscheint; es gibt hierfür Sondernummern. Je nachdem, was für eine Panne vorliegt, kann die Verständigung auch schwieriger sein. Um Missverständnissen vorzubeugen, ist es mir lieber, per Papier zu kommunizieren. Man glaubt so oft, man verstehe etwas und täuscht sich dann. Und das gilt ja nicht nur für den Dialog mit gehörlosen Menschen. Doch in diesem Fall verzichte ich darauf, der schlappe Wischerarm spricht für sich.

Mit meiner kleinen Ratsche ziehe ich die Mutter auf der Wischerarmwelle wieder fest. Dann bitte ich Herrn Bergmann, den Wischer einzuschalten. Er startet den Motor – und zwar typisch für einen gehörlosen Menschen mit viel zu viel Gas. Der Scheibenwischer bewegt sich vorbildlich. Der Keilriemen quietscht.

Normalerweise würde ich nun fragen, wie lang der Keilriemen schon solche Geräusche macht. Diese Frage wird mir Herr Bergmann nicht beantworten können und deshalb bin ich auch nicht so ungehalten wie sonst, wenn mir quietschende Keilriemen begegnen. Ich mag sie nicht, weil sie verschleppte Pannen sind. Besser ist es, sie zu spannen, wenn sie zu singen beginnen – nicht erst, wenn das Auto sich nicht mehr starten lässt, was meistens im strömenden Regen passiert, und dann ist die Reparatur doppelt unangenehm, denn oft muss ich mich dazu unter das Auto legen, und das ist bei einer nassen Straße voller Pfützen pfui Teufel. Jedes Jahr im Herbst hört man die Keilriemen quietschen, als müssten sie die Vögel ersetzen. In meinen Ohren sind sie eine Lärmbelästigung. Der Keilriemen treibt die Lichtmaschine an, und wenn er quietscht, rutscht er durch, weil er zu locker sitzt. Folglich dreht sich die Lichtmaschine zu langsam und produziert keinen Strom. Das Resultat: Die Batterie wird nicht geladen, und bald darauf springt das Auto nicht mehr an. Im Herbst, wenn viele Verbraucher eingeschaltet sind – Licht, Gebläse, Heckscheibenheizung, Scheibenwischer – kann das sehr schnell gehen.

Ich bitte Herrn Bergmann, den Motor abzustellen, indem ich in der Luft einen imaginären Schlüssel drehe. Herr Bergmann versteht sofort und stellt sich neben mich. Der Regen scheint ihm nichts auszumachen. Tropfen rinnen über sein markant geschnittenes Gesicht, von den dichten dunklen Haaren über die Stirn. Ich zeige Herrn Bergmann den Keilriemen und gestikuliere, dass ich ihn spannen möchte. Zur Sicherheit schreibe ich das auch noch auf: *Der Keilriemen Ihrer Lichtmaschine quietscht. Ich werde jetzt versuchen, ihn zu spannen. Dafür brauche ich ungefähr zehn Minuten. Okay?*
Herr Bergmann nickt.
Ich nehme das benötigte Werkzeug, Ratsche, Montiereisen und Taschenlampe aus meinem Engelmobil und mache mich an die Arbeit. Herr Bergmann tippt auf meinen Unterarm und zeigt mir mit Handbewegungen, dass er gerne helfen möchte. Wunderbar. Ich reiche ihm die Taschenlampe. Herr Bergmann nimmt sie, zögert, bittet mich dann, kurz zu warten, fasst an seinen Kopf, als wäre ihm

eben etwas eingefallen, und holt einen großen schwarzen Schirm aus seinem Auto. Fürsorglich hält er ihn über mich. Der Eingriff verläuft unkompliziert. Während ich das Montiereisen zwischen Lichtmaschine und Motor klemme, um den Riemen zu spannen, hält Herr Bergmann das Montiereisen, und ich ziehe die Schrauben fest. Wir sind ein gutes Team. Das findet Herr Bergmann auch. Er deutet ein *Gimmie five* an, als wir fertig sind, und ich klatsche seine ausgestreckte Hand ab.
Der Keilriemen wird allerdings nicht mehr lange mitspielen. Rissig sieht er aus, als habe er schon lange gequietscht. Leider habe ich keinen solchen Riemen in meinem kleinen Bordlager. Auf den Pannenbericht schreibe ich, dass Herr Bergmann den Keilriemen bitte demnächst wechseln lassen sollte. Herr Bergmann malt ein lächelndes Männchen auf den Bericht.

Türkischer Humor

DINGDONG: HORGENZELL, RV, 3ER BMW, GRÜN, SNA

Weiter geht es nach Horgenzell. Ein etwas betagter 3er BMW springt nicht an. Der türkische Mann, aus dessen Art, sich zu bewegen, ich schließe, dass er schon lang hart arbeitet, gibt mir die Hand. »Grüß Gottle«, sagt er. »Mein BMW springt nicht. Ich muss zum Schaffe morgen um vier Uhr in der Früh.«
»Puuh, so zeitig!«
Es ist inzwischen 21.30 Uhr, und ich finde, er gehört ins Bett.
»D' Frau wollt einkaufen. Ich hab gschlofe. Ist zu Fuß«, erzählt er mir in ruhigem Ton.

Nachdem der Wagen mit Hilfe eines Starthilfesprays kurz angesprungen ist, prüfe ich die Kraftstoffpumpensicherung Nummer elf und überbrücke dann das Pumpenrelais. Sirrend erwacht die Pumpe zum Leben, und der Motor springt an. Ich bin sehr erleichtert, dass Herr Yilmaz jetzt ins Bett kommt, zeige ihm, in welchen Pin er morgen früh vor der Fahrt den Stecker meiner Brücke schieben muss, und schreibe den Pannenbericht.

»Vielleicht können Sie ja in den nächsten Tagen mal zu Ihrer Werkstatt fahren und das Relais austauschen lassen«, schlage ich ihm beim Abschied vor.

Herr Yilmaz winkt ab. »Ja, ja. BMW. Wissen Sie, was heißt?«

»Wie, was heißt?«, frage ich.

»BMW: Bring mich Werkstatt.«

Ich grinse. Pannen mit Türken machen oft gute Laune. Die lustigste Panne mit einem Türken erlebte ich vor vielen Jahren in München. Nachdem der Kunde mich mit dem typischen »Mein Auto springt nicht!« empfangen hatte, zählte er auf, was er schon alles selbst unternommen hatte: »Auto nix springt – habe geschoben, aber Auto nix springt – habe geholt meine Frau und geschoben mit Frau, aber Auto immer noch nix springt!«

Ein offensichtlich ebenfalls türkischstämmiger Passant blieb neben dem Auto stehen und feixte: »Dein Auto gut – deine Frau nix gut!« Woraufhin mein Kunde schlagfertig erwiderte: »Macht nix! Habe Adack angerufen – hat Adack sofort neue Frau geschickt!«

Danach haben wir uns alle drei gebogen vor Lachen. Nicht so lustig fand das übrigens ein anderer Kunde. Als die Kollegin aus der Zentrale ihm mitteilte: »Unsere Mitarbeiterin ist gleich bei Ihnen«, dachte er wohl, er habe versehentlich die Sex-Hotline erwischt: »Nix Frau schicken, bitte! Auto kaputt!« Er war sehr erleichtert, als ich ihn etwas später in voller Montur begrüßte. Nicht Ledercorsage und Peitsche, sondern Latzhose und Prüflampe!

Ode an die Heinzelmännchen

Unter meinen Kunden gibt es viele Schichtarbeiter. Im Allgäu sind es oft Angestellte von Rehakliniken und Pflegeheimen, Industriemechaniker und selbständige Messeaussteller. Viele arbeiten auch im Hotel- und Gaststättengewerbe. Oder als Kassiererinnen in einem ländlichen Supermarkt, wo sie bis 22 Uhr, umgeben von pöbelnden gelangweilten Halbstarken mit Sixpacks ex corpore, die Stellung halten müssen. Bei meinen Diensten in München begegneten mir Schichtarbeiter aus fast allen Berufen. Wenn man erst mal einen Blick dafür entwickelt hat, erkennt man, dass es sie überall gibt; sie, nein wir, ich gehöre ja auch dazu, sorgen dafür, dass alles reibungslos funktioniert, auch wenn die anderen schlafen. Wenn ich manchmal zu einer Panne komme, wo ein völlig übermüdeter Mensch nur noch eins möchte: in sein Bett, fühle ich mich selbst gar nicht als Schichtarbeiterin. Wie leicht habe ich es im Vergleich zu den Mitarbeiterinnen in einem Callcenter oder einer Ärztin, die 36-Stunden-Dienste absolviert. Was für ein Wahnsinn eigentlich, den wir uns da leisten. Ich selbst würde lieber von einem ausgeschlafenen Mediziner behandelt werden.

Menschen nach Nachtschichten mit ihren bleichen, teigigen Gesichtern – ich habe sie ganz besonders ins Herz geschlossen. Wenn sie dann zu allem Überfluss eine Weile auf mich warten mussten, wo sie doch nur ins Bett wollen. Sie regen sich nicht auf. Sie warten. Sehr gelassen meistens. Ihre Bewegungen sind langsam, und sie sind eigentlich immer sehr freundlich, wie sie da neben ihren Autos stehen, vielleicht regnet oder schneit es, und sie frösteln, weil sie müde sind, so müde, dass sie sich gar nicht mehr richtig warm bekommen. Alles an ihnen schreit nach Bett. Bei solchen Pannen tut es mir besonders leid, wenn ein größerer Schaden vorliegt oder ich einen Abschleppdienst bestellen lassen muss. Das alles sind ja weitere Verzögerungen auf dem Weg ins Bett, und dann hat man doch keine Ruhe, muss bald wieder aufstehen und die Reparatur mit einer Werkstatt besprechen – schließlich braucht man das Auto gleich wieder … für die nächste Schicht.

Im Dunkeln und Verborgenen arbeiten sie, Hüter des Schlafs der anderen, die sich erst durch die Wache der Schichtarbeiter sicher fühlen können – und es vielleicht gar nicht wissen. Doch sie sind da. Am besten ist es, man braucht sie nie. Und vergisst sie nicht … auch wenn man sie selten zu Gesicht bekommt beim Yoga und im Chor, beim Kegeln und Feiern. Irgendwie sind sie alle Engel.

Samhain: 1. November, Spätschicht

Abgewrackt

DINGDONG: RV, WOLFEGG, SUZUKI SWIFT, WEISS, RV, ZÜNDSCHLOSS DEFEKT

In einer kleinen, mit Schlaglöchern gespickten Straße in Wolfegg erblicke ich den schmutzig weißen Suzuki Swift. Wie der einzige Überlebende eines großen Massakers erscheint er mir, und ein Hauch von Sentimentalität streift mich. Die große Schlacht begann am 16. Januar 2009, unserem Informationszeitalter entsprechend in der Tagesschau, wo das neue Wirtschaftswunder artgerecht angekündigt wurde. Das wollten sich viele nicht entgehen lassen. Über eine Viertelmillion Anrufe verzeichnete das Kraftfahrtbundesamt am nächsten Tag, und schnell war klar: Die Idealfigur für die Sommermode 09 lautet: 0,6 hoch, 1 tief, 2 breit. Meter. Auf dieses Maß wurden dann auch rund zwei Millionen Beräderte zusammengepresst. Zu schlank ist nicht mehr schön, und wer nur noch klotzt, ist nicht salonfähig. Autos, von denen viele noch jahrelang hätten munter über unsere Straßen sausen können, hübsch, verkehrssicher, kostengünstig, gemäßigt im Verbrauch, sozial kompatibel mit ihren Angehörigen, wurden nun zuerst der Mafia und später der Schrottpresse zum Fraß vorgeworfen. Und man durfte dabei auch noch ein gutes Gewissen haben. Die Kritik, dass bei dieser Säuberungsaktion nur einzelne Aspekte der Umweltbelastung herausgegriffen und mit Hilfe der Autoindustrie, Presse und Politik zur Vogelgrippe und

Schweinepest des Straßenverkehrs erklärt würden, änderte nichts an dem Trend. Ob Fiesoxin oder Meuchelmonoxyd – die Liste der Abgase ist lang, und die Zusammenhänge sind viel zu komplex, als dass man ihnen mit so einem kurzen Prozess gerecht würde. Bei vielen – vor allem denjenigen, die nicht in den Genuss der von ihren Steuern bezahlten Prämie gekommen sind – stellte sich ein Gefühl von Ekel und Verstoß gegen die guten Sitten ein. Auch bei mir. *So was tut man nicht.* Das hörte ich oft, wenn ich im Hof einer Werkstatt mit den dort arbeitenden Kollegen um einen Delinquenten stand, zum Beispiel einen Golf 4, einen Mercedes Vito oder einen Peugeot 405, alle mit weniger als 150 000 km auf dem Tacho, nicht mehr taufrisch, aber doch in einem guten Alter mit gesunden Lungen, kräftiger Kompression, makelloser Haut und dem einen oder anderen Schiebedach, scheckheftgepflegt. Ihre Herzen waren gebrochen. Verstoßene, die bis zum 16. Januar an ein langes Leben im Kreise ihrer Familie geglaubt hatten. Urlaubsfahrten, Berufsverkehr, vielleicht hin und wieder mal durch eine Waschstraße oder ein übermütiger Kavalierstart im Mai – das Leben auf vier Rädern kann so schön sein.

Nein, das war kein Neid, das war Anstand und Respekt vor der Schöpfung, auch vor der eines Autos mit TÜV, und das Wissen um die ungleiche Verteilung der Ressourcen auf dieser Welt. Und sie werden immer weniger. In diesem Jahr 2009 verschwanden sie von den Straßen, meine treuen Kunden, und würden bald verblassen zu Erinnerungen. Ausgewechselt über Nacht gegen schnieke, neue aerodynamische rote und endlich wieder weiße Neulinge. Wie es zu diesen erbarmungslosen Autoschlachten kommen konnte, lässt sich wohl am ehesten mit dem bei uns Deutschen anscheinend besonders ausgeprägten Rabattreflex erklären. Das in der Hirnmitte sitzende fingerspitzengroße Belohnungszentrum schüttet kanisterweise Dopamin aus und ermöglicht Trennungen auch von treuen Begleitern.

Bei Herrn und Frau Isele liegen die Gefühle noch im Widerstreit, auch wenn sie sich bereits entschieden haben.
»Desch isch a guds Audo, mit deem ben i zfrieda«, anerkennt Herr Isele.
»Des hot ons ni'e em Stich glasse«, ergänzt Frau Isele.
»Kam'er scho sage«, nickt Herr Isele.
»Mei Mo hot scho recht. So billich krieger'mer kois moi.«
»Aba gugge' Se mol: Etzt isch er alt und hot halt seine Magga. Abar i glaub, so hemmers recht gmacht!«
»Wer woiß, was sonscht no alles komme wär!«
»Laufa dud er jo wie gschmierd.«
»Er wird scho no drei oder viar Wocha halda? Na kriege'mer jo en Neua.«
Ich klopfe dem Suzuki innerlich auf den Kotflügel. Armer Kerl. Sein Zündschloss klemmt. Passiver Widerstand. Das wundert mich nicht. Der Schlüssel passt ins Schloss, lässt sich aber nicht mehr drehen. Wundert mich noch weniger. Wenn er sprechen könnte, denke ich, würde er mich vielleicht bitten, ihn einfach in Ruhe sterben zu lassen. Er möchte selbst entscheiden, wann es so weit ist. Ich hole Ballistol, ein Waffenöl, das mir oft als Allheilmittel dient, einen Gummihammer und eine Zange. Dann probiere ich mit einer Mischung aus feinfühliger Entschiedenheit, Erfahrung und Gewalt, das Lenkradschloss zu entriegeln, ohne den Schlüssel dabei abzubrechen. Nach einer Weile gelingt es. Frau Isele freut sich sichtlich, als ihr »Kloiner« wieder zum Leben erwacht und das Armaturenbrett aufleuchtet. Doch auch sie wird ihren Glückshormonen erliegen, wenn sie ihren Neuen in die Arme schließt, und den Alten bald vergessen. So verfahren wir mit unseren Autos. Durch die Ersparnis erscheint die Ausgabe für den Neuen irrelevant. Als beträfe dies verschiedene Kostenstellen in der geistigen Buchführung. Ich erinnere mich an eine Reifenpanne bei einem damals ziemlich neuen 7er BMW. Die etwas älteren Herrschaften befanden sich auf dem Weg

nach Bregenz zum Tanken, als durch eine kleine Unaufmerksamkeit der rechte Vorderreifen am Bordstein aufriss. Im westlichen Allgäu und in der Bodenseeregion fahren viele zum Tanken ins benachbarte Ausland, denn ein paar Cent pro Liter spart man dabei immer. In Anbetracht dieses Fahrzeugs der sogenannten Premiumklasse im Wert einer Eigentumswohnung staunte ich dann doch, dass die hochbetagten Leutchen die Fahrt zur Billigtanke auf sich nahmen, wo doch vermutlich schon die Portokasse den Luxus einheimischen Kraftstoffs erlaubt hätte. Noch mehr staunte ich, als ich auf der Suche nach dem Ersatzrad im Kofferraum fünf Zwanzig-Liter-Kanister entdeckte, die bei dieser Gelegenheit aufgetankt werden sollten. Von nix kommt nix? Sparzwanglust? Vielleicht sind alte Werte aus der Erziehung und die im Laufe des Lebens erworbene Fähigkeit und Freude am Genuss bei manchen noch nicht synchronisiert.

Die nackte Felge

DINGDONG: BAD SCHUSSENRIED, BC, GARAGE, PORSCHE 911, REIFEN DEFEKT

Nebel und Dunkelheit umgeben mich auf dem Weg nach Bad Schussenried. In den Dörfern brennen auf den Friedhöfen viele rote Lichter. Es ist Totensonntag. Ein Gedenktag für die Ahnen, der in seiner Bedeutung durch die Jahrtausende erhalten blieb. Samhain galt bei den Kelten als wichtigstes Fest im Jahreskreis; zu Recht, wie ich finde, denn Leben und Tod gehören zusammen, und was wären wir ohne unsere Vorfahren, auch wenn sie nicht auf Rädern unterwegs waren? Der Brauch im süddeutschen Raum, am 1. November Grablichter anzuzünden, gefällt mir sehr gut. Die vielen hundert Lichter, die die ganze Nacht lang flackern, scheinen die Toten zum Leben zu erwecken und vermitteln mir ein Gefühl von Heimeligkeit, so als wären sie nicht allein, sie oder diejenigen, die um die Toten trauern. Der Wagen von Frau Thomsen, ein Porsche 911, steht in der Garage ihres Einfamilienhauses. Er springt nicht an, weil die Fahrertür über Nacht nur angelehnt war. Die Innenbeleuchtung brannte und hat die Batterie entladen. Ich hole meinen Starthilfekoffer. Ohne Mucken springt der Porsche an, und Frau Thomsen fährt ihn aus der Garage, damit wir uns der eigentlichen Panne widmen können. Frau Thomsen ist eine sympathische Frau zwischen sechzig und siebzig – seitdem viele Frauen in diesem Alter ihre Haare färben, finde ich es schwierig, das genauer zu bestimmen. Sie sieht eigentlich gar nicht aus wie eine Porschefahrerin, denke ich, ohne genau zu wissen, wie eine solche aussehen sollte. Aber vielleicht ist sie ja eine pensionierte Rennfahrerin, oder ihr Sohn hat ihr den Wagen zum Siebzigsten geschenkt. Eigentlich weiß man nur, wie männliche Porschefahrer aussehen beziehungsweise auszusehen haben. Ein schruppelndes Geräusch reißt mich aus meinen Gedanken. Ich erschrecke, schaue, stutze dann und staune: Vorne links am Porsche fehlt ein Reifen. Er ist nicht platt, er ist weg. Die nackte Felge poltert über die gepflasterte Garagenausfahrt. Was mag hier vorgefallen sein? Frau Thomsens Gesichtsausdruck entnehme ich nichts. Freundlich schaut sie mich an. Sie trägt ein dezentes Make-up und eine Art auberginenfarbenen Jogginganzug, der wahrscheinlich eher der Abteilung Hausanzug entstammt. Ich öffne die Haube des Porsche zum zweiten Mal und hole das Notrad hervor. Mit meinem Kompressor werde ich es erst einmal aufpumpen, bevor ich es am nackten Stumpf des Patienten montiere.

»Das ist gestern Abend passiert. Es war schon recht spät. Ich war auf dem Weg nach Hause vom Kartenspielen mit Bekannten«, beginnt Frau Thomsen, und mir fällt wieder einmal auf, dass Frauen gerne Geschichten erzählen rund um ihre Pannen.

»Aber da hätten Sie uns doch gleich rufen können. Hatten Sie kein Handy dabei?«
»Ach, ich bleibe doch nicht nachts irgendwo in der Pampa allein stehen und warte stundenlang, ob vielleicht mal jemand kommt. Pah! Allein als Frau, was glauben Sie denn! Haben Sie keine Angst?«
»Nein, mein Auto geht ja«, antworte ich und denke: Fehler, es fährt.
»Seit mein Mann vor einem Jahr gestorben ist, bin ich auf mich allein gestellt. Der Wagen ist noch von ihm.«
Aha, denke ich nun. Also doch. Vorurteil bestätigt. Schade! »Eigentlich würde mir was Praktischeres besser gefallen. Aber der Porsche erinnert mich an ihn. Er ist so gern damit gefahren. Das habe ich nie verstanden. Man sitzt so tief. Nein, das ist keine Freude. Kürzlich habe ich mir das Bein gebrochen, und dann einzusteigen, das ist wirklich mühsam. Komisch, dass ich mir das Bein gebrochen habe. So als müsste ich neu laufen lernen. Na ja. Aber ich will Sie nicht aufhalten. Sie haben bestimmt viel zu tun.«
»Im Moment geht es«, erwidere ich freundlich, während ich den Kompressor am Ersatzrad befestige. Es tut mir immer ein bisschen weh, wenn ich bei einem Menschen, der noch ein paar Sätze loswerden möchte, aus Zeitdruck nicht zuhören kann. Jetzt gerade habe ich keine weitere Panne auf dem Display und muss mich nicht hetzen.
»Also man merkt erst, worum man sich vorher alles nicht gekümmert hat, wenn er nicht mehr da ist«, vertraut Frau Thomsen mir an. »Diese ganzen Sachen mit Autos und Maschinen und der Ölheizung, der Rasenmäher … Das hat alles mein Mann gemacht. Es ist mir gar nicht aufgefallen. Ich habe immer gedacht, ich würde viel mehr arbeiten als er. Doch das stimmt nicht. Ich habe das nur geglaubt, weil ich nicht wusste, was er eigentlich macht. Bis ich mich da zurechtgefunden habe! Ich bin immer noch dabei. Noch immer suche ich manchmal Unterlagen und Gebrauchsanweisungen. Mein Mann hat das alles hier gehabt«, sie fasst sich an die Stirn. »Und

dann ist er so schnell gestorben. Es war nur eine Routinesache. Kleine OP, hat es geheißen. Drei Tage später war er tot.«
»Das tut mir leid«, sage ich und überlege, ob ich den Kompressor jetzt anstellen kann oder ob das unhöflich wäre. Frau Thomsen schweigt, und ich drücke auf den Startknopf. Als das Rad prall ist und ich den Kompressor ausschalte, spricht sie weiter. »Am Anfang haben sich viele bemüht, mir zu helfen. Brauchst du dies, brauchst du jenes? Doch diese Unterstützung hat schnell nachgelassen. Jetzt sind sie alle zurück in ihrem eigenen Leben. Ich bin ja nun auch unbequem, nicht wahr. Ich erinnere sie ständig daran. Dass so was passieren kann. Dass das eigene Leben ganz plötzlich ganz anders aussehen kann. Das ist nicht angenehm. Da möchte man nicht so gern dran erinnert werden, dass man sterben muss oder übrig bleiben kann. Also laden sie mich nicht mehr ein. Nicht alle. Aber viele. Der Kartenabend gestern war eine schöne Abwechslung.«
»Vielleicht können Sie ja öfter dort mitspielen?«
»Ja, vielleicht. Es sind ganz neue Bekanntschaften, wissen Sie. Ist das nicht seltsam? Da pflegt man sein Leben lang Freundschaften und glaubt, im Ernstfall stünde man mit deren Hilfe gut da. Und kaum tritt der Ernstfall ein, sind sie weg.«
»Ja, so was habe ich schon öfter gehört.«
»Andererseits tauchen ganz überraschend neue Freunde auf.«
»Wie die Kartenrunde?«
Frau Thomsen nickt. »Ja. Wir haben leider keine Kinder. Ich würde so gern öfter etwas von meinem Mann erzählen, wissen Sie. Er war ein Frühaufsteher und hätte am liebsten morgens um fünf mit mir gefrühstückt. Ich hab das nur manchmal mitgemacht. Das tut mir jetzt leid. Ach, das Lachen mit ihm fehlt mir am meisten. Wie er mir damals beim Mittagessen den kalten Hering ins Gesicht geworfen hat, weil ich gemäkelt habe. So war er. Erst bin ich erschrocken, und dann haben wir herzlich gelacht.«
Ich muss auch lachen und wundere mich mal wieder, was in den

Erinnerungen so hängenbleibt. Das hat man nicht unter Kontrolle. Dann höre ich ein Dingdong in meinem Engelmobil. Ich spute mich, diese Panne abzuschließen. Zum Schluss suche ich mit Frau Thomsen in der Garage nach einem Batterieladegerät und einer Kabelrolle. Ich bin mir sicher, dass es so etwas in diesem Haushalt geben muss und irre mich nicht. Nachdem ich Frau Thomsen gezeigt habe, wie es anzuklemmen ist, und sie eine Erinnerung zum Abklemmen in ihr Handy getippt hat, verabschiede ich mich von ihr.

In and out

Bei Porschefahrern denke ich im Gegensatz zu manch anderen nicht an Gehhilfen wie etwa Golfschläger oder Viagra für ältere Herren, sondern an einen jüngeren Mann. Ich begegnete ihm vor einer Münchner Nobeldisco in der Parkstraße. Nicht privat: im Dienst. Damals gab es die ersten Mobiltelefone. Unanständig teuer und aus heutiger Sicht groß wie ein Brikett mit ausziehbarer Antenne. Sie waren der letzte Schrei. Wer so was hatte, der war echt in. Wie auch mein Kunde. Der war sogar doppelt in. Zum Glück hatte er solch eine Telefonzelle dabei, sie rettete ihn vielleicht vor dem Verhungern und Verdursten. Im geliehenen Porsche war er vor dem Nobelschuppen vorgefahren und hatte stilecht auf dem Bordstein gehalten. Und dort blieb er dann auch. Damals hatten wir Engel noch keine Telefone, um uns selbst anzukündigen. Die Mitarbeiter unserer Zentrale riefen die Havaristen vom Festnetz aus an.

Ich parkte hinter dem schwarzen Porsche und wartete. Es war gegen dreiundzwanzig Uhr, und die Schlange vor der Tür der Nobeldisco war schon recht lang. Dies war meine letzte Panne an diesem Tag, und ich wurde ein wenig ungeduldig. Wo blieb mein Kunde? Irgendwann stieg ich aus, um mir einen Weg zum Türsteher zu bahnen. Als ich an dem Porsche vorbeiging, hörte ich etwas klopfen. Ich schaute und staunte nicht schlecht, als ich den jungen Mann mit Goldkettchen und Koteletten wie Schnitzel entdeckte, der wild an die Fensterscheibe des Porsche klopfte. Von innen.

Die Zentralverriegelung hatte ihn inhaftiert. Während sein Klopfen bislang nicht beachtet worden war, änderte sich dies durch meinen Auftritt mit den discokompatiblen reflektierenden Streifen an meiner Latzhose. Ich führte einen Batteriereset durch und wurde dabei von einer Traube Schaulustiger beobachtet, die große Freude an dieser Panne hatten. Vom Türsteher gerade erst brüskiert, lohnte sich der Ausflug in die Welt der Schönen und Reichen nun doch. Nach dem Reset war es zumindest möglich, die elektrischen Fensterheber zu betätigen, so dass mir der Häftling den Fahrzeugschlüssel reichen konnte. Leider passte er selbst nicht durch das Fenster. Und das lag nicht nur an seinem angeschwollenen Gesicht, das gar nicht mehr aufhören wollte zu glühen. Von außen öffnete ich die Heckklappe des Porsche. Unter dem Johlen der Umstehenden robbte der Gefangene über die schmale Rücksitzbank und verließ die Zelle sozusagen durch den Hinterausgang.

Eine Mietwagenfirma warb zu dieser Zeit übrigens mit folgendem Slogan für einen Porsche: *Neid und Missgunst für 99 Mark*. In diesem Fall hätte es besser geheißen: Wer den Porsche hat, braucht für den Spott nicht zu sorgen.

Madre Mia

DINGDONG: A7 -> WÜ, RH ILLERTAL OST, PPL, ALFA 157, SCHWARZ; ITAL. KENNZ., FZ. ÖFFNEN

Auf der A7 ist heute Abend wenig Verkehr. Das ist auch gut so, denn es ist ziemlich neblig. Diese Autobahn, übrigens die längste in Deutschland – sie durchquert die Republik von Flensburg im Norden bis Füssen im Süden – wirkt auf dem letzten Abschnitt, den ich betreue, oft wie ausgestorben. An manchen Tagen allerdings, wenn bei den holländischen Nachbarn oder an der Strecke liegenden Bundesländern die Ferien beginnen oder enden, verwandelt sie sich innerhalb weniger Stunden in eine dicht befahrene Piste, auf der sich die Autos kilometerlang stauen. Von jetzt auf gleich erkenne ich mein Revier nicht mehr.

Als ich die Raststätte Illertal Ost erreiche, blockiert ein Reisebus mit Japanern, vermutlich vom Kini aus dem Märchenschloss in Füssen kommend und auf der Weiterfahrt nach Metzingen, der weltgrößten Outlet-Stadt, Inbegriff schwäbischer Geschäftstüchtigkeit, die Zufahrt zum Parkplatz. Das Blitzgewitter gilt dem Rasthaus, der ersten deutschen Kunstraststätte mit bunten Türmchen und Erkern im Stile eines Friedensreich Hundertwasser. Der war es aber nicht, sondern der Österreicher Herbert Maierhofer. Diese Raststätte macht einfach gute Laune. Zur Freude aller Ornithologen zwitschern auf den Toiletten Vogelstimmen. Schade, dass ich jetzt keine Pause habe.

Nachdem die Japaner die Straße frei gegeben haben, erreiche ich den Parkplatz, wo Herr und Frau Fontanella Calabrese nervös auf mich warten. Wild gestikulierend, wie man es von Italienern gewohnt ist, fuchteln sie durch die Luft. Ich bin noch gar nicht richtig ausgestiegen, da packt mich die schwarzhaarige junge Frau am Ärmel und zieht mich zu ihrem Auto, wobei sie ohne Punkt und Komma redet und sich dabei mit der freien Hand die Haare rauft. Ich bewundere sie. Für alles. Meine Italienischkenntnisse genügen, um zu verstehen, worum es geht. Bambino! Also kein eingesperrter Hund wie Goliath, ein Kind. Pronto! Subito! Es pressiert. Chiave! Der Schlüssel ist auch im Auto. Leider habe ich noch immer nicht Italienisch gelernt. Man kommt ja zu nichts. Dauernd ist irgendetwas anderes wichtiger. Und selbst wenn ich es könnte, wäre Familie Calabrese im Moment sicher nicht an einer Konversation interessiert.

»Marco. Core di Mama. Cosa fai. È tutto bene!«

Der kleine Marco sitzt auf der Rückbank des Alfa und spielt mit dem Autoschlüssel. Betrachtet ihn mit großen Augen, die mit Wimpern bis zum Himmel umkränzt sind. Drückt darauf herum. Steckt ihn in den Mund. Knabbert nachdenklich. Betrachtet ihn wieder – und steckt ihn zurück in den Mund. Es beeindruckt ihn überhaupt nicht, dass seine Eltern an die Scheibe klopfen, auf und ab springen, winken, die Münder aufreißen, rufen – und was sie sonst noch alles versucht haben mögen in der Wartezeit, um ihn zu motivieren, auf die Taste zu drücken, damit sich der Sesam öffnet. Im Gegensatz zu seinen Eltern macht der Kleine einen entspannten Eindruck, was mich sehr beruhigt. Mit Gesten erkläre ich dem Ehepaar, wie ich das Auto zu öffnen gedenke, und zeige ihm an meinem eigenen Auto, wo es eventuell einen Kratzer geben könnte. Die beiden hören mir nicht zu. Herr Calabrese packt meinen Arm und schüttelt ihn, als müsste er dieses widerwillige Werkzeug in Schwung bringen.

»Egale, aufmache, snelle!«

»Si, si!«, nicke ich und gehe ans Werk.

Nachdem ich die Stelle des Eingriffs desinfiziert und mit Klebeband abgedeckt habe, öffne ich den oberen Rahmen der Fahrertür einen Spalt mit meinem Luftkissen und schiebe einen langen Draht ins Wageninnere. Der Babbo leuchtet mit der Taschenlampe durch die Windschutzscheibe, Mamma tröstet *mio Angelo,* der keine Spur trostbedürftig, sondern eingenickt ist. »Mio Angelo presto sei di nelle mia braccia.« Zum Glück verläuft die Aktion problemlos. Als die Tür offen ist, reißt Frau Calabrese ihren Sohn an sich, als wäre der Wagen an einem seidenen Faden über einem Abgrund gehangen. Der Kleine brüllt sofort los. Ich atme auf. Der Babbo klopft mir auf die Schulter: »Mille grazie, Signora Adag.«

Leider weiß ich nicht, ob ich jetzt prego sagen soll. Hätte ich einen Italienischkurs besucht, wüsste ich es. Ich lege die südlichste Herzlichkeit, zu der ich konstitutionell fähig bin, in mein Stapelholmer Lächeln und streichle zum Abschied erleichtert über das kleine Patschhändchen. »Prego, bast schoo, äh, molto gentile. Bon viaggo!«

Das Kind in der Glasglocke

Wir Engel retten öfter Kinder aus Autos – und nicht immer verläuft eine solche Aktion so unkompliziert. Vor einigen Jahren befreite ich ein Kind aus einem Audi. Ich denke noch heute manchmal daran und hoffe, es möge den Schock überwunden haben, denn als es mir endlich gelungen war, den Audi zu öffnen, war das circa zweijährige Mädchen kaum mehr ansprechbar. Eltern und Großeltern standen um den A8, und ich sah schon von weitem, dass hier etwas Schreckliches passiert war. Ich vermutete, das Kind würde weinen, doch es war schlimmer. Wahrscheinlich hatte es zuvor geweint. Als ich ankam, saß es still und wie paralysiert im Auto, bewegte sich nicht, starrte einfach vor sich hin – ein entsetzlicher Anblick. Ich weiß nicht, wie lange das kleine Mädchen schon eingesperrt war, dieser Auftrag kam über die Notrufsäule, und da bekommen wir keine genauen Daten. Die Familie aus Holland war auf dem Weg in die Ferien nach Süden und hatte nur eine kurze Pause auf dem Autobahnparkplatz einlegen wollen.

»Gauw! Geef me 'n hamer! Een hamer alstublieft!«, begrüßte mich der Vater mit schlagenden Bewegungen in der Luft. Er wollte einen Hammer, um seine Tochter zu befreien, egal wie, doch so eine Limousine der gehobenen Klasse ist wie ein Panzer. Das Kind war nahezu schalldicht abgeschlossen. Es konnte seine Eltern zwar sehen, aber nicht hören. Es saß in der Glasglocke. Bei Autos mit diesen Verbarrikadierungstechnologien – dazu gehören einige ängstliche Automarken – beschäftigen sich anscheinend ehrgeizige Ingenieure mit der Idee von der Unknackbarkeit ihres Mobils; zwanghafte Verschlusssachen. Grund dafür ist vielleicht ein hausinternes lukratives Prämiensystem, das ihnen den Sinn für den Gesamtzusammenhang vernebelt. Die Fahrzeuge vieler anderer Hersteller sind unkompliziert zu öffnen – deshalb werden sie auch nicht alle gestohlen.

Scheiben einschlagen ist nicht so einfach wie im Fernsehen. Und schon gar nicht bei diesem Audi. Das konnte sich Herr Vanderborg wahrscheinlich nicht vorstellen. Alles, was er wollte, war ein Hammer. Neben dem Audi lagen einige Äste, mit denen der verzweifelte Vater es wohl schon einmal probiert hatte. Diese Attacke hatte das kleine Mädchen wahrscheinlich zusätzlich erschreckt. Die Mutter stand zitternd und still weinend, eine Hand an der regennassen Scheibe, neben dem Auto. Alle paar Sekunden beugte sie sich hinab und presste ihr Gesicht gegen das Glas. Sie war so bleich, dass sie leuchtete.

»Bitte geben Sie mir ein wenig Zeit. Ich kann den Wagen öffnen, auch ohne ihn zu beschädigen, doch ich brauche Zeit.«

»Hoeveel tijd?«, rief der Vater. »Hoe lang moeten wij dan toch wachten? Kunt U niet zien, dat ons kind al volledig getraumatiseerd is? We kunnen niet eindeloos wachten.«*

* Übersetzung: »Wie viel Zeit?«, rief der Vater. »Wie lang sollen wir denn noch warten! Sehen Sie nicht, dass unser Kind schon völlig traumatisiert ist? Wir können nicht endlos warten.«

»Ja, ich sehe es. Bitte. Lassen Sie es mich versuchen.« Ich wollte unbedingt verhindern, dass der Vater auf den Wagen einschlug. Dabei ging es mir nicht um den Wagen, sondern um das Mädchen.

»Laat ze maar, Pieter«, schaltete sich der Großvater ein und wandte sich an mich: »Ga Uw gang!« Ich verstand kein Wort, sah jedoch, dass er das Gleiche dachte wie ich.

Ich konzentrierte mich, um einen kühlen Kopf zu bewahren und mich nicht anstecken zu lassen von der Panik der Familie. In solchen Situationen ist es oft so, als würde ich aufgesogen von ihren Ängsten. Das darf ich aber nicht. Ich muss klar bleiben. Ich öffnete die Haube mit einem Draht, und schließlich gelang es mir, die Elektrik zu überlisten und den elektrischen Fensterheber herunterzufahren. Das erfordert ziemlich viel Know-how und Zeit. Bei jedem Handgriff musste ich Ruhe bewahren und Ruhe ausstrahlen, um den Eltern das Gefühl zu vermitteln, dass wir mit dieser Aktion auf dem richtigen Weg waren.

Wer in ein Auto einbrechen will, bricht ein, und es ist ihm egal, ob dabei etwas beschädigt wird. Bei um die hunderttausend Fahrzeugöffnungen pro Jahr, also vielen Schlüsseln und einigen Kindern, die laut ADAC-Pannenstatistik jährlich in Fahrzeugen eingeschlossen werden, sollten die Hersteller dafür sorgen, dass Autos keine Gefängnisse sind.

Als die Eltern nach einer Viertelstunde ihr Kind aus dem Wagen holen konnten, zeigte es kaum eine Reaktion, hing wie eine Puppe in den Armen des Vaters. Heute noch denke ich an dieses kleine Mädchen und hoffe, es ist wieder ins Leben zurückgekehrt.

Der Zaubertrank

DINGDONG: OCHSENHAUSEN, JAGUAR XJ, WEISS, BC, MOTORSCHADEN

Die Fahrt von Illertissen nach Ochsenhausen ist lang. Dichter Nebel und vom Rostlaub verschmierte Straßen drosseln mein Tempo. Nun habe ich es endlich geschafft, mich auf den Herbst einzulassen, Freude am schönen bunten Sterben der Blätter zu empfinden und mich der Melancholie nasser Füße und kalter Hände hinzugeben. Doch von all der Vielfalt des Sterbens in der Natur sehe und spüre ich nichts. Der Nebel liegt wie ein Deckel über dem württembergischen Allgäu und verschluckt alle Farben und Konturen. Ich kann nicht einmal erkennen, welche der vielen mannshohen Maisfelder nun schon abgeerntet sind. Pech für die Schwarzkittel, wie Wildschweine genannt werden. Wer jetzt kein Haus hat, baut sich keines mehr. Ich folge den weißen Linien auf der Straße und der blauen Schnur in meinem Navi. Blindes Vertrauen. In Ochsenhausen taste ich mich vor zum Anwesen von Herrn Buchs. Flackernde orangefarbene Totenköpfe begleiten mich. In der schrägen Auffahrt vor der Garage steht ein Jaguar XJ. Herr Buchs, Anfang sechzig, der in jeder Vorabendserie überzeugend den Notar geben könnte, kommt mit großen Füßen und langen Schritten in hellblauem Hemd und Pullunder mit dunkelblauen Karos aus seinem Haus, einer Villa aus den 1970er Jahren, und weist mir einen Parkplatz zu.

»Ach Gott. Sie sind eine Frau. Um Himmels willen! Ich brauche jemanden, der sich mit Motoren auskennt.«

Eben noch habe ich mich auf den Jaguar gefreut. Jetzt habe ich gar keine Lust mehr, mich mit ihm zu beschäftigen.

»Entschuldigen Sie«, fasst Herr Buchs sich, »ich meine das nicht so. Aber mein Jaguar ist hier in der Auffahrt ausgegangen, und es ist mit an Sicherheit grenzender Wahrscheinlichkeit ein Motorschaden. Mit meinem Mechaniker habe ich schon telefoniert, und mir wurde ein Abschleppwagen versprochen.«

Mit an Sicherheit grenzenden Wahrscheinlichkeit, wiederhole ich in Gedanken und füge hinzu: a) Er ist Jurist, und b) Wer diese Formulierung benutzt, meint mit an Sicherheit grenzender Wahrscheinlichkeit das Gegenteil.

»Wenn ich schon mal da bin – soll ich nachschauen, was Ihrem Wagen fehlt?«, frage ich um einen gelassenen Ton bemüht.

»Ja. Natürlich.« Herr Buchs macht eine Pause. »Aber was wollen Sie als Frau da schon ausrichten?«, fragt er wohl mehr sich als mich, setzt sich in den Wagen und startet mit einem Gesichtsausdruck, als würde er mir nur aus Liebenswürdigkeit die Gelegenheit geben wollen, den Jaguarsound zu goutieren. Die Liebenswürdigkeit entgleist an seinen tiefen Falten von der Nase zum Mund in eine Geste der Herablassung.

Ich höre ein kurzes zaghaftes Anspringen des Motors, das sogleich in ein müdes, jammerndes und für Jaguar typisches Anlasserdrehen übergeht.

»Entschuldigen Sie, ich meinte das nicht böse«, versucht Herr Buchs erneut, seine Spuren zu verwischen.

»Darf ich mal schauen?«, versuche ich ihn vom Fahrersitz zu drängen und sammle dann Indizien: das Geräusch, die schräge Auffahrt, der aufgeblasene Kerl – und der Zeiger der Tankuhr steht am oberen Rand des roten Feldes.

»Mit Verlaub: Der Tank ist leer«, verkünde ich.

»Ach Quatsch, das kann nicht sein!«, widerspricht Herr Buchs mit Genugtuung. Er wusste es doch gleich. Eine Frau!

»Der Tank ist leer«, wiederhole ich den bösen T-Satz.

Herr Buchs schüttelt fast ein wenig amüsiert den Kopf. Er schüttelt ihn jedoch zu lang. Ich bemerke eine klitzekleine Unsicherheit und setze an zu meinem Plädoyer.

»Mit an Sicherheit grenzender Wahrscheinlichkeit ist zu wenig Kraftstoff im Tank. Das liegt selbstverständlich nicht an Ihnen. Die Konstruktion dieses Tanks ist sträflich ungünstig ausgelegt für den aktuellen Kraftstoffpegel und den Neigungswinkel Ihrer an sich durchaus ansprechend gestalteten Hofauffahrt. Hier handelt es sich somit um die typische Symptomatik eines Betriebsmittelaufnahmeverzugs. Die Koinzidenz mehrerer ungünstiger Faktoren führte vermutlich zu einem Lufteinschluss im Druckbereich der Einspritzanlage. Mit ein paar Litern Roz 98 ließe sich dieses Problem beheben«, ich räuspere mich, »mit an Wahrscheinlichkeit grenzender Sicherheit.«

Herr Buchs muss sich sichtlich anstrengen, gelangweilt zu klingen. »Hätten Sie denn so etwas dabei?«, bleibt er im Konjunktiv. Ganz überzeugt habe ich ihn noch nicht.

»Wenn Sie sich in der Lage sähen, sechs Euro in bar zu investieren. Reine Materialkosten. Der Arbeitsaufwand ist selbstverständlich kostenlos.«

»Ich bin ja auch Mitglied bei Ihnen. Seit 1957«, prahlt Herr Buchs. Was er mir damit sagen will, ist, dass ich da noch gar nicht auf der Welt war. Stimmt. Aber meine Schwester Sabine war schon da, ganz frisch, und an sie denke ich, als ich Ochsenhausen und den mit einigen Liter Benzin betankten und vor sich hin jammernden Jaguar verlasse.

Winnetous Schwester

Sabine. 1957 geboren. 53 wäre sie jetzt. Blau waren ihre Augen. Blau wie die unserer Mutter und Großmutter. Zu meiner Schwester hatte ich in den ersten Jahren wenig Kontakt. Sie war ja schon so groß. Und außerdem war sie ein richtiges Mädchen. Mit Kleidern und Schminken. Sie war in Winnetou verliebt, ich wäre gern Winnetou gewesen. Oder wollte zumindest seine Silberbüchse und sein Pferd: Iltschi. Meine Schwester war Ntschotschi, schöner Tag. In unserer Kindheit war das Gitarrespielen eine der wenigen Gemeinsamkeiten. Als wir älter wurden, kamen wir uns näher. Und hatten viel zu wenig Zeit.

Sabine heiratete ihren Johann schon mit Anfang zwanzig, und bald kam ihre Tochter Solveig auf die Welt. Unser Papa starb bald darauf, und Sabine wusste bereits von ihrer lebensbedrohenden Krankheit.

In dieser Zeit begann sie romantische Abenteuergeschichten zu schreiben. Sie spielten in Kanada. Sie hat es nie gesehen. Obwohl es ihr großer Wunsch war, die Orte, von denen sie schrieb, zu bereisen. Wir, Johann, Solveig und ich, sollten sie begleiten. Ich hatte mir schon ein Visum besorgt, um danach mit dem Greyhound durch die Staaten zu reisen. Dann kam der Anruf. Sabine hat es nicht mehr geschafft. Ohne sie wollte ich nicht.

Wenn ich an sie denke, fällt mir auch mein Vater ein. Er starb zwei Jahre vor ihr – als der große Hagel über München fiel. Viele Autos wurden damals verbeult, tennisballgroß waren die Hagelkörner gewesen, und Jahre später noch sah man Autos mit den typischen Dellen auf den Straßen. Mein R4 Henning hatte keine einzige Beule. Ich war ja nicht dabei. Ich war am Deich. Am Grab meines Vater, Hand in Hand mit Sabine. Jetzt schauen sie mir beide von irgendeinem weiten norddeutschen Himmel zu. Und ich weiß, dass man besser nichts aufschieben soll im Leben.

Kein Sprit für Ogoni

DINGDONG: A96 AS LEUTKIRCH SÜD -> GRENZE, SAAB 9000, SCHWARZ, HH, AUSGEGANGEN

Der Verkehrsfunk meldet eine Sperrung auf der A7 wegen eines Schwertransports. Ich beschließe, querfeldein zu meiner nächsten Panne zu fahren. Bei der Eingabe ins Navi unterläuft mir ein verheerender Fehler. Ich programmiere *kürzeste Strecke*. Das blaue Schnürli auf dem Display schlängelt sich durch die Landschaft. Ich schwimme in einer dicken Suppe, alles erscheint wie in Zeitlupe. Rory Gallagher singt *A Million Miles Away,* und der Groove der Nacht beginnt. Irgendwann zwischen dreiundzwanzig und null Uhr ändert sich der Puls der Zeit. Das erlebte ich schon so, als ich noch Taxi fuhr. Die Gesichtszüge entspannen sich, alles wird ruhiger, aber sehr wach und neugierig; unternehmungslustig. So surfe ich durch die Nacht. Heute mit maximal 50 km/h. Geschwindigkeit spielt keine Rolle. Wir haben ohnehin keinen Sinn, mit dem wir sie wahrnehmen können. Nur über Geräusche, Fahrtwind und die Abfolge der vorbeiziehenden Bilder erschließen wir das, was wir Geschwindigkeit nennen. Bei einer Sicht unter zwanzig Metern sind 50 km/h ganz schön schnell. Ich tauche ab in ein Gitarrensolo. Alles fließt so dahin.

Dann werde ich herausgerissen von Blaulicht, das die Brühe lila färbt. Ein Unfall. Vielleicht mit einem Reh. Ich werde umgeleitet. *Fahren Sie über Oberschwarzach.* Ich biege ab, das Navi berechnet eine neue kürzeste Strecke. Ich habe keine Ahnung, wo ich bin. Leider hat mein Navi jetzt den Kontakt zum All verloren und sich schuldbewusst aufgehängt. Ich fahre einfach weiter in der Hoffnung, einen Wegweiser zu entdecken, der mir ungefähr die Richtung anzeigt. Irgendwo hier war ich sicher schon mal. Mein Ortsgedächtnis ist recht gut. Doch kein Wegweiser weit und breit … dafür ein Ortsschild. Nein. Knetzenweiler, entziffere ich. Und gleich darauf *Fahr langsam, es könnte auch dein Kind sein*. Ne, könnte es nicht, aber ich fahre trotzdem langsam. Irgendwo im Nebel vor mir blinkt etwas. Vielleicht eine Ampel? An der Kreuzung hinter dem Ortsausgang funkt ein schmutziger Mini mit Rallyestreifen SOS. Ich halte an. Ein schwarzer Mann mit dunklem Anorak materialisiert sich im Nebel. Ich wische mir über die Augen. Weiße Zähne lachen mich an.

»Hey, cool. Sie schickt der Himmel! Meine Batterie ist leer. Ich habe zu lange telefoniert. Können Sie mir Starthilfe geben?«

»Ja, klar«, sage ich und hole mein Köfferchen.

»Haben Sie zufällig noch etwas Benzin für mich?«

»Leider nein, hab meine Reserve gerade anderweitig vergeben«, bedauere ich und denke, dass mir so was in der Großstadt nicht passieren könnte. Doch hier auf dem Land haben die Dörfer nicht mal Bürgersteige, die sie hochklappen könnten, und die wenigen Tankstellen machen früh Feierabend.

»Nur die Shell in Aichstetten hat noch auf. Schaffen Sie es so weit?«, frage ich.

»Keine Shell, danke«, sagt er entschieden. »Bin knapp über Reserve, wird schon genügen.«

Er reicht mir seine Mitgliedskarte.

»Gute Fahrt, Herr Sarowiwa«, sage ich und bin nicht ganz sicher, ob ich den Namen auf der abgegriffenen Karte richtig gelesen habe.

Als ich weiterfahre, sehe ich das Schild nach Bad Wurzach. Jetzt kenne ich mich wieder aus. Oder doch nicht? Ich bin schon viel zu lange unterwegs zu meiner Panne. Das Navi rechnet. Ich frage mich, wie ich das früher geschafft habe. Bis vor kurzem hatte ich kein Navi. Und ich wusste immer, wo ich war. Ich bin niemals so abgedriftet wie nun, denn ich hatte die Straßenkarte stets neben mir.

Seit Navi fahren alle einfach mal los. So wie ich jetzt, auf der Suche nach dem Saab mit Hamburger Kennzeichen. Aus dem Radio tönt die schöne Stimme von Judith Schnaubelt im Nachtmix, danach *Hide and Seek* von Imogen Heap. Ich fahre die A96 Richtung Lindau zur Anschlussstelle Leutkirch Süd. Kein Saab in Sicht. Ich fahre auf die Autobahnbrücke und kontrolliere die Auf- und Abfahrten. Nichts. Ich wähle die im Display angegebene Handynummer. Besetzt. Ich fahre wieder auf die Autobahn. Oft wissen meine Kunden nicht genau, wo sie sich befinden. Vor oder nach der Anschlussstelle? Ich habe schon viel Zeit mit Suchen verbracht. Im Nebel ist es besonders erquicklich.

Endlich erreiche ich Frau Hamann am Handy.
»Wo bleiben Sie denn?«, fragt sie mich. »Ich wadde schon auf Sie! In Hamburch geht das alles aber schneller. Ruck, zuck is jemand da. Is das normal bei Ihnen hier im Südn? Das 's doch nich normal!«
»Wo stehen Sie denn?«
»Ja wo sind Sie denn?«
»Wo stehen Sie? Das ist viel wichtiger«, erinnere ich sie an ihre Situation.
»Leutkirch.«
»Ne, da stehen Sie nich.«
»Do-och.«
»Ne, da steh nämlich ich.«
»Ach, is nich wahr.«
»Doch. Das die Wahrheit«, grinse ich, denn meine Vergangenheit spricht aus mir – gegen meinen Willen.
»Ich stehe hier an der Auddobahn. Dann eben hinter Leutkirch«, behauptet Frau Hamann.
»Ne. Da stehen Sie auch nich.«
»Doch. Hinter Leutkirch. Auf der Auddobahn.«

»Ne, weil da war ich schon.«
»Dann bin ich eben woanders. Sieht ja alles gleich aus hier, ne.«
»Geht's vielleicht 'n büschen präziser?«
»Auf dem Weg nach Lindau. Zur Grenze.«
»Wenn ich Sie finden soll, müsste ich nu schon mal wissen, wo ich Sie suchen soll.«
»Ja, aber woher soll ich das wissen! Kann ja niemand fragen.«
»Besser wär das, wenn Sie jetzt mal aussteigen würden.«
»Aussteigen! An der Auddobahn? Ne!«
»Doch. Mit Ihrer Warnweste. Und dann marschieren Sie los. Immer schön am Rand entlang, bis Sie ein blaues Schild mit einer weißen Zahl entdecken.«
»In welcher Richtung denn?«
»Das ist egal. Suchen Sie sich eine aus. Alle fünfhundert Meter befindet sich eine Kilometerangabe.«
»Ach was! Das habe ich ja noch nie gesehen.«
»Ich rufe Sie in fünf Minuten wieder an, dann sagen Sie mir die Zahl vom Schild.«
»Wenn das man gutgeht. Also ich weiß ja nich ...«
»Tut mir leid. Wat mutt, dat mutt. Das nimmt Ihnen keiner ab. Wenn Sie gefunden werden wollen, müssen Sie sich erst selber mal finden.«
»Ja, denn mach ich das mal. Und wenn ich nich mehr ans Telefon gehe, bin ich überfahren worden, ne.«
»Mast und Schotbruch«, wünsche ich ihr.

Der Tussenkomplex

Mast und Schotbruch wünschten mir auch meine Freundinnen und Freunde, als ich im Oktober 1993 meinen Dienst beim ADAC antrat. Ich hatte gerade erst den Segelschein gemacht, würde aber nichts versäumen, denn im Spätherbst wurde weder auf dem Starnberger noch auf dem Ammersee gesegelt.

Nach dem Einführungslehrgang und ein paar Schnupperschichten mit meinem neuen Kollegen Martin wurde ich auf die Autos und ihre Angehörigen losgelassen. Alles war sehr aufregend und neu. Vieles klappte prima. Aber gelegentlich war ich auch total überfordert. Einige typenspezifische Eigenheiten musste ich erst kennenlernen. Learning by Doing, aber eben auch Trial and Error. Pannen auf der Straße verlaufen anders als Reparaturen in der Werkstatt; manche Defekte sehen nur selten eine Werkstatt von innen. Zum Beispiel Pannen, bei denen die Zündanlage ausfällt oder der Anlasser nicht mehr dreht, weil eine Steckverbindung minimal verschmutzt ist. Eine solche Panne ist schnell behoben, wenn man den Stecker säubert. In der Werkstatt würde man da vielleicht eher den Anlasser oder Zündgeber auswechseln. Mir fehlte die Erfahrung auf der Straße. Und außerdem hatte ich ständig Zuschauer um mich. Ich stehe nicht so gern im Rampenlicht, war aber nun häufig Mittelpunkt des Interesses. *O guck mal, das ist ja eine Frau!* Und dann kamen die üblichen Fragen. *Machen Sie das schon lange? Warum machen Sie das? Haben Sie Kinder? Werden Sie oft gefragt, warum Sie das machen? Wie reagieren Männer darauf, dass Sie eine Frau sind? Färben Sie sich die Haare? Gibt es andere Frauen? Sind Sie verheiratet?,* und so weiter.
Heute fragt mich kaum mehr jemand solche persönlichen Dinge. Die Zeiten haben sich geändert, und ich habe mich geändert. Vielleicht traut man es sich einfach nicht mehr zu fragen, weil ich dem Alter entwachsen bin, in dem man Frauen so indiskret begegnet, oder ich selbst wirke nicht mehr unsicher wie zu Beginn als Gelber Engel. Vielleicht habe ich nie unsicher gewirkt, eine Friesin ist immer souverän! Aber ich fühlte mich so. Innen drin. Nach den Schichten fiel ich todmüde ins Bett und träumte von wilden Autos, die alles Mögliche hatten, was mir noch nie begegnet war. Masern

und Schussverletzungen, Atemnot und tränende Augen, und im Rollstuhl kreisten sie mich ein. Manchmal lachten sie mich auch aus. Vorne am Kühlergrill sehe ich sie heute noch manchmal grinsen, aber es ist meist ein freundliches Lächeln, und manche zwinkern mir sogar zu.

In der Werkstatt war ich es gewohnt, in Ruhe zu arbeiten, und wenn etwas unklar war, fragte ich bei den Kollegen nach, und wir gingen uns gegenseitig zur Hand. Jetzt standen ständig meine Kunden um mich herum. Die konnte ich nicht fragen. Die wollten, dass ich sofort wusste, wo der Fehler lag. Die wollten weiterfahren. Schnell. Und starrten mir, wenn nicht auf den Po, dann auf die Hände. Die durften nicht zittern. Ich sollte wenn möglich auch nicht nachdenken. Ich sollte alles wissen. Zumindest glaubte ich das und stresste mich damit erst recht. Heute sage ich gelegentlich: »Ich muss mal kurz nachdenken«, und das ist für niemanden ein Problem. Vielen ist das auch lieber, als wenn jemand kommt, schaut und schlägt und dann erst überlegt.
Als ich beim ADAC anfing, schämte ich mich für jeden Abschleppwagen, den ich bestellen ließ: Ich hatte versagt!
Ich bin immer gern vorbereitet auf das, was kommt. Nun musste ich mich daran gewöhnen, jeden Tag mehrfach schlecht vorbereitet Prüfungen zu absolvieren – ohne zu wissen, was von mir erwartet wird. Wo befindet sich bei diesem Modell ein bestimmtes Bauteil, welche Sicherungen und Relais finde ich bei einem anderen im Handschuhfach oder im Motorraum und so weiter. Am Ende meiner ersten Schichten schwirrte mir der Kopf, und nachts werkelte ich weiter an den Autos, wechselte Keilriemen und Lichtmaschinen, verarztete abgefallene Auspuffrohre und tröstete Havaristen. So ging es einige Monate, bis ich lernte, meine Unvollkommenheit und Unwissenheit etwas gelassener zu nehmen und weniger Unsicherheit nach außen zu tragen, um auch weniger Angriffsfläche für die

Zweifel meiner Gegenüber zu bieten. Früher hätte ich es kaum gewagt, nach einer Bedienungsanleitung zu fragen. Heute käme niemand, der sie mir aushändigt, auf die Idee, ich sei nicht kompetent, fast niemand.

Die erste Bedienungsanleitung, die ich seinerzeit anforderte, betraf einen 5er BMW in Grünwald, einem Nobelvorort von München. Ich blamierte mich schon in den ersten Minuten, denn die Bedienungsanleitung befand sich im Handschuhfach – wo sollte sie sonst auch sein! –, und ich war ja gerufen worden, weil sich der Wagen mit dem Schlüssel nicht mehr aufsperren ließ. Zu allem Unglück war dies auch noch mein erster Kandidat dieser Baureihe. Nachdem ich etwas hilflos herumprobiert und wieder mal Blut und Wasser geschwitzt hatte, verlangten die Besitzer »endlich einen Mann«. Ich setzte einen Notruf ab. Martin kam und zeigte mir den Trick und das Maß an Gewalt, das nötig war, um den BMW zu öffnen. Wenn man das einmal weiß, weiß man es für immer. Aber man muss es eben einmal gezeigt kriegen. Seinerzeit hatten wir weder Handy noch Hotline, allein unser Datenbuch als Informationsquelle. Meine Kollegen fanden es völlig normal, dass ich sie manchmal um Rat fragte. Keiner von ihnen machte sich über mich lustig oder gab mir das Gefühl, nichts zu können. Viele freuten sich aufrichtig, endlich eine Kollegin zu haben. »Jeder fängt mal an«, oder »Bei mir war es genauso« oder »Dass diese Schüsseln aber auch alle anders sein müssen«. Das hörte ich oft, und dieser Zuspruch tröstete mich. »Lass mal ein paar Monate ins Land gehen, Susa, dann kennst du dich aus. Das ist doch überall so, dass man am Anfang in einem neuen Job wenig Durchblick hat.«

Alle fanden es normal. Nur ich nicht. Und damit brachte ich meine Freundinnen gegen mich auf. Hob platzte nach wie vor regelrecht vor Stolz, und wenn ich ihr von einer gescheiterten Panne berichtete, redete sie so lange auf mich ein, bis ich Ohrensausen bekam. Für Hob waren prinzipiell die Havaristen schuld. Oder die Autohersteller und Autofahrer. Und ursächlich die Erfinder des Rades. An mir jedenfalls lag es nicht. Niemals! Ich seufzte ergeben und behielt meine Selbstanschuldigungen in Zukunft für mich. Die kluge Oster erwähnte in einem Nebensatz das Ruskinsche Gesetz, wonach es kaum etwas auf dieser Welt gibt, das nicht irgendjemand ein wenig schlechter machen kann als man selbst. Stimmt, dachte ich. Hob in meinem Job wäre echt eine Katastrophe. Meine Kunden konnten froh sein, dass ich anrückte und nicht sie.

Eines Tages erkannte ich, dass ich mich benahm wie eine Tussi. Frauen trauten sich damals oft wenig zu, suchten ständig die Schuld bei sich und orientierten sich häufig lieber an Problemen als an Lösungen. Ich hatte das Resümee am Ende meiner Schichten viel zu oft mit Blick auf das halbleere Glas gestartet. Doch es hatte auch viel geklappt. Das Glas war ebenso halbvoll. Ich durfte mit meinem Tag- oder Nachtwerk zufrieden sein. Verbesserungswürdig, ja, aber für den Beginn durchaus in Ordnung. Diese Erkenntnis brachte mich einen großen Schritt weiter. Ich sprach mich frei und konnte mich nun endlich uneingeschränkt über mein Engeldasein freuen, mit dem ich immerhin eines beweise: Auch Engel sind nur Menschen – wenn sie manchmal Fehler machen.

Ahoi

»Ahoi«, meldet sich Frau Hamann, als ich sie wieder anrufe, und gibt bekannt »17,5.«

»Glückwunsch. Da waren Sie aber flott unterwegs.«

»Wie meinen Sie das jetzt?«

»Leutkirch ist bei Kilometer neununddreißig. Sie sind eine lange Baustelle und drei Ausfahrten weiter.«

»Echt, wa? Hab ich gor nicht gemerkt. Kommen Sie denn jetzt?«
»Bin schon unterwegs.«
Ich stelle mir Frau Hamann nach diesem Telefonat als eine stolze Hanseatin vor, groß, schlank, blond, teure Klamotten und goldene Ringe an den Fingern, Stiefel, Designerjeans, Daunenweste, und bin gespannt, was mich erwartet, denn oft täuscht man sich, wenn man von der Stimme auf das Aussehen schließt.

Feierrode Hoar

In meiner Anfangszeit beim ADAC kommunizierte ich über Sprechfunk mit der Zentrale und meinen Kollegen. So hörte ich im Laufe einer Schicht alle anwesenden Kollegen reden. Oft waren mir ihre Stimmen und ihre Nummern vertrauter als ihre Gesichter, die ich erst nach und nach zuordnen konnte. Wenn ich beispielsweise hörte *ADAC München für Fünfnullzwo,* wusste ich, Martin ist in der Nähe. Alle meine Kollegen auf einmal habe ich nie gesehen – denn auch während unserer Straßenwacht-Weihnachtsfeier halten wir die Stellung draußen auf den Straßen, und diejenigen, die Spätschicht fahren, feiern nicht mit.

In meiner ersten Münchner Zeit stand ich sonntagmorgens, bevor die Stadt erwachte, manchmal mit Kollegen am Ende der Rosenheimer Straße neben der ehemaligen ADAC-Geschäftsstelle, einem mittlerweile baufälligen Häuschen. An unsere gelben VW Golf II gelehnt, tauschten wir Geschichten und Erfahrungen aus. Ich fühlte mich wohl im Kreis meiner Kollegen, die mich allesamt herzlich aufnahmen. Eines Nachmittags funkte mich ein Kollege an, den ich bislang nur als Stimme und Nummer im Sprechfunk kannte.
»Kimm heit Namidog an Parkblotz beim Tiapak glei hinta da Brückn. Den kennst doch, oda?«

Klar wusste ich, wo der war. Aber was wollte der fremde Kollege von mir? Seine Stimme klang geheimnisvoll. Neugierig fand ich mich am Treffpunkt ein. Der schon etwas ältere Kollege begrüßte mich mit einem kräftigen Händedruck und bat mich dann zu warten. Jetzt war ich aber wirklich gespannt. Es fehlte gerade noch, dass ich die Augen schließen sollte.

»So wos muaß ma fei imma dabeihom«, befahl er und legte mir mit feierlicher Miene ein Eisenrohr in die Hand.

Perplex starrte ich auf die Waffe.

»Ois Valängarung zum Schraum aufmacha«, er räusperte sich. »Und a sonst. Damit dia nix bassiert. Bist doch unsa ersts Madl in da Gruppn. Mia woin di hoit recht lang bhoitn. Vastäst schon. Und mia Mannsbuida hom so wos a dabei. Des gheat bragdisch dazua. Oiso zwengs di festn Schraum.«

Er klopfte mir auf die Schulter, wünschte mir gute Fahrt und verschwand.

Das Rohr habe ich immer noch und in den letzten sechzehn Jahren viele auf den ersten Ansatz schier unlösbare Problemschrauben und Mutterprobleme damit bezwungen.

Manchmal, wenn ich heute in München bin, überfällt mich eine leichte Wehmut. Es waren wunderschöne reiche Jahre hier. Mitten drin. Ich habe so viele Menschen, Kneipen, Tankstellen, Werkstätten kennengelernt. Und ich kenne die Stadt noch immer in- und auswendig. Nicht nur ihre Prunkfassaden, sondern auch die Hinterhöfe, Gewerbegebiete, Siedlungsblocks, Tiefgaragen. Ich mag München dort, wo es nicht geschminkt ist. Da gefällt es mir auch am besten. Ich weiß, wo München wirklich italienisch ist, nämlich bei Bussone, und wo man um zweiundzwanzig Uhr noch eine Lichtmaschine bekommt. Ich weiß, wo es bis weit nach Mitternacht gutes warmes Essen gibt und von wo man die Alpen am besten sieht. Und den Bavarian Sunset.

Obwohl ich in München meistens im Zentrum unterwegs war, bekam ich auch mit, was in der Peripherie passierte. Dire Straits, Pink Floyd, Michael Jackson, Tina Turner, Rolling Stones im Olympiastadion? Irgendein Kühler kochte da bestimmt über, und ich hörte während der Reparatur aus Kassettenrekordern die Songs zum Vorglühen. Im Schlachthof spielten Helmut Hattler, Georg Ringsgwandl oder Klaus Kreuzeder, während ich vor den Türen ein Fahrzeug öffnete. Im Krone-Bau gastierte Haindling, und ich wechselte einen Reifen bei den Abendkassen. »Sie hat rode Hoar, feierrode Hoar«, intonierten ein paar Zuschauer. Im Wirtshaus am Hart, dem Hinterhoftheater, flickte ich neben einem Plakat des Aschentonnen-Quartetts einen Auspuff, während Miki Malör alias Maria durch ein Triebwerk ging. Gern mochte ich auch Pannen in den vielen Münchner Siedlungen. Zu meinem Einsatzgebiet gehörte beispielsweise die sogenannte Stockwerksiedlung am Walchenseeplatz in Obergiesing. Hier sammelte ich wunderschöne Münchner Sätze wie *Mei Mo is in da Boazn,* ich sprach sie selbst gschamig nie aus, fügte sie jedoch mit großer Freude meinem passiven Wortschatz zu. Nur bei besonderen Anlässen traute ich mich, sie frei zu lassen: Wenn ich bei Hobs Familie an Bapas Geburtstag zu Schweinsbraten mit Knödeln und Blaukraut eingeladen war. Da führte Hob meine Sprachkenntnisse vor. Ausnahmsweise gutmütig spielte ich mit und ließ wie eine Tanzbärin im Zirkus die gutturalen Töne durch meine vom Braten gut geölte Kehle rollen.

Ruhig war es in meiner Münchner Zeit nie. Martinshörner begleiteten mich nicht nur im Dienst, ich wohnte in Haidhausen beim Rosenheimer Platz, und dort war es immer laut, rund um die Uhr. Während die einen aus der Disco kamen, gingen die anderen zur Arbeit. Auf der Rosenheimer Straße herrschte entweder Stau mit Hupkonzert oder Wettrennen mit Hupkonzert. Ich gewöhnte mich an das ständige Rauschen der Stadt. In meinen Pausen saß ich gern am Müllerschen Volksbad und schaute auf die Isar. Der Sommer in München ist lang und südlich. Manchmal konnte ich in einer Pause auch vor einem Straßencafé halten und einen Milchkaffee genießen. Meine Kunden waren so vielfältig wie ihre Autos, alt, sehr alt und mittelalt und jung bis blutjung, die ganze Palette der Zweibeiner und Vierräder. Zuagroaste aller Herren Länder, die ich früher für Bahnfahrer hielt. Japaner, Chevrolets, Chinesen, Safaris, Rastafaris, Lamborghinis, Berliner, Inder, Ladas. Und natürlich die Schickis, für die München bekannt ist, nicht erst seit *Kir Royal.* Meine Spätschichten an Donnerstagen in Schwabing brachten mich mit Menschen zusammen, die ich privat nie kennenlernen würde. Auch deshalb mag ich meinen Beruf so sehr. Man kommt viel rum und trifft Leute, mit denen man nur im Notfall kompatibel ist. Und dann sind sie eigentlich doch ganz nett. Oder genauso, wie man es sich vorgestellt hat. Oder schlimmer.

Es ist wirklich wahr: Die Menschen in der Stadt leben einen anderen Groove als die auf dem Land. In der Stadt muss alles immer wahnsinnig schnell gehen, manchmal so schnell, dass man die schönen Augenblicke verpasst. Menschen in der Stadt hassen Hindernisse auf der Straße. Egal, wo ich mein Engelmobil abstellte, um anderen zu helfen: Ich wurde meistens sehr aufmerksam behandelt und machte Bekanntschaft mit Flüchen in unzähligen Dialekten. Auf Radweg parken stand quasi Todesstrafe, Bürgersteig führte zu Kinderwagen- und Rollstuhlstau, und auf der Straße wurde ich weggehupt. Ich sollte allen helfen, aber keiner wollte mich sehen. Und dann kreiste ich wieder um den Luise-Kiesselbach-Platz, das Bermuda-Dreieck der Stadt. Hier habe ich einige Male lang nach verschollenen Havaristen gesucht … apropos … wie geht es eigentlich Frau Hamann?

Die Kapitänin

Jetzt sehe ich den Saab. Und da ist auch schon Frau Hamann. Wie eine Kapitänin steht sie neben ihrem Schiff auf Rädern und winkt. Sie trägt eine Daunenweste und Stiefel, und ihre roten Locken leuchten sogar ein wenig im vom Kasperl orange gefärbten Nebel.
»Moin, Moin«, begrüßen wir uns wie zwei alte Bekannte.
Der schöne rote ölgekühlte Zündspulenblock des Saab hat die Flügel gestreckt. Die gefährliche Fahrt über den Weißwurstäquator war einfach zu viel für ihn.
Auch für Frau Hamann. »Und nu? Was mach ich jetz? Ich bin feddich mit Jack und Büx!«
»Ich nehm Sie erst mal mit runter vonne Auddobahn, damit Sie nich doch noch überfaahrn werden, nech. Dann werden Sie abgeholt und in 'n Hotel gebracht. Den Saab stellen wir zu ner Werkstatt, die ihn morgen wieder flottmacht.«
Ich fessle den Saab und hänge ihn an meinen gelben Schlepper.
Frau Hamann lenkt ihr schwer zu manövrierendes Schiff unter schwedischer Flagge durch die Nebelbänke. Ich höre Möwen und das dumpfe Tuten von Containerkolossen. Aber vielleicht bilde ich mir das auch nur ein. Vor einem Gasthaus ankern wir. Ich mache die Leinen am Begleitschiff los.
»Is doch 'n gutes Gefühl, wenn man nich mehr in Seenot is«, stellt Frau Hamann fest und winkt mir nach, was ich mehr ahne denn sehe, als ich den Hafen verlasse und mit meiner Yellow Submarine tief eintauche in die Nebelgischt.

Rauhnacht: 21. Dezember, Spätschicht

Eine Winterreise

Über Nacht hat eine Invasion stattgefunden. Während es seit Anfang November im Allgäu sehr ruhig war, viele Hotels und Gaststätten geschlossen hatten, sind sie nun wieder da. Überall stehen und fahren Autos mit fremden Kennzeichen. Von weither, aus Holland, Nord- und Ostdeutschland, aus Berlin, Kassel, dem Ruhrgebiet und Saarland. Die meisten haben einen Plastiksarg auf dem Dach; eine Wintersportausrüstung braucht viel Platz. Das Allgäu erwacht im Dezember aus einem sehr kurzen Winterschlaf wieder zum Leben: quirlige und gute Laune, Gewusel, verschiedene Sprachen und Dialekte überall. Es freut mich, dass die Leute gern hierherkommen und die Einheimischen ihren Lebensunterhalt verdienen und nicht wegziehen müssen. Am Eistobel-Parkplatz vor dem schönen Pavillon stehen nun auch wieder Autos. Hier kann man sich zu dieser Jahreszeit von gefrorenen Wasserfällen verzaubern lassen. Stalaktiten aus Eis. Ich lese die Autokennzeichen und mache mir Bilder dazu, die sich aus meinen Erfahrungen speisen. DO, B, TÜ, M, KS, HB, MYK, K. Man weiß gleich, wer woher kommt. In Frankreich erhalten Autos, wenn sie das erste Mal zugelassen werden, seit neustem ein Kennzeichen, das sie bis zur Verschrottung behalten. Der Erstbesitzer kann sich aussuchen, in welchem Ort in Frankreich er sein Fahrzeug zulässt. Ob das den Gebrauchtwagenpreis beeinflusst? Klimaanlage, Schiebedach und Kfz-Kennzeichen Côte d'Azur. Wo liegt die deutsche Côte d'Azur? Nordsee, Starnberger See, Ramsacher oder Henglesweiher? Und wo ist daheim? *Fremd bin ich eingezogen, fremd zieh ich wieder aus,* singt Brigitte Fassbaender im

Radio. Ich habe nicht vor, fremd zu bleiben oder, wie es im Allgäu heißt: als *Neigschmeckte* zu gehen.

Es hat anständig geschneit in den letzten Wochen. Die Schneedecke ist dicht und harsch, seit eine Bise, ein trockener kalter Wind, weht. Die wilde Jagd fegt übers Land. Bei minus fünfzehn Grad stellen sich die Schneekristalle auf und bilden eine glitzernde gläserne Oberfläche wie die Salzkristalle der Wüstenrose. Wenn man mit der Hand darüberfährt, brechen sie knisterklirrend zusammen. Nun scheint die Sonne, und das ganze Land glitzert und funkelt wie in der Coca-Cola-Werbung.

In Isny an der Araltankstelle verordne ich meinem Engelmobil Waschen, Legen, Föhnen. Immerhin ist bald Weihnachten. *Einklappbare Spiegel bitte einklappen,* lese ich auf dem Hallentor, das sich zwischen mich und meinen Dienstwagen schiebt. O du meine geliebte deutsche Sprache! Bis so ein Satz zu einem Aufkleber wird, haben sich etliche Dramen abgespielt. Einigen Autos wurden hier wohl schon die Ohren lang gezogen.

Schweizer Sonntage

DINGDONG: LINDAU, WASSERBURG AM BODENSEE, NISSAN MICRA, BLAU, LI, SNA

Auf dem Weg nach Lindau sitzen Bussarde auf den Zaunpfählen entlang der B12 – wie Schaulustige, die auf einen Wildunfall warten. »Bussard« kommt von »Bus« und »Aar«, im alemanischen Sprachraum leicht nachvollziehbar: Büsi ist die Katze, also der Katzenadler;

aber nicht etwa, weil er Katzen jagt, sondern wegen seines miauenden Rufes: piijääh, piijääh. Bussarde ernähren sich vorwiegend von Mäusen und gelegentlich Aas. Dies wird ihnen oft zum Verhängnis, denn man unterstellt ihnen fälschlicherweise, Hühner und Hasen zu schlagen – Schicksal aller Aasfresser, die eigentlich als Gesundheitspolizei unterwegs sind, sie töten nicht, fressen nur – und dann ertappt man sie bei der Leiche; der Stoff, aus dem die schlechten Krimis sind. Wer die zarten Fänge eines Bussards je gesehen hat, erkennt auf den ersten Blick, dass dieser Greifvogel, der so heißt, weil er mit den Fängen tötet, kaum Größeres als Mäuse schlagen kann.

Ich nähere mich dem Bahnübergang Hergensweiler. Möge der Herr all diejenigen, vor deren Wägen sich diese heiligen Schranken schließen, mit Gelassenheit und Geduld segnen. Denn es werden sieben bis vierzehn sehr magere Minuten über sie kommen, in denen sie vom Zweifel befallen werden, ob des Sinns und Unsinns unserer Bahn. Hergensweiler gehört zu jenen exklusiven Übergängen an deutschen Bundesstraßen, an denen noch eifrig geübt wird an der Synchronisation von Schranken- und Zugbewegung.

Rückschläge in den letzten Jahren führten zu übertriebener Vorsicht. Die Schweizer boten mehrfach nachbarschaftliche Hilfe an, wie übrigens auch bei der Entwicklung eines funktionierenden Systems für die Lkw-Maut. Aber man möchte es doch lieber selbst machen. Bitte sehr. Ich kann warten. Meine Schicht hat ja gerade erst angefangen.

Als ich über die Kemptener Straße nach Lindau hinunterfahre, liegt der Bodensee grünlich schimmernd vor mir. Die Türme der Stiftskirche Mariä Himmelfahrt und St. Stephan heben sich vor der Kulisse des schneebedeckten Säntis und der Appenzeller Alpen ab. Darüber Sunset made in Switzerland.

Brutal idyllisch. *Volle Kanne Kerzenschein,* wie Ina Müller, ehemals

Queen B, es nennen würde. In Wasserburg angekommen, ist es nun bereits dunkel. Auf der Straße vor einem Häuschen steht mein Patient, ein kleiner Nissan, und schaut etwas bedröpselt. Das tun sie eigentlich alle, denke ich. Kein Grund, den ADAC zu rufen. Frau Walther kommt langsam aus dem Haus. Das Gehen macht der älteren Dame offensichtlich Mühe.

»Das ist mir ja noch nie passiert. Seit elf Jahren habe ich den kleinen Ovo«, nimmt sie den Nissan in Schutz.

Ovo also, denke ich. Der Name passt. Irgendwie sieht er tatsächlich aus wie ein Ei.

»Es ist mir noch nie aufgefallen«, gebe ich zu, »aber er hat Ähnlichkeit mit einem Ei.«

»Nein, also ja. Aber der Name ist noch von meinem Mann. Der hat so gern Ovomaltine getrunken. Dieses Pulver von den Schweizern. Kennen Sie das?«

»Ja, das kenne ich, ist aber nicht so mein Geschmack«, sage ich, während ich den Sicherungskasten öffne und die Benzinpumpensicherung herausziehe, um den Anlasser einige Minuten zu beschäftigen.

»Ich mag es auch nicht«, stimmt Frau Walther mir zu. »Aber mein Mann war ganz versessen darauf. Wissen Sie, nach dem Krieg haben die Menschen hier gehungert.«

»Hier auch?«, staune ich. »Ich dachte, hier wäre es besser gewesen. Bei so viel Obst und Gemüse, Landwirtschaft und Fischerei.«

»Nein, nein, gar nicht. Bei uns waren die Franzosen. Da gab es weniger als bei den Amerikanern. Eines Tages durften Kinder von hier rüber auf die andere Seite. Mit dem Schiff in die Schweiz nach Romanshorn. Viele Schweizer Familien nahmen deutsche Kinder auf – für einen Tag. Mein Mann gehörte zu den Glücklichen. Er hat immer wieder davon erzählt. Der Schweizer Sonntag. Das war sein schönstes Erlebnis als Junge. Was er da alles zu essen bekommen hat. Obst, Schoggi, Schüblig.«

Ich nicke und nehme mir vor, bald wieder eine von diesen Würsten zu kaufen. »Schüblige mag ich auch.«
»Er bekam sogar neue Schuhe geschenkt. Und die Ovomaltine eben. Wie im Schlaraffenland hat er sich in der Schweiz gefühlt.«
»Waren Sie auch mal dabei?«, frage ich Frau Walther.
»Nein, nein, ich stamme aus dem Allgäu bei Missen. Ich bin erst später zum See gekommen. Wir hatten auch nicht viel, aber es ging doch besser als in der Stadt.«
Ich schiebe die Sicherung an ihren Platz.
»Im Krieg ist ja hier alles verdunkelt worden, wegen der Luftangriffe. Mein Mann hat rübergeschaut ans beleuchtete Ufer drüben, wo Frieden war. Rüber ins Schlaraffenland. Das hat er auch später noch gemacht, und jetzt mach ich das.«
Ich starte den Nissan. Ovo springt brav an.
»Hoi!«, freut sich Frau Walther.
»Ich glaube, Sie haben ihn kurz angemacht und gleich wieder aus?«
»Ja! Jetzt, wo Sie es sagen! Genauso war es! Ich wollte zum Einkaufen fahren, habe die Pfandflaschen vergessen und bin zurück ins Haus. Aha, das mag er also nicht.«
»Genau. Das mag er nicht. Damit ist der kleine Ovo in bester Gesellschaft mit seinen Brüdern von BMW, Audi und Mitsubishi. Wenn Sie ihn in Zukunft starten, lassen Sie ihn bitte mindestens fünf Minuten laufen, ehe Sie ihn wieder ausmachen. Ich weiß, so was tut man heutzutage nicht, aber sonst verschluckt er sich.«
Frau Walther schaut den Ovo liebevoll an – als würde sie auf ein Bäuerchen warten. »Und was muss ich jetzt machen?«
»Behandeln Sie ihn einfach so wie immer. Tun Sie so, als wäre nichts gewesen.«

Als ich von der Straße zwischen den Häusern über den See blicke, sehe ich die Lichter des Schlaraffenlandes und denke an Herrn Walther. *Heimat ist Glückssache,* sagte Martin Walser einmal.

Bäckerinnenhände

Das Krümelmonster in mir brüllt. Bald ist der vierte Advent, und ich sehne mich nach den Plätzchen von Resi, der zu Recht gerühmten Gattin eines Kollegen. Zur Besänftigung meiner Gelüste springe ich auf dem Weg zur nächsten Panne noch schnell in eine Bäckerei. Weihnachten steht vor der Tür und hinter dem Tresen und in den Schaufenstern. Überall Tannenzweige, Zimtsterne, Lebkuchen, Krapfen, Stollen, Lichterketten – wie seit Mitte September in den Supermärkten.

Obwohl es Freitagabend ist und die Bäckerei gleich schließt, sind noch mehrere Kunden im Laden, und es gibt sogar verschiedene süße Teilchen zur Auswahl, was mich erleichtert. Teilchen mit Obst mag ich gern. Die wieselflinken Bäckereifachangestellten, die allesamt aus Preußen zu stammen scheinen, tragen links Plastikhandschuhe, mit denen sie das Geld der Kundschaft entgegennehmen. Mit der rechten Hand ohne Handschuh betätigen sie die Kasse. Ich bin gespannt, wie sie sich den Backwaren gegenüber verhalten: Gekonnt greift die Kassenhand zur Papiertüte, während minimal zeitversetzt die Handschuhhand mein Teilchen packt und eintütet. Beeindruckt bezahle ich. Mir selbst ist das Tragen von Handschuhen bislang auch nicht nachhaltig geglückt, aber ich habe keine Geld- oder gar Teilchenallergie wie diese armen Verkäuferinnen. Mit Geld und süßen Teilchen habe ich überhaupt nie Kontaktprobleme.

Ingenieur ante portas

DISPLAY: WEILER SIMMERBERG, PPL AUSSICHTSPUNKT, ROVER DISCOVERY, SCHWARZ, STA, SNA

Auf einem Parkplatz am Aussichtspunkt – zurzeit ohne Aussicht – erwartet mich ein älteres Paar. Warm angezogen trotzt es der Kälte. Wie ich es schon oft gelesen und bei älteren Paaren auch selbst bemerkt habe, sehen sie sich ähnlich – obwohl sie auf den ersten Blick eher unterschiedlich wirken. Herr Zetsch ist groß und dünn, Frau Zetsch ist klein und rund. Herr Zetsch hat ein langes, kantiges Gesicht, Frau Zetsch ein rundes weiches. Doch der Ausdruck in ihren Gesichtern ist der gleiche. Sie haben sich angeglichen in vielen Ehejahren. Manchmal schaue ich in den Spiegel und suche meine zweite Hälfte in meinem Gesicht. Und die dritte. Als Hundehalterin habe ich gleich mehrere bessere Hälften.

Der schöne Suv der Zetschs springt nicht an. Sie sind empört. Er war erst im Kundendienst, wie kann das sein! Herr Zetsch ist geradezu persönlich gekränkt vom ungebührlichen Verhalten des Wagens.
»Haben Sie vielleicht das Licht brennen lassen?«, frage ich, während ich die Motorhaube öffne, um seine verneinende Antwort auf ihren Wahrheitsgehalt zu überprüfen.
»Nein, es war nichts an!«
Ich messe auch die Spannungsversorgung an der Einspritzanlage. Dabei bleibe ich mit meinen Fingern am kalten Metall des Motors kleben. Autsch. Ich bitte Frau Zetsch zu starten, sie steht direkt neben mir, während Herr Zetsch mit einer Mini-MacLite ausgerüstet in einem kleinen ledernen Adressbüchlein blättert. Frau Zetsch schaut ihren Mann an.

»Edgar«, sagt sie dann.
Er blickt hoch. Er hat die Aufforderung natürlich gehört. Vielleicht will er sie noch mal hören. Seine Gattin weiß das. »Die Dame möchte, dass du den Motor startest.«
»Natürlich«, sagt Herr Zetsch mit wichtiger Miene, knipst die Lampe aus, klappt das Adressbuch zu und startet. Der Rover lässt sich von seinem Gesichtsausdruck nicht beeindrucken. Er macht keinen Mucks. Ich schließe meinen Laptop an, um den Fehlerspeicher auszulesen, doch wie befürchtet möchte der Rover sich nicht mit meinem Computer unterhalten. Der Rover ist eingeschnappt. Die Wegfahrsperre kennt plötzlich ihre eigenen Angehörigen nicht mehr. So was kommt in den besten Familien vor. Wer sind diese Leute? Und wer ist dieser fremde Schlüssel? Ist es Alzheimer? Oder ist die Wegfahrsperre nur beleidigt. Oder steckt der Rover als Gesamtpersönlichkeit dahinter? Splendid Isolation. Das gilt es jetzt herauszufinden.

»Ist etwas mit dem Schlüssel passiert?«, frage ich die Zetschs.
»Nein«, antwortet Herr Zetsch.
Aus Erfahrung glaube ich dieser Antwort nicht ohne weiteres. »Ist der Schlüssel mal runtergefallen?«
»Nein.«
»Sind Sie mit genau diesem Schlüssel hierhergefahren?«
»Ja.«
»Wie genau haben Sie den Wagen zugesperrt.«
»Na wie man eben einen Wagen zusperrt«, erwidert Herr Zetsch mit einer Stimme, in deren Untertitel die Frage mitschwingt, ob ich das denn nicht selbst wüsste.
Ich lasse mich davon nicht verunsichern. Diese Fragen mögen lächerlich klingen, doch oft finde ich mit ihrer Hilfe eine Antwort, die die Fehlersuche abkürzt. Beim Wechseln der Batterien für die Fernbedienung fällt manchmal der Mikrochip aus dem Schlüssel.

Oder ein Schlüssel wurde von Mister Minit beim Schlüsseldienst nachgemacht. Wer weiß schon, dass sein Wagen eine Wegfahrsperre hat und dass sich im Schlüssel ein Chip befindet, der von einer Lesespule im Zündschloss erkannt werden muss.

»Ich würde gern einen Reset machen. Ihre Wegfahrsperre ist blockiert«, sage ich.

»Es ist die Batterie«, behauptet Herr Zetsch in einem Tonfall, der keinen Widerspruch zulässt. »Plattenschluss.«

Frau Zetsch empfindet diesen Ton vielleicht ein bisschen ruppig. »Mein Mann war Ingenieur«, ergänzt sie leise.

Sie führt das nicht als Entschuldigung an, sondern möchte mir offensichtlich mitteilen, dass Herr Zetsch sich auskennt. Technik ist sein Metier. Er weiß, was dem Wagen fehlt. Immerhin ist es ja auch seiner. Plattenschluss, keine Widerrede.

Ich spiele nicht mit. »Die Batterie ist es nicht.«

Frau Zetsch zuckt ein klein wenig zusammen. Widerspruch ihrem Mann gegenüber ist sie nicht gewöhnt. Herr Zetsch schlägt sein Adressbuch erneut auf. Um Streit zu vermeiden, schließe ich nach dem Reset meine Starthilfebatterie an. Kein Mucks. Die Wegfahrsperre meint es also ernst.

»Aha«, macht Herr Zetsch. Als Techniker sieht er ein, dass es nicht an der Batterie liegen kann. Da er selbst Fachmann für Turbinen ist, wie mir seine Frau um Verständnis bittend erklärt, muss nun ein Fachmann für Autos ran. Der Leibarzt sozusagen, Herrn Zetschs Haus- und Hofmeister. Jemand, der alle nötigen Daten über dieses Fahrzeug parat hat. Herr Zetsch ist auf diesen Fall vorbereitet. Die Telefonnummer »meines Meisters« wird in das Handy eingetippt. Dass ich gerade damit beschäftigt bin, die benötigten Informationen aus meiner Datenbank abzurufen, interessiert Herrn Zetsch nicht.

Es interessiert ihn auch nicht, dass jetzt Freitagabend ist. Immerhin hat er den Wagen bei *seinem Meister* in der Markenwerkstatt gekauft.

Der Meister wohnt zudem nur zwei Straßen entfernt von Herrn Zetsch. Ein Privatleben verträgt sich nicht mit einem gesunden Dienstleistungsgedanken.
Der fremde Meister tut mir leid. Ich hoffe für ihn, dass er nicht erreichbar ist. Auch die vielleicht vorhandene Ehefrau des fremden Meisters tut mir leid. Sie hat schließlich keinen Arzt geheiratet, und wenn zu den Kunden ihres Mannes, der ja lediglich in einem Autohaus angestellt ist, mehrere vom Kaliber der Zetsches gehören … Aber so ist es oft. Sobald ein Auto erkrankt, ist das ein Ernstfall. Da braucht es Blaulicht und Sirene. Wahrscheinlich ruft Herr Zetsch, sollte ihn nachts eine Übelkeit befallen, auch nicht den Notarzt, sondern weckt seinen Hausarzt. Herr Zetsch scheint dem Leben nicht freundlich zugetan.
»Hallo?«, donnert er in sein Handy, und sein Atem faucht dabei wie der eines Drachen.
Ich seufze und widme mich dann den Daten auf meinem Laptop.
Neugierig schaut mir Frau Zetsch über die Schulter, während der Ingenieur a. D. seinem Meister a. D. den Sachverhalt schildert, wobei er mit langen Schritten auf und ab rennt.
»Kann ich bitte einmal Ihren Fahrzeugschein haben?«, frage ich Frau Zetsch.
»Gern«, sagt sie schnell, und ich merke, dass ihr das Verhalten ihres Mannes ein wenig peinlich ist. Doch sie kennt ihn lang genug, hat sich arrangiert und fingert den Fahrzeugschein geschickt aus der Jackentasche und dem Portemonnaie ihres Mannes, was er unwillig geschehen lässt.
Ich gebe einige Daten in das System ein. Dann frage ich Frau Zetsch vorsichtig, ob sie vielleicht schlecht über den Rover gesprochen hätten.
Frau Zetsch reißt die Augen auf. Ich habe also recht mit meiner Vermutung.
»Wieso denn das?«, fragt sie.

»Nun, er ist offensichtlich beleidigt, und wir werden ihn beschwichtigen müssen«, erkläre ich.

Frau Zetsch ist hin- und hergerissen zwischen Empörung und Faszination. Sie räuspert sich. »Also, wenn Sie mich so fragen. Also ... Ja. Ja, da war was.« Sie lächelt. Ich merke, dass ihr diese unerwartete Herangehensweise gefällt, die ihr völlig überraschend Kompetenz im Revier ihres Mannes einräumt. Die Daten meines Laptops reichen nicht aus, um die Wegfahrsperre zu überlisten. Während Herr Zetsch seinen Meister malträtiert, seine grauen Haare flattern im Wind, und es wird nun zunehmend ungemütlicher, bespreche ich mich mit meiner Hotline. Bei manchen Fahrzeugmodellen gibt es eigenartige Handlungsabläufe, mit denen eine Wegfahrsperre manuell freigeschaltet werden kann. Hin und wieder begegnet mir so etwas. Da heißt es zum Beispiel: *Drücken Sie das Gaspedal zweimal lang, dreimal mittelschnell, warten Sie zehn Sekunden, schalten Sie dann die Zündung an, aus, an, aus,* oder Ähnliches. Diese Abläufe signalisieren dem Steuergerät eine Codeabfolge, auf die es programmiert ist. Notstart nennt man das, und es funktioniert so ähnlich wie die Codeeingabe am Radio. Es ist mühsam, klappt auch nicht immer, doch solange man dabei im Auto sitzt und heimlich mit dem rechten Fuß tippt, geht es ja noch. Mein Kollege in der Hotline, der Zugriff auf umfangreichere Daten hat als ich, teilt mir nach einer Weile mit, dass sich Rover etwas anderes ausgedacht hat. Ich werde dazu nicht gut versteckt im Wagen sitzen bleiben können. Die Rover-Ingenieure haben eine Lösung an der Fahrzeugtür ausgetüftelt. Man muss mit dem Zündschlüssel im Schloss der Fahrertür eine peinlich lange Abfolge von Drehbewegungen auf, auf, auf, zu, auf, zu, zu und so weiter absolvieren, und wenn es gelingt, Rhythmus und Reihenfolge einzuhalten, springt der Wagen vielleicht an. Ich notiere die Codeabfolge sorgfältig.

»Sollte es nicht funktionieren, Susa«, rät mir mein Kollege, »warte zehn Minuten und fang noch mal von vorne an.«

Hintergrund dieses Ingenieursgedanken ist es wohl, potenzielle Diebe zu zermürben, denn man muss schon eine lange Weile verdächtig neben dem Fahrzeug hantieren, ehe man die Wegfahrsperre knackt. Ein gewissenhafter Mitbürger könnte Verdacht schöpfen und die Polizei rufen. Ich vermute, dass vor allem die rechtmäßigen Halter sich verdächtig benehmen. Diebe fahren heute für gewöhnlich mit dem Lkw vor.

»Jetzt müssen wir Buße tun«, erkläre ich Frau Zetsch, die mir nicht von der Seite weicht, während ihr Mann nun beim Thema Garantieleistung angekommen ist, die er mit seinem Meister bespricht, der schlechte Karten hat, da er noch immer nicht vor Ort ist, obwohl Herr Zetsch ihm schon mehrfach angedroht hat, dass er ein sehr guter Kunde des Autohauses sei und ein Recht auf erstklassige Betreuung habe.
»Vielleicht muss man ein Opfer darbringen?«, schlägt Frau Zetsch vor.
Ein interessanter Gedanke! »Ich habe noch einen Riegel Kinderschokolade im Auto«, biete ich an. »Aber besser wäre natürlich etwas von Ihnen.«
Frau Zetsch nickt bedeutungsvoll. Aus dem Handschuhfach des Rover holt sie eine Packung Butterkekse und hält sie kurz in die Luft – wie ein Priester den Kelch.
»Die isst er so gerne«, sagt sie, und ich bin nicht sicher, wen sie damit meint. Ihren Gatten? Den Rover? Oder einen Enkel? Frau Zetsch legt einen Butterkeks auf die Haube des schmollenden Engländers. Weiß leuchtet er auf im Laternenschein des Parkplatzes. Dann assistiert sie mir bei der Zeremonie der Wiederholung des persönlichen Mantras des Rover. Ich führe die rituellen Handlungen aus – lächerliche Drehbewegungen im Türschloss – die Herrn Zetsch, der uns nicht aus dem Augenwinkel lässt, zu einem herablassenden Kopfschütteln veranlassen. Frau Zetsch zählt laut mit. Sie

findet das alles lustig. Ich habe den Eindruck, es ist ihr egal, ob das Auto anspringt oder abgeschleppt wird. Das Problem befindet sich jenseits ihrer Befugnisse. Nachdem wir das Ritual gewissenhaft durchgeführt haben, versuche ich den Wagen zu starten. Er springt an.

Wir strahlen. Herr Zetsch zuckt zusammen und beendet das Telefonat mit seinem Meister ohne Verabschiedung. Dabei habe ich ihn eben noch sagen hören:

»Dann holen Sie den Wagen eben hier ab. Ja, natürlich warten wir. Wo sollen wir denn auch hin?«

Ich werde ihn gleich daran erinnern, noch einmal bei meinem unbekannten Kollegen anzurufen. Nicht, dass der nun meint, er müsse Herrn Zetsch retten. Herr Zetsch ist nicht mehr zu retten.

»Was war das jetzt?«, versucht er sich einen Überblick zu verschaffen. Er klingt nicht erleichtert, sondern empört, weil das Problem sozusagen hinter seinem Rücken gelöst wurde. Und noch dazu im Beisein seiner Frau!

Frau Zetsch schmunzelt und schneuzt sich dann ausgiebig.

»Wie gesagt«, wiederhole ich mich, »die Wegfahrsperre erkennt den Schlüssel nicht mehr. Es ist uns gelungen, einen Notstart durchzuführen. Sie können jetzt zur Werkstatt fahren oder nach Hause und morgen zur Werkstatt. Es ist ja jetzt schon spät.«

»Aha. Notstart.« Herr Zetsch zückt sein Handy.

»Ich mach das, Edgar«, sagt Frau Zetsch, »ich kenne mich jetzt aus«, und wischt unauffällig über die Motorhaube. Der Butterkeks segelt auf einen Schneehaufen und leuchtet für einen Moment hell auf. Dann verschluckt ihn die Dunkelheit.

Zur Sicherheit schreibe ich das Mantra auf den Pannenbericht.

Die bürokratischen Handlungen bringen Herrn Zetsch zurück in seinen Status. Mit gewichtiger Stimme diktiert er mir den Kilometerstand des Rover und sein Baujahr und verabschiedet mich dann mit einem schmerzhaften Händedruck.

Frau Zetsch verabschiedet sich mit einem konspirativen Lächeln von mir. »Männer sind einfach anders«, sagt sie leise.
Ich nicke. »Autos auch.«

Frauen können nicht Auto fahren

Und Motorrad erst recht. Eines Tages fiel mir ein Satz ein. *Dass Frauen nicht Auto fahren können, wissen wir mittlerweile – deshalb fahren wir jetzt Motorrad.* Das war die Essenz aus den Kommentaren, mit denen mir Tag für Tag die mein Engelmobil umfahrenden Menschen Mut machten. Meine Freundin Shirley war die erste und richtige Adresse für diesen Satz – gemeinsam marschierten wir zum Verlag Frauenoffensive und priesen unser geplantes Buch an. Obwohl es auch ein Technikratgeber werden sollte, der eigentlich nicht ins Programm des Verlages passte, bekamen wir einen Vertrag. Digitalkameras und Scanner waren damals noch kein Standard. So bestand die einzige Einschränkung darin, dass wir pixelarme Strichzeichnungen verwenden mussten. Naomi malte Schrauben, die nach ihrer Mutter riefen, und Shirley und ich schrieben uns in einen Rausch. Nie wieder habe ich so viel gelacht. Das *Frauenmotorrad Handbuch* erschien 1995 und wurde zu unserer großen Freude nie verschrottet. Es ist ein beständiger Nischenhocker geworden, der immer wieder aktualisiert und 2007 völlig neu überarbeitet mit bunten Fotos mittlerweile bei Moby Dick im Delius Klasing Verlag erscheint.

Nach der schönen, aber auch anstrengenden Arbeit am Buch wollte ich endlich wieder Motorrad fahren, nicht nur darüber schreiben, und kaufte mir eine BMW R80G/S. Natürlich tat ich das nicht nur für mich. Towanda, meine BMW R90, sollte nicht allein im Stall stehen. Ihre Vorgängerin Trude, den rollenden Donner, hatte ich ja leider für die Meisterschule versilbern müssen.

Von meinem ersten Buchhonorar erfüllte ich mir dann noch einen langersehnten Wunsch: den Lkw-Führerschein.

Bunte Schachteln

DINGDONG: OBERSTAUFEN, PPL HOTEL, LANCIA DEDRA, BRONZE, DO, SNA

Auf dem Parkplatz des Hotels im Herzen von Oberstaufen freuen sich drei overdresste Damen über mein Erscheinen. Sie haben das Rentenalter längst erreicht, sind aber offensichtlich nicht bereit, sich zur Ruhe zu setzen, frisch runderneuert in ihren Leoparden-, Tiger- und Giraffenleggings über Stiefeletten. Trotz der Panne und der frostigen Temperaturen ist ihre Champagnerlaune ungetrübt. Sie haben noch viel vor auf diesem Damenausflug und spötteln ein wenig über ihre daheimgebliebenen Gatten, die man ja nicht mehr hinter dem Ofen hervorlocken könne. Auch ich verlasse mein warmes Engelmobil nur ungern, denn gerade erzählt Sissy Perlinger auf Bayern 2 Witze. Aber so geht es mir oft. Wenn es am schönsten ist, muss ich raus. Immerhin erfahre ich noch, dass Lattenrost keine Geschlechtskrankheit ist.

Oberstaufen ist das Dorado der Schrothkur, wo bedauernswerte Geschöpfe, sogenannte ausgebildete Packerinnen, morgens um vier andere bedauernswerte Geschöpfe, sogenannte Kurgäste, in feuchtkalte Tücher wickeln – in der Hoffnung auf ewige Jugend. Selbstredend ist das Publikum in Oberstaufen vor allem weiblich. Während sich das Allgäu sonst eher gemächlich, brav, redlich und verhalten darstellt, ist man hier in Oberstaufen dem Genuss nicht abgeneigt.

Es herrscht ganz allgemein eine Atmosphäre wie auf einer großen Ü30-Party.
»Macht Ihnen das nichts aus, bei der Kälte im Dunkeln und immer allein?«, will die Giraffe von mir wissen.
»Jetzt gerade nicht«, erwidere ich. »Zwischen den Häusern ist es weniger windig, fast gar nicht kalt, minus acht Grad bestimmt nur.«
»Nur!«, wiederholt die Tigerin entrüstet. Ich verstehe sie. Im Serengeti-Park in Hodenhagen ist es wärmer.
Die drei Damen sind für einen Aufenthalt draußen suboptimal gekleidet. Doch sie sehen aus, als wäre Zittern allemal besser, als eine Figur, wie ich sie habe, zur Schau zu stellen. Mit meiner Bekleidung friere ich zwar nicht, sehe aber aus wie ein Schabrackentapir, und so fühle ich mich auch neben ihren grazilen Okapibeinen.

Der Lancia der Leopardin ist in die Jahre gekommen, allerdings ist ihm der Schick von vorgestern noch anzusehen. Das Interieur korrespondiert mit einer Handtasche auf dem Beifahrersitz. Unter der Haube ist vom dritten Frühling nichts zu merken. Beim Starten leuchtet es überall auf wie ein Weihnachtsbaum. Ich stöhne.
»Haben Sie sich weh getan?«, erkundigt sich die Tigerin besorgt und verzieht den knallroten Strich, der ihren Mund markiert.
»Nein, nein«, sage ich. »Das Zündgeschirr ist ziemlich marode.«
»Marode«, wiederholt die Tigerin, und ich merke, dass dieses Wort hier niemand gerne hört.
So viele Zündkabel habe ich gar nicht dabei, wie ich bräuchte, denke ich. Na ja, trockene Wickel tun es vielleicht auch.
»Dass Sie den Fehler so schnell gefunden haben!«, anerkennt die Giraffe.
Die Leopardin mischt sich ein. »Das hat er schon öfter gemacht. Ich glaube, er mag Feuchtigkeit nicht.«
»Wie ich«, kichert die Tigerin.
»Das ist in seinem Alter auch normal«, wage ich es, die Wahrheit zu

sagen. Sie kommt nicht gut an. Gar nicht. Ich hole meine Taschenlampe. Sie ist so kalt, dass ich es bevorzuge, die Stirnlampe aufzusetzen.

Die Hälfte meiner Schichten arbeite ich im Dunkeln. Mit Taschenlampe oder ohne. Ich habe mich daran gewöhnt und finde es nicht mehr einschränkend. Manche Fehler, wie diese schlecht isolierten Zündkabel, erkennt man bei Tageslicht gar nicht – nur im Dunkeln kann man die Sterne sehen. Nachdem ich den Lancia verarztet habe, möchte Frau Leopardin ihn aus dem Hof des Hotels fahren, da ein anderer Wagen hinein will.

O Schreck, der Lancia springt nicht an! Die Damen schauen betroffen. Ich auch. Eine Pannenhilfe im Winter sollte nicht länger als fünfzehn Minuten dauern. Danach sind die Finger so kalt, dass ich sie kaum mehr bewegen kann. Steif gefrorene Stöckchen. Ich will nicht, dass dem Lancia noch was fehlt! Am liebsten würde ich jetzt sagen: *Das ist die Erstverschlimmerung. Warten Sie ein paar Tage. Es arbeitet im Körper nach,* und mich davonmachen. Doch dafür bräuchte ich die Heilpraktikerprüfung. Ich öffne also zähneknirschend und fingerknackend die Haube und schaue den Italiener streng an. Glück gehabt! Ich war's. Der Stecker der elektronischen Zündung ist nicht richtig eingerastet.

»Sorry, war mein Fehler«, sage ich zu den erleichterten Damen, die noch ausgehen wollen heute Abend. Tanzen und so …

Ich frage mich, ob ich mit zunehmendem Alter auch unternehmungslustiger werde. Bis jetzt scheint die Entwicklung bei mir antizyklisch zu verlaufen. Je älter, desto Land.

Vollpension

Ich zog aufs Land, nachdem ich jahrelang das Grün auf den Münchner Verkehrsinseln angeschmachtet hatte, und freute mich an meiner Entdeckung der Langsamkeit, die auf einem kleinen, idyllisch gelegenen Bauernhof im Fünfseenland, rund vierzig Kilometer westlich von München, begann. Dort gab es die gleichen Trecker wie in meiner Kindheit, ein Dutzend Katzen und Hühner, Millionen von Fliegen und Kühe, die noch einzeln gemolken wurden. Nachts rasselten die Ketten in der Anbindevorrichtung, und morgens surrte die Melkmaschine. Für mich war das, als wäre die Zeit zurückgedreht. Nur Vicki und Sissi, die beiden Haflinger, waren zu alt, so dass ich sie nicht reiten konnte. Ich erinnerte mich an meine Jugend auf dem flachen Land, als ich mit Britta und Kalinka, deren Eltern einen Bauernhof bewirtschafteten, in Kälberstall und Heu gespielt habe und wilde Ausritte unternahm. Alles war wieder da. War ich jemals fort gewesen? Ich staunte, wie viele Kühe ihre Kälber ohne Tierarzt zur Welt brachten. Mit meinem Vater habe ich so viele Kaiserschnitte durchgeführt, dass ich annahm, es wäre normal.

Ich betreute die A96 zwischen München und Memmingen sowie den Rest Oberbayerns bis nach Murnau. Was für ein schönes Land! Offene, fröhliche Menschen, üppige Natur in den Wäldern und Gärten. Geranienstrotzende Balkone aus Holz an weiß verputzten Häusern. Groß und ausladend und überall Holz vor der Hütte. Ich hatte nun selbst einen kleinen Garten und begann mit Krokussen und Tulpen, die ich noch im Herbst, als ich einzog, im Rasen vergrub. Die Katzen Mausili, Findi, Stezibua, Rozzi, Gucksi, Tschinga, Tigerzicke, Süleyman, Williwilli und die drei Hunde Nando, Socke und Luna beobachteten mich dabei. Ich verlor mein Herz schon in der ersten Woche. Nein, das ist falsch. Ich verlor es schon bei der Hausbesichtigung an Nando, den stolzen Berner Sennenhund. Mit ihm veränderte sich mein Leben. Anstatt nach den Schichten mal ins Kino zu gehen, Freunde zu treffen oder mich in einer Kneipe zu verabreden, spazierte ich nun ob Tag oder Nacht mit Nando durch Wald und Wiese. Wenn ich *Urlaub* sagte, warf er sich auf den Rücken. Bei *die Preußen kommen* bellte er – womit ich natürlich bei meinen Vermietern punktete. Ich fühlte mich wie im Paradies – denn es gab nicht nur Nando, sondern auch Bibi. Die Tochter von Häuptling Erika, wie die Chefin in diesem Matriarchat heißt, ist Gourmetköchin. Ich buchte Vollpension. All you can eat. Paradies und Schlaraffenland. Mehr geht nicht. Einer unverheirateten Frau, die einmal bei Muttern ausgezogen ist, steht so etwas normalerweise erst wieder auf den letzten Metern des Lebens zu, und da sind die Geschmacksknospen meistens nicht mehr in der Lage, es zu genießen. Ich verbrachte ein paar satte Jahre dort und später noch zwei am Ammersee im schönen Dießen. Immer mehr *Stoderer,* Menschen aus München, zogen in den Landkreis Landsberg am Lech, da das Autobahnteilstück bei Etterschlag nun fertiggestellt war. Ich beobachtete, wie sich die Bevölkerungszusammensetzung änderte. So viel Neuzuzug, und alle wollten in die Natur. Radeln, Hunde spazieren führen, Walken, Joggen – weder die Natur noch die Einheimischen waren darauf vorbereitet, als sie ihre Baugrundstücke versilberten, wenn nicht sogar vergoldeten. Bald wurde es mir zu eng. Die Stadt rückte zu schnell nach. Als mehrere meiner Kollegen aus dem Allgäu überraschend verrentet wurden und ich sowieso täglich mindestens hundert Kilometer nach Westen fuhr, um die Strecke im Allgäu zu betreuen, entschied ich mich, noch einen Sprung weiter zu wagen, näher an den Rand von Europa, näher an die geliebte Schweiz.

Kuschelpanne mit Klingelbeutel

DINGDONG: BALDERSCHWANG PPL GASTHAUS ORTSMITTE, CHEVROLET, BLAZER, SCHWARZ, H, SNA

Auf der Strecke von Oberstaufen durchs Konstanzer Tal wärme ich mich ein wenig auf. Ein paar Fingerkuppen stecken jeweils im Gebläsegitter zum Auftauen. Das ist der Vorteil des Winters auf dem Land. Die Anfahrten zu den Pannen sind lang genug, um wieder warm zu werden. Bei Lamprechts, einem Ortsteil von Oberstaufen, hängt eine verschneite Yamaha XS 400 im Baum. Kein Grund zur Beunruhigung. Die hängt schon länger da. In Oberstaufen startet jährlich die Allgäu-Orient-Rallye, an der ich sehr gerne mal teilnehmen würde. Sie ist genau das Richtige für alle, die Paris–Dakar inzwischen langweilig finden, weil es eine einzige Materialschlacht der Begüterten ist; bigger and faster. Bei der Allgäu-Orient-Rallye sind nur Fahrzeuge unter 1111,11 Euro Wert zugelassen, die dem großen Schlachten entkommen sind. Die Überlebenden bleiben allesamt in Jordanien, wo sie verkauft werden. Vom Erlös wird seit Jahren unermüdlich versucht, eine Käserei für die Einheimischen zu errichten. Ein Kräftespiel der Mentalitäten Allgäu–Orient.

Als ich in Fischen zum Riedbergpass abbiege, beginnt es zu schneien. Das ist der Nachteil des Winters auf dem Land: Ketten aufziehen. Ich fahre noch ein paar Kilometer zum Pass. Am Straßenrand stehen einige Autos mit gelben Kennzeichen. Holländer. Auch sie müssen einsehen, dass es ohne nicht geht. Ich halte ebenfalls an und hole den Wagenheber aus dem Auto, Marke Eis am Stiel. Mein Engelmobil liegt so tief, dass es leider nicht möglich ist, die Ketten zu montieren, ohne das Fahrzeug anzuheben. Der Wind pfeift, die Schneeflocken wehen mir in die Augen. Zur wilden Jagd gesellt sich nun auch noch Frau Holle, und die Percht wartet bereits hinter dem Pass, wie ich bald erfahren werde. Gefühlte minus zwanzig Grad. Alles Einbildung, denke ich, lasse aber meinen Vier-Zylinder-Diesel mit hundert PS als Standheizung sicherheitshalber weiterlaufen. Bis Balderschwang müssen meine Finger wieder beweglich sein, sonst brauche ich gar nicht erst zu der Panne zu fahren. Ohne Hände bin ich ein Engel mit gestutzten Flügeln.

Eigentlich ist die Kettenmontage schnell erledigt. Aber man wird nass dabei. Auf den Knien hantiere ich im Radlauf. Meine Handschuhe sind nun tropfnass. Ich ziehe sie aus, um das Kettenschloss einzuhängen und die gelbe Kette durch die Ösen zu fädeln. Nasse Hände im Schnee. Der Schmerz kommt schnell. Ich beiße die Zähne zusammen. Nicht den Mut verlieren. Der Winter ist ja bald vorbei. Nur noch drei Monate. Oder vier. Der eisige Wind verbeißt sich in meinen Ohren. Ich habe meine Pudelmütze verloren. Die ist jetzt auch nass. Ein Subaru Outback schwebt leichtfüßig an mir vorbei. Im nächsten Leben, denke ich. Meine Ohren und Wangen glühen, als ich die Fahrt auf den Pass fortsetze. Ketten rasselnd kämpft sich das Engelmobil hinauf. Immer wieder weichen wir an der Steigung hängen gebliebenen Fahrzeugen aus. Ich enttäusche ihre Hoffnungen. Nein, euch montiere ich die Ketten nicht! Meine Hilfsbereitschaft hat Grenzen. Physische. Der Schneepflug wird gleich kommen, dann ist die Bahn frei. Als ich die Passhöhe erreiche, muss ich das Tempo drosseln. Es geht leicht bergab und bei schneller Fahrt schlagen die Ketten zu sehr gegen die Radkappen. Mit knapp 30 km/h erreiche ich den Parkplatz vor dem Gasthof, wo Herr Theis in arktiserprobter Outdoor-Bekleidung von Mammut bereits winkt. Viel sehe ich nicht von ihm, eingemummt wie er ist. Er fährt das richtige Auto für diese Wetterlage. Herr Theis brauchte keine Ketten zu montieren, um in Bayerns kleinste Gemeinde mit dem höchst gelegenen Ortskern Deutschlands zu gelangen. Aber er braucht mich, um hier wieder wegzukommen. Sein Chevi springt nicht an. Um einen Blick unter die Haube dieses Riesen zu werfen, muss ich am chromfarbenen Kuhfanggitter, das an der Stoßstange montiert ist, hochklettern und mich auf den Luftfilter setzen. Ich klemme die Batterie ab, warte, klemme sie wieder an. Herr Theis ist sehr freundlich und hilfsbereit und hält meine kalte Taschenlampe. Der Lichtstrahl zittert.

»Haben Sie lange gewartet? Frieren Sie?«, frage ich ihn.

»Nur an den Händen.«

Ich auch, denke ich, und an den Füßen, Ohren, im Gesicht und überall und sage es nicht.

»Ich wollte eigentlich bis Mitternacht in Hannover sein. Aber alles hat sich verzögert und jetzt der Schnee. Damit habe ich nicht gerechnet. Meine Frau und ich sind am Dienstag Eltern geworden. Dabei habe ich noch Glück. Der Geburtstermin wäre morgen gewesen. So konnte ich dabei sein.« Er räuspert sich. »Es ist ein Mädchen. Antonia. Und morgen Mittag soll ich sie aus dem Krankenhaus abholen.«

Irgendwie rührt er mich. Es passiert mir nicht so oft, dass mir Männer solche Geschichten erzählen.

»Ich will einfach schnell nach Hause. Ich muss noch so viel vorbereiten. Ich will ihnen ein richtig schönes Willkommen bereiten. Und einkaufen muss ich auch noch. Und dann ist doch Weihnachten.«

»Das verstehe ich«, nicke ich.

Leider habe ich im Moment keine Ahnung, wie ich Herrn Theis diesen Wunsch erfüllen kann. Aber vielleicht hat mein Laptop eine Idee.

Ich klettere vom Chevrolet, hole *Deep Thought* aus seiner kuschelig warmen Schachtel und befrage ihn. *Deep Thought* kennt dieses Auto nicht. Wie ich. Am liebsten würde ich zu Herrn Theis sagen. »Ihr Auto gibt es gar nicht. Deshalb können Sie auch keine Panne haben. Alles nur Einbildung. Auf Wiedersehen.«

So geht es natürlich nicht, und ich möchte Herrn Theis wirklich gerne helfen, damit er schnell zu seinem frisch geschlüpften Baby kommt. Außerdem kann er ja nichts dafür, dass es sein Auto nicht gibt.

Ich klappe *Deep Thought* zu, um sein dämliches *Steuergerät antwortet nicht* auf dem Display nicht länger sehen zu müssen. Mir ist kalt. Ich stecke die Hände in die Hosentaschen; Restwärme bewahren, Energie sparen. Ich weiß, das sieht undynamisch aus. Eine Havaristin hat sich mal über mich beschwert: *Ihre Mitarbeiterin hatte die ganze Zeit die Hände in den Hosentaschen*. Ich nehme sie wieder raus. Die eiskalte Luft beißt zu. Ich steck sie schnell wieder rein und denke nach. Herr Theis wartet geduldig mit Händen in der Jackentasche. Der Wagen, das unkommunikative Steuergerät, das Restaurant, der Schlüssel und der Umstand, dass alle anderen Varianten – Abschleppen, Mietwagen – für Herrn Theis große Unbilden und Verzögerung bedeuten würden, lässt mich auf eine Idee kommen.

»Ist da viel los im Restaurant?«, fragt es aus mir, noch bevor ich weiß, wohin ich will.

»Ja. Schon. Man kann gut essen dort. Nicht billig, aber gut. Ich habe sogar zweimal etwas gegessen, wir hatten eine lange Besprechung. Und glauben Sie mir – ich hätte die gern verschoben, aber es war nicht möglich, ohne einen Auftrag zu gefährden.«

»Hm.«

»Haben Sie Hunger?«, fragt mich Herr Theis. Es klingt anteilnehmend.

»Nein, nein«, lüge ich und schaue mich nachdenklich um. Der Parkplatz ist voller Fahrzeuge und umrandet von Schneebergen. Schräg gegenüber auf der anderen Straßenseite befindet sich ein weiterer Parkplatz. Ich vergleiche einige Datensätze meiner langjährigen Erfahrung und resümiere, dass mein Plan klappen könnte.

»Was halten Sie von einem Kirchgang?«, frage ich Herrn Theis.

Jetzt reißt er die Augen auf. »Bitte was?«

»Gehören Sie oder Ihr Blazer irgendeiner Konfession an?«
»Äh ja, also meine Frau ...«
»Ich möchte ausprobieren, ob Ihr Wagen dort drüben hinter der Kirche anspringt.«
»Ja, aber ... na gut, also wie Sie meinen. Ich tu alles, was Sie vorschlagen. Hauptsache, ich komme nach Hause.«
»Trauen Sie sich zu, den Wagen zu lenken und zu bremsen, wenn ich Sie dorthin schleppe?«
»Nach Hause?«
»Nein, zur Kirche.«
Er staunt. »Ja sicher! Was soll denn daran schwierig sein? Das mache ich doch sonst auch.«
»Ohne Servolenkung müssen Sie kräftig zupacken. Das kleine Lenkrad und die dicken Moonboots, die Ihr Chevi zum Blazer trägt – das ist Schwerstarbeit.«
»Das schaffe ich schon.«
Ich nehme meine Hände aus den Hosentaschen, Herr Theis nimmt seine aus den Jackentaschen, und es geht los. Alles klappt prima, und ich ziehe den Chevi zu der alten Dorfkirche mit den dicken Mauern.
»Jetzt wird es spannend«, verkünde ich Herrn Theis. Er hat keine Ahnung, was hier gespielt wird, vertraut mir aber. Wer heilt, hat recht. Nun, eine andere Möglichkeit hat er auch nicht.
»Bitte sperren Sie den Chevi mit der Fernbedienung ab.«
»Okay«, meldet Herr Theis.
Einen Moment lang verharren wir nebeneinander stehend in kontemplativer Andacht. Die Kirchturmuhr schlägt zuerst viermal, dann zehnmal. Hell und klar durchschneidet sie die eiskalte Luft. Leise rieselt der Schnee. Sogar der Wind hält die Luft an.
»Jetzt«, sage ich, als hätte ich ein Zeichen empfangen. Herr Theis öffnet den Wagen mit der Fernbedienung. Der Bolide blinkt uns zur Begrüßung freundlich zu – als würde er mit dem Schwanz wedeln.

Herr Theis startet den Motor. Ein tiefes Brummen erfüllt die Stille. Süßer die Glocken nie klangen. Herr Theis stößt einen Jubelschrei aus.

»Darf ich Sie umarmen?«, fragt er mich, ehe sich eine dicke Daunenjacke um mich legt. »Das ist ja Magie!«, entfährt es ihm.

»Ja, das ist es«, nicke ich ernst und überlege einen Moment, ob ich es dabei belassen soll. Doch ich werde von keiner Kirche gesponsert, und so erkläre ich Herrn Theis, dass diese Art der Magie von leistungsstarken Registrierkassen gespeist wird. Ihre Abstrahlung stört die Wegfahrsperren mancher Fahrzeuge. Gut, dass in der Kirche noch mit Klingelbeutel kassiert wird!

Nomadenblues

DINGDONG: WEITNAU, B12, AS HELLENGERST, PPL, SKODA FELICIA, ROT, DD, ZIEHT NICHT

In Sonthofen schaue ich noch beim Schachtelwirt vorbei und hole mir einen Coffee to go. Den habe ich mir verdient nach der Schwarzen Messe. Auf dem Parkplatz, circa 950 Meter über dem Meeresspiegel, der europäischen Wasserscheide, zieht es ziemlich. Der Wind pfeift, der Neuschnee sammelt sich zu Schneewehen; genauer gesagt: es ist zapfig, eigentlich unerträglich. In Norwegen wird nicht zwischen scheißkalt und arschkalt unterschieden, sondern zwischen Einhandschuh- und Zweihandschuhwetter. Was für mich heute eindeutig Zweihandschuhwetter ist, zählt dort oben vielleicht noch zu den Fingerlingen. Meine Pudelmütze ist nur notdürftig vorgetrocknet. Ohne die geht jetzt gar nichts. Herr Würker ist höchstens zwanzig, blond und dürr. Müde schaut er aus. Er arbeitet auf Montage in der Schweiz und hat eben noch einen Kollegen in Sibratshofen abgesetzt. Jetzt ist er auf dem Weg nach Dresden. Weihnachten bei der Familie. Tausende fahren jede Woche Sonntagabend von Ost nach West und freitags zurück. Herr Würker hat noch einen weiten Weg vor sich. Der Gaszug an seinem Skoda ist gerissen. Eigentlich eine schöne Pannenhilfe, da kann ich einen neuen basteln, der eine Weile hält. Bei normalen Temperaturen kein Problem, doch nun ist diese Aktion grenzwertig. Ich bemühe mich, die kleinen Clips nicht aus meinen tauben ungeschickten Fingern zu verlieren. Alles dauert viel länger als sonst. Beim Einbau muss ich mich auf dem Rücken und rückwärts unter die Pedale schieben, um oben am Gaspedal den Zug einzuhängen. Meine Hände wollen nicht so, wie ich. Es ist zum Verzweifeln. Aber ich möchte unbedingt, dass Herr Würker weiterfahren kann.

»Geben Sie mir ein paar Minuten zum Fingeraufwärmen, dann schaffe ich es«, bitte ich ihn.

»Ich bin dorr Zimmermann«, sagt er. »Ich genne das. Wir arbeden och offd draußn in dorr Gälde. Wenn morr middor galdn Fohde irschdwo anbagd, duds viel länger weh als middor warm.«

Nachdem ich meine Finger wieder ein wenig spüre, gelingt es mir, den Zug einzuhängen. Herr Würker kann heimfahren. Morgen zum Frühstück wird er bei seinen Eltern sein.

»Und schlafen Sie unterwegs nicht ein!«, wünsche ich ihm.

»Scheene Weihnachdn«, wünscht er mir.

No-go-Area: bitte wenden

Eigentlich reicht es mir für heute. Aber am Freitag vor Weihnachten ist alle Welt unterwegs, und bevor unsere Mitglieder nicht sicher zu Hause sind, können wir Engel nicht ruhen. Ein Anruf aus der Zentrale verzögert meinen Feierabend, der schon längst eine Feiernacht ist.

»Grias de! Do stäht no oaner im Outback. Mia wissn aba ned so genau, wo genau. Oiso kemma koan Schleppa schicka. Mogst du den no suacha und amoi schaugn?«

Mögen nicht, denke ich. Aber natürlich kann ich bei diesen Temperaturen niemanden seinem Schicksal draußen überlassen.

»Okay, den einen noch«, seufze ich in die Freisprechanlage.

»Bist a Schatz.«

Ich bin kein Schatz. Ich suche einen. Geo-Cashing. Wo ist der Kerl nur? Wir telefonieren mehrfach miteinander, also ist er irgendwo. Nur kann ich nicht glauben, dass er dort hineingefahren ist: Abseits der Autobahn schlängelt sich eine kleine Teerstraße zu zwei Einsiedlerhöfen jwd. Danach geht sie in einen Feldweg über. Ein weißes Schild mit rotem Rand und einem Text darunter: *Für landwirtschaftlichen Verkehr frei*, sollte doch genügen, Wahnsinnige vor sich selbst zu schützen. An den frischen Reifenspuren erkenne ich: Tatsache, hier ist er durchgefahren. Die Reifengröße verrät keinen Traktor, sondern einen Pkw. Ich fasse es nicht und rufe ihn noch mal an.

»Ja. Ja, das bin ich. Kommen Sie bald? Wir frieren so.«

Wir. Aha. Also mindestens zwei. Ich bin auf der richtigen Fährte. Ich montiere meine Schneeketten erneut, spreche ein Stoßgebet zur Mutter Gottes und sicherheitshalber noch zu allen anderen, von denen ich gehört habe, dass sie sogar in Rauhnächten Wunder wirken können. Dann treibe ich mein Engelmobil ins sichere Verderben. Ungefähr einen Kilometer weiter sehe ich den Volvo endlich. Einsam steht er auf einer Wiese, alles weiß um ihn herum, bepudert er selbst. Ich glaub's einfach nicht! Zwei Gestalten materialisieren sich in der Dunkelheit und laufen auf mich zu. Beide in Jacks Wolfshaut, bloß die hübschen, vielleicht italienischen Lederschuhe passen nicht zum Adventuretrip. Der Mond lugt zwischen den Wolken hervor und legt einen silbernen Schimmer über das Land, surreal wie ein geplatztes Kopfkissen. Es ist klirrend kalt. Nur der Wind hat aufgehört, immerhin.

»Was machen Sie denn hier?«, begrüße ich die beiden, die wohl um die dreißig sind, und merke sofort, klirrend kalt ist es auch zwischen ihnen.
»Wir haben uns verfahren«, beginnt er.
»Du hast dich verfahren«, schießt es aus ihr heraus.
Er zuckt zusammen. »Das Navi hat eine Alternativroute angeboten, wegen des Staus auf der Autobahn. Da steht ein Lkw quer, und wir sind …«
»Du bist …
»… abgefahren.«
»In den Feldweg!«
»Das Navi meinte, in ein paar Kilometern kämen wir wieder auf die Autobahn.«
»Das Navi glaubt, das Navi meint, das Navi denkt, hahaha!«
»Also ich …«
»Er glaubt, sein blöder Allrad fährt überall durch.«
»Hm«, sage ich auch mal etwas.
»Können Sie uns helfen?«, fragt er.
»Ich versuche, Sie rauszuziehen. Aber wir müssen dann beide rückwärts bis zur Straße. Wenden kann ich hier nicht.«
Er räuspert sich. »Ähm, da wär noch äh also ein Problem.«
»Ja, sag es der Dame«, schießt sie.
»Also äh, das Auto ist zu und äh, ja, also der Schlüssel ist … irgendwo. Vielleicht im Kofferraum oder im Schnee, wir wissen es nicht.«
Ich stöhne auf. Nicht auch noch das. Dieser Volvo V70 AWD ist eine Festung. Allein die Vorstellung, mit meinen frisch aufgetauten Fingern Ewigkeiten herumzufummeln, tut weh. Überübermorgen ist doch Weihnachten! Das darf nicht sein. Ich will heim! Ob die beiden das verdient haben, weiß ich nicht, aber ich hab das nicht verdient. Der Herrgott und seine Kollegen und Kolleginnen haben ein Erbarmen mit uns. Zum Glück liegt der Zweitschlüssel in der Mittelkonsole. Das bewahrt den Schweden vor dem Hammer. Ich schlage den

beiden vor, die Dame solle sich in mein gemütliches Engelmobil setzen und dort aufwärmen – einen Riegel Kinderschokolade zur Nervenstärkung hätte ich auch noch anzubieten. Der Herr und ich würden derweil den Volvo mit einem Draht öffnen.

So machen wir es.

Obwohl ich vollstes Verständnis für sie habe, ihr Zorn ist absolut gerechtfertigt, bin ich wie meistens auf der Seite der Verlierer, und das ist er.

Ich suche alles zusammen, was ich an Abschleppseilen und Resten davon noch finden kann, und verlängere mit klammen Fingern das Schleppseil, damit ich möglichst nicht näher an den festgefahrenen No-go-Volvo muss. Jeder Meter wäre ein Meter zu viel. Mit einem Ruck und schliddernd zerrt mein Engelmobil am Po des Volvo. Beim dritten Versuch bewegt er sich. Der Volvo wirft mit Schnee. Sein Fahrer hat den Rückwärtsgang eingelegt und hilft mit. Nur nicht anhalten, denke ich, und weil ich rückwärts fahren muss und auf keinen Fall aus der Spur kommen darf, öffne ich das Fenster und schaue nach hinten. Der Fahrtwind macht es auch nicht leichter. Ich kann meine tränenden Augen kaum offen halten. Die Tränen gefrieren auf meinen Wangen. Wahrscheinlich ist das Thermometer nun auf minus zwanzig Grad gefallen. Die Frau neben mir sitzt starr und schweigend. Die Schokolade hat sie nicht angerührt.

Als wir endlich festen Boden unter den Rädern haben, höre ich im Verkehrsfunk, dass die Autobahn wieder frei ist.

»Na also. Zeitlich plus/minus null«, versuche ich den begossenen Pudel aufzumuntern, während wir den Pannenbericht ausfüllen. Er zuckt mit den Schultern. »Meine Lebensgefährtin sieht das, glaube ich, anders. Da muss ich mir noch was einfallen lassen, um das wieder einzurenken.«

»Gesicht streicheln«, raune ich ihm zu.

Er schaut mich erschrocken an.

Ich kann es nicht fassen. »Nein, doch nicht meines!«
»Äh ja, ach so. Danke. Aber das kann sie nicht ausstehen.«

Auf meinem Weg nach Hause färbt sich der Himmel plötzlich orange. In meinem Radio singt Anne Haigis *You can sleep, while I drive*. Ein Schneepflug fährt vor mir. Als ich ihn überhole, schalte ich kurz meinen Kasperl an. Danke Kollege, dass du heute Nacht räumst.

Lichtmess:
2. Februar, Frühschicht

Morgenerkenntnisse

DINGDONG: MECKENBEUREN, PPL STIFTUNG LIEBENAU, KIA PICANTO, MINT RV, SNA

Meine Schicht beginnt heute um 6.30 Uhr. Schlaftrunken und wie unter Schock, da ich Frühschichten nicht gewohnt bin, wanke ich aus dem Haus. Ich bin ehrlich erstaunt, wie dunkel es noch ist. Durch die Dörfer laufen Trauben von riesigen kunterbunten Briefkästen mit Beinen dran. Wie viele Kinder es gibt! In den Spätschichten entsteht bei mir eher der Eindruck, die Schulen seien geschlossen. Dieses quirlige Leben und fröstelnde von einem Bein aufs andere Hüpfen an den Bushaltestellen erinnert mich an meine Schulzeit. Der Bus startete um 6.15 Uhr in unserem Dorf. Im Winter war er eiskalt, mit einem weißen Belag auf den Kunststoffsitzen. Eine Stunde lang zuckelten wir über Land, hielten in jedem Kaff, dabei wurde es wenigstens warm. Ab der Hälfte der Strecke, mein Schulfreund Didi hatte mir mindestens schon vier Finger abgesägt, das war sein Lieblingsspiel, war der Bus voll, und wer jetzt noch zustieg, musste leider stehen. Ich erinnere mich an die betäubende Müdigkeit, die mich manchmal ins Schulbuskoma fallen ließ. Wie viele dieser kleinen Zwergerl hier wohl auch lieber zwei Stunden später aufstehen würden, um dann wacher und leistungsfähiger länger in der Schule zu bleiben? Ein tiefer Seufzer von ganz weit her entfährt mir beim Überholen eines Schulbusses.

Die Morgendämmerung beschert uns ein bezauberndes Lichtspektakel am Himmel. Klares tiefes Blau, rosa und tiefrote Streifen. Was für ein Licht! Bis ich am Parkplatz der Liebenau aussteige, ist die nasse Kälte des frühen Morgens bereits einem milden Lüfterl gewichen. Mein Freund, der Föhn, ist über Nacht zurückgekehrt und verbreitet gute Laune. Jetzt bin ich ganz sicher: Es wird Frühling!

Frau Langemann erwartet mich bereits bei ihrem Kia. Ein Fuchs springt durch den tiefen Schnee hinter dem Parkplatz. Sein Fell glänzt im Morgenlicht. Frau Langemann schaut müde aus. Die Pflegerin um die vierzig hat kleine Augen und ist sehr blass. Das kommt nicht vom frühen Aufstehen, sondern von einer langen Nachtwache.

»Mein Auto springt nicht. Gar nichts. Erst gekauft. Ganz neu und schon kaputt!«

Ich prüfe die Anzeigen am Armaturenbrett, dann messe ich die Batteriespannung und bitte Frau Langemann zu starten. Nichts passiert. Ich bemerke, dass es sich um ein Automatikfahrzeug handelt, genauer um eine sogenannte Halbautomatik, bei der zum Starten der Schalthebel auf »N« stehen muss. Ich rüttle am Hebel, dann suche ich das Start-Sperrrelais und klopfe darauf herum.

»Bitte starten Sie noch mal.«

Der Kia springt sofort an. Frau Langemann strahlt.

»Gute Frau«, sagt sie und schüttelt mir die Hand. »Was muss ich machen, damit immer gut?«

»An Ihrem Auto ist nichts kaputt. Das Relais ist hängen geblieben. So was kommt in den besten Familien vor. Wenn es noch mal passieren sollte, nehmen Sie das Relais heraus, klopfen drauf und stecken es wieder zurück.«

»Lieber nicht. Ich kaputt mache.«

»Nein, da passiert gar nichts.«

»Ich zu viel Kraft. Ich alles kaputt mache.«

Alle Achtung, staune ich. Manche Frauen schaffen es tatsächlich, aus jeder Stärke ein Problem zu machen.
»Probieren Sie mal«, fordere ich Frau Langemann auf.
Zögernd nimmt sie das Relais heraus, klopft drauf und steckt es dann zurück.
»Springt noch?«, fragt sie mich unsicher und dreht dann den Schlüssel.
Der Kia springt sofort an.
»Guuuut!«, freut sich Frau Langemann.
Während ich den Pannenbericht ausfülle, erzählt sie mir: »Habe nicht gewollt Automatik. Aber Verkäufer hat mir gegeben. Habe ich schon gewusst. Ist nicht gut, Halbautomatik. Weiß doch jeder. Ganz ist immer besser als halb.«
»Mmh«, mache ich. Der Tag ist noch zu jung für mich. Um diese Uhrzeit bin ich zu keiner eigenen Meinung fähig.
Frau Langemann tippt mir auf den Arm. »Sie ganze Frau. Starke Frau.«
Obwohl es eigentlich auch dafür noch zu früh ist, muss ich lachen.
Frau Langemann nickt bedächtig. »Sie verstehen sich gut mit Autos?«
»Ja. So kann man das sagen.«
Dingdong.

Glossar

Alhambra, Galaxy, Sharan: 3 technisch identische Fahrzeuge, die von verschiedenen Automarken verkauft werden. Vor allem VW, Skoda und Seat sind bei vielen Modellen gleich. Aber auch Fiat und Peugeot oder Lancia und Chevrolet bieten vereinzelt gleiche Modelle an.

Ausrücklager: Seufz. Ein Teil der Kupplung in der Getriebeglocke, das beim Treten auf das Kupplungspedal unter Druck gesetzt wird. Ohne das geht's halt nicht.

Bremstrommel: Rundes, kochtopfähnliches Bauteil, das die Bewegungsenergie durch Reibung in Wärme umwandelt, sobald beim Bremsen die Bremsbacken mit den Bremsbelägen von innen gegen diese Trommel gedrückt werden. Auf die Außenseite der Trommel wird das Rad geschraubt.

Einspritzanlage: Eine vom Motorsteuergerät nach Rücksprache mit diversen Sensoren errechnete Kraftstoffmenge wird in die vom Motor angesaugte Luft gespritzt, um dann mit ihr gemeinsam im Brennraum des Zylinders von der Zündkerze angezündet und verbrannt zu werden (was dem Otto den Beinamen Verbrennungsmotor eingebracht hat). Dieses Verfahren eignet sich für die langfristige Zusammenarbeit mit einem Katalysator besser als ein Vergaser, weshalb dieser vom Aussterben bedroht ist.

Gripzange: Eine Zange, die so festgeklemmt werden kann, dass sie nicht mehr abrutscht beim Drehen.

Induktivgeber: Schaut außen am Motor, wann der richtige Zeitpunkt für einen Zündfunken im Motor wäre und sagt dann dem Steuergerät schnell »Bescheid«, damit die Zündspule rechtzeitig einen Funken sprüht. Zeitfenster: circa eine tausendstel Sekunde.

Kasperl: eigentlich: Rundumleuchte. Bei Polizei, Notarzt, Feuerwehr in Blau; bei Pannenhelfern Straßendiensten und Abschleppwagen in Gelb. Auch Fahrzeuge mit gelbem Kasperl haben Anspruch auf eine freie Mittelgasse beim Stau auf der Autobahn.

Keilriemen: Wenn ein Riemen außen breiter ist als innen, dann ist sein Querschnitt keilförmig. Ein Keilriemen überträgt Kräfte besser als ein Flachriemen gleichen Maßes.

Kraftstoffpumpensicherung: Ein kleines, farbiges Plastikteil mit einem Draht, der bei zu hoher Beanspruchung, also zu viel Stromfluss, schmilzt. Hier für die Benzinpumpe. Im Auto werden Sicherungen verschiedener Stärke verbaut, die sich jeweils in der Farbe unterscheiden.

Ladekontrolle: Die rote Lampe am Armaturenbrett mit dem Batteriesymbol. Sie leuchtet, wenn die Batterie nicht mehr aufgeladen wird.

Lichtmaschine: Ein Generator, der über einen Keilriemen angetrieben wird und Strom produziert, mit dem die Batterie aufgeladen wird.

Montiereisen: Zum Beispiel ein so genannter Kuhfuß. Langes Flacheisen zum gewaltsamen Aufbiegen von Autotüren oder einfach als Hebelverlängerung verwendbar, um Kraft zu sparen.

Ratsche: Dieser komfortable Schraubenschlüssel gehört zusammen mit den passenden Nüssen (passend zu den jeweiligen Schraubenköpfen) in jede Handtasche. Statt mühsam einen Gabel- oder Ringschlüssel immer wieder umsetzen zu müssen, kann man mit einer Ratsche, dank eines raffinierten Mechanismus (Sperrklinkenfreilauf) im Kopf der Ratsche, eine Schraube, ohne den Schlüssel neu ansetzen zu müssen, rein- oder rausschrauben – wenn das Gewinde kaputt ist, sogar stundenlang.

Schaltgestänge: Verbindet das untere Ende des Schalthebels mit den Innereien des Getriebes, wo die Vorwärtsgänge und der Rückwärtsgang geschaltet werden.

Schlauchschellen: Wie befestigt man den Waschmaschinenschlauch am Wasserhahn, damit er nicht bei jedem kleinen Druckanstieg sofort abrutscht? Eine Schlauchschelle ist ein schmales silberfarbenes Blechband, das um den Schlauch gelegt und durch eine Schraube zusammengezogen wird.

Seitenschneider: Zange mit seitlichen Schneiden zum Durchtrennen dünnerer Materialien wie Drähte oder Kabel. Solche seitlichen Schneiden sind auch in Kombizangen integriert.

Starthilfespray: Von glühenden Verehrern auch »Maria-Hilf« genannt. Die Spraydose enthält eine Gasmischung, die noch leichter entflammbar ist als Benzin. Das kann helfen, einen Dieselmotor zu starten, bei dem die Vorglühanlage ausgefallen ist, oder einen Benzinmotor ohne Benzin kurz anzufixen.

Torx-Nuss: Wäre was für die Ratsche, gehört aber nicht in jede Handtasche, denn: Torx ist die Bezeichnung für ein sternförmiges Profil an Schraubenköpfen und wurde erfunden, um uns noch mehr Geld für noch mehr Nüsse aus der Tasche zu jucken.

Zündspule: Bauteil der Zündanlage. Hier wird – wie im Umspannwerk – durch Ein- und Ausschalten eines Magnetfelds eine kleine Spannung von 12 Volt in eine Hochspannung von circa 30 000 Volt umgewandelt (transformiert), die den »zündenden Funken« an den Zündkerzen auslöst.

Danksagung

Ich bedanke mich bei allen Gestrandeten der Straßen, die mich zu diesem Buch inspiriert haben. Und natürlich bei all jenen Menschen, die mich auf meinem Weg begleitet haben.

Alle in diesem Buch geschilderten Pannen wurden so verändert, dass kein Verstoß gegen den Datenschutz, das Persönlichkeitsrecht und die guten Sitten geschah.
Die in diesem Buch erwähnten Fahrzeugtypen repräsentieren nicht die tatsächliche Häufigkeit von Pannen. Diese ist einsehbar in der jährlich erscheinenden Pannenstatistik des ADAC.

Mein besonderer Dank gilt:
Mona für das Echtheitssiegel und die vielen Pflanzen
Hartmut fürs Vorlesen und Putzen und Frau Baumann
Karola und Franz für Mollhüten
Monika und Rainer für das gelbe Winterasyl
Michael und Robert vom Autotreff in Isny, weil sie meinen tapferen gelben Krieger immer wieder zusammenflicken, wenn er sich die Knie- und Ellenbogen aufgeschlagen hat
Martina für Familie Bongarts
Sigrid für Herrn und Frau Isele
Bü für Familie Vanderborg
Manuela für Herrn Schindele
Angelina und Bauermanns fürs Eingemachte
Mona für technischen Support
Margit für Korrekturlesen
Ruth für landwirtschaftliche Informationen
Ludwina und Hilda für die Zwischentöne
Meiner Mutter für Nestschutz und -wärme

Hannelore Sürig dafür, dass sie mir Lesen und Schreiben beigebracht hat

Astrid Lindgren für Pipi Langstrumpf

Nick für die Pannen aus der Anderswelt

Und zum Schluss, damit sie das letzte Wort hat: Dank an meine BF und Koautorin, die aus meinem schlecht sortierten Teilelager ein fahrtüchtiges Buch zusammengeschraubt hat: die wundervolle Shirley Michaela Seul.